U0552576

中华优秀传统文化的
现代意蕴

贺丹君 等著

中国社会科学出版社

图书在版编目（CIP）数据

中华优秀传统文化的现代意蕴 / 贺丹君等著．
北京：中国社会科学出版社，2024.12． -- ISBN 978-7-5227-4546-6

Ⅰ．K203

中国国家版本馆 CIP 数据核字第 2024TP1967 号

出 版 人	赵剑英	
责任编辑	李　立　朱华彬	
责任校对	谢　静	
责任印制	李寡寡	

出　　版	中国社会科学出版社	
社　　址	北京鼓楼西大街甲 158 号	
邮　　编	100720	
网　　址	http://www.csspw.cn	
发 行 部	010-84083685	
门 市 部	010-84029450	
经　　销	新华书店及其他书店	

印　　刷	北京君升印刷有限公司	
装　　订	廊坊市广阳区广增装订厂	
版　　次	2024 年 12 月第 1 版	
印　　次	2024 年 12 月第 1 次印刷	

开　　本	710×1000　1/16	
印　　张	18.5	
字　　数	251 千字	
定　　价	98.00 元	

凡购买中国社会科学出版社图书，如有质量问题请与本社营销中心联系调换
电话：010-84083683

版权所有　侵权必究

目 录

前 言 …………………………………………………………（1）
  一 马克思主义基本原理同中华优秀传统文化
    相结合的科学内涵 ……………………………………（2）
  二 马克思主义基本原理同中华优秀传统文化
    相结合的历史进程 ……………………………………（5）
  三 马克思主义同中华优秀传统文化的契合性 …………（11）
  四 马克思主义基本原理同中华优秀传统文化
    相结合的实践要求 ……………………………………（19）

第一章 "天下为公"的社会观 ……………………………（26）
  一 "天下为公"的历史意蕴 ……………………………（26）
  二 "天下为公"的近现代表达 …………………………（37）
  三 新时代"天下为公"的创新性发展 …………………（45）

第二章 "民为邦本"的人民观 ……………………………（51）
  一 "民为邦本"的缘起、历史和价值 …………………（51）
  二 "民为邦本"与党的群众路线的契合 ………………（61）
  三 人民至上：中国共产党对传统民本思想的
    传承和发展 ……………………………………………（68）

1

第三章 "为政以德"的治国观 ……………………………（78）
  一 "为政以德"的历史内涵 ……………………………（79）
  二 "为政以德"与马克思主义的契合 …………………（89）
  三 "为政以德"：严以修身的品德锤炼…………………（95）

第四章 "革故鼎新"的创新观 ……………………………（109）
  一 "革故鼎新"的哲学根基与历史演进…………………（110）
  二 "革故鼎新"与唯物辩证法的契合 …………………（117）
  三 创新是引领发展的第一动力 …………………………（122）

第五章 "任人唯贤"的人才观………………………………（127）
  一 "任人唯贤"：古代治国理政中的重要经验 ………（127）
  二 中国共产党"任人唯贤"的制度设计 ………………（138）
  三 "聚天下英才而用之"：新时代"任人唯贤"的
    实践新篇 ……………………………………………（146）

第六章 "天人合一"的宇宙观………………………………（153）
  一 源远流长："天人合一"的历史脉络…………………（154）
  二 "天人合一"的哲学内涵 ……………………………（157）
  三 走进生态文明："天人合一"的时代呼应 …………（162）

第七章 "自强不息"的奋斗观………………………………（178）
  一 "自强不息"的精神品格 ……………………………（178）
  二 中国共产党对"自强不息"传承与发扬 ……………（191）
  三 立志气壮骨气强底气："自强不息"的
    新时代实践 …………………………………………（198）

第八章 "厚德载物"的道德观 (205)
  一 "厚德载物"的义理生成与历时展开 (205)
  二 相契之道:"厚德载物"的唯物辩证法理解 (213)
  三 "功成不必在我":"厚德载物"的当代价值 (220)

第九章 "讲信修睦"的交往观 (228)
  一 "讲信修睦"的语义内涵 (228)
  二 "讲信修睦"的价值维度 (236)
  三 "讲信修睦"的新时代实践 (244)

第十章 "亲仁善邻"的邦交观 (252)
  一 "亲仁善邻":古代邦交思想探源 (252)
  二 "亲仁善邻"的价值意蕴 (259)
  三 "亲仁善邻"的新时代实践 (265)

参考文献 (274)

后　记 (282)

前言

习近平总书记在党的二十大报告中指出："中国共产党为什么能，中国特色社会主义为什么好，归根到底是马克思主义行，是中国化时代化的马克思主义行。"[①] 马克思主义之所以行之有效，是因为我们坚持了"两个结合"："把马克思主义基本原理同中国具体实际相结合、同中华优秀传统文化相结合。"[②] 而"第二个结合"的提出源于我们党对马克思主义中国化时代化本质的深刻理解，亦体现了对中华文明绵延发展趋势的精准把握。本书主要围绕"第二个结合"，以"天下为公"的社会观、"民为邦本"的人民观、"为政以德"的治国观、"革故鼎新"的创新观、"任人唯贤"的人才观、"天人合一"的宇宙观、"自强不息"的奋斗观、"厚德载物"的道德观、"讲信修睦"的交往观、"亲仁善邻"的邦交观为主要内容，来阐释中华优秀传统文化的现代意蕴。马克思主义和中华优秀传统文化之间存在高度契合性，在充分理解"第二个结合"的基础上来阐释中华优秀传统文化，首先要分析马克思主义基本原理同中华优秀传统文化相结合的基本内涵、历史演进、内在契合关系以及实践要求四个层面的内容，进而深入探

---

① 《习近平著作选读》第一卷，人民出版社 2023 年版，第 14 页。
② 《习近平著作选读》第一卷，人民出版社 2023 年版，第 14 页。

究马克思主义基本原理同中华优秀传统文化相结合的成果内容、现实意义、发展现状以及未来趋势等问题。唯有坚定不移地运用马克思主义真理力量激发中华优秀传统文化内在生命力，加快推进中华优秀传统文化创造性转化与创新性发展，方可不断书写马克思主义中国化时代化的新篇章。

一 马克思主义基本原理同中华优秀传统文化相结合的科学内涵

"两个结合"的重要论断是习近平总书记在中国共产党成立100周年纪念大会上正式提出的，党的二十大报告对此又作了深入阐述，在2023年6月2日文化传承发展座谈会上，习近平总书记对"两个结合"的基本内涵和重大意义作了具体阐述。[①]

"把马克思主义基本原理同中华优秀传统文化相结合"这一表述蕴含双重意涵。一是运用马克思主义的真理力量激活中华优秀传统文化，推进其创造性转化与创新性发展。在中国传统文化形成及历史演进中，难免受到当时人们认知程度、历史环境以及社会体制等多方面的制约与影响。因此，有些方面可能已经过时或失去了应有的价值。要解决这一问题，就要运用马克思主义科学理论方法体系，对传统文化展开理性剖析与甄别，秉持古为今用、推陈出新的原则，推动中华优秀传统文化创造性转化和创新性发展。五千多年来，中国人民创造了璀璨夺目的中华文明，孕育出独具特色的思想体系，例如追求社会公平和谐的大同理念、凝聚民族力量的大团结传统、重视人的价值与尊严的民本思想以及强调责任意识的担当精神等。这些思想精华展现了中国精神的独特

---

① 习近平：《在文化传承发展座谈会上的讲话》，人民出版社2023年版，第5页。

属性，是中华民族在历史演进中形成的典型智慧成果。习近平总书记在党的十九届四中全会上指出："马克思主义传入中国后，科学社会主义的主张受到中国人民热烈欢迎，并最终扎根中国大地，开花结果，绝不是偶然的，而是同我国传承了几千年的优秀历史文化和广大人民日用而不觉的价值观念融通的。"[①]这是以习近平同志为核心的党中央深刻总结党的百年探索历程而得出的重大判断。二是要充分汲取中华优秀传统文化养分，更好地促进当代中国马克思主义的发展。马克思主义为什么能够而且必须同中华优秀传统文化相结合，党的二十大报告给出了明确答案："中华优秀传统文化源远流长、博大精深，是中华文明的智慧结晶，其中蕴含的天下为公、民为邦本、为政以德、革故鼎新、任人唯贤、天人合一、自强不息、厚德载物、讲信修睦、亲仁善邻等，是中国人民在长期生产生活中积累的宇宙观、天下观、社会观、道德观的重要体现，同社会主义核心价值观主张具有高度契合性。"[②] 这是我们党在其重要会议、重要文件中第一次比较系统地对中华优秀传统文化的核心思想作出概括和总结。中华优秀传统文化作为中华民族的突出优势和最深厚的文化软实力，承载着民族深层次的精神追求，蕴含着民族根本性的思维模式，同时包含丰富的道德资源。这一文化体系构成了中华民族文化的根基与灵魂，其中所蕴含的哲学思想、人文精神、道德理念以及教化思想等，持续迸发出鲜活的生命力，闪耀着跨越时空的思想光辉。这些思想包括社会理想中的"大道之行也，天下为公"（《礼记·礼运》），爱国理念中的"天下兴亡，匹夫有责"，处世哲学中的"以和为贵，和而不同"，生命境界中的"天人合一，道法自然"，改革精神中的"革故鼎新，与时俱进"，道德规范中的"己所不欲，勿施于人"

---

① 《习近平著作选读》第二卷，人民出版社2023年版，第278页。
② 《习近平著作选读》第一卷，人民出版社2023年版，第15页。

(《论语·颜渊》),奋进精神中的"天行健,君子以自强不息"(《易传·象传上·乾》),行为规范中的"言必信,行必果"(《论语·子路》),心性修养中的"正心诚意,修齐治平",等等。这些思想体现了中华优秀传统文化的智慧光芒,代代相传并深深熔铸到不同历史时期人们的精神血脉和价值观念中。我们应当深刻认识和把握中华优秀传统文化的丰厚底蕴,筑牢中华民族的文化自信和文化认同。

因此,马克思主义基本原理同中华优秀传统文化相结合的目标不是恢复传统文化的原初形态,而是甄别出其中的积极成分并加以弘扬,推动其与马克思主义的深度融合,为马克思主义的理论发展贡献智慧。这是新时代中国共产党人对中华优秀传统文化的自我觉察和理性认知,亦是其肩负的历史使命。

习近平总书记强调:"在五千多年中华文明深厚基础上开辟和发展中国特色社会主义,把马克思主义基本原理同中国具体实际、同中华优秀传统文化相结合是必由之路。这是我们在探索中国特色社会主义道路中得出的规律性的认识,是我们取得成功的最大法宝。"[①] 马克思主义基本原理同中华优秀传统文化相结合蕴藏着深远意义。第一,尽管马克思主义与中华优秀传统文化来源相异,但彼此高度契合,这是二者能够有机结合的前提。第二,"结合"的结果是互相成就。马克思主义作为中国革命、建设与改革的指导思想,在实践过程中不断丰富发展,而中华优秀传统文化在现代社会得以创造性转化与创新性发展,二者结合所形成的有机统一的新的文化生命体,构成中国式现代化的文化形态。第三,"结合"筑牢了中国特色社会主义道路根基,赋予其宏大的历史纵深,拓展了其文化根基。中国式现代化为中华文明注入现代元素,使

---

① 习近平:《在文化传承发展座谈会上的讲话》,人民出版社2023年版,第5页。

其焕发出新的活力；而中华文明则为中国式现代化提供了深厚的文化滋养。第四，"结合"打开了创新空间，让我们掌握了思想和文化主动，从而能在更广阔的文化空间利用好中华优秀传统文化资源，去探索面向未来的理论与制度创新。第五，"结合"巩固了文化主体性。文化主体性是民族文化传承的内在要求，是文化交流互鉴的前提条件。马克思主义基本原理同中华优秀传统文化相结合巩固了本民族文化的主体性，为文化强国建设打下了基础。

概而言之，正如习近平总书记在文化传承发展座谈会上的讲话中指出："'第二个结合'是我们党对马克思主义中国化时代化历史经验的深刻总结，是对中华文明发展规律的深刻把握，表明我们党对中国道路、理论、制度的认识达到了新高度，表明我们党的历史自信、文化自信达到了新高度，表明我们党在传承中华优秀传统文化中推进文化创新的自觉性达到了新高度。"①

二 马克思主义基本原理同中华优秀传统文化相结合的历史进程

中华文明具有突出的连续性，5000多年来未中断，从根本上铸就了中国坚定走自身发展道路的必然选择。倘若不从中华文明一脉相承的历史连续性视角审视中国，便难以理解古代中国的文化特质与精神内涵；无法准确把握现代中国的发展脉络和时代特征；更难以对未来中国的发展趋势、潜在机遇形成科学认知。马克思主义同中国"相遇"，绝不是一个偶然的"事件"，而是有深邃的历史原因，是由更深层次的文化因素决定的。马克思主义适于生存在中华优秀传统文化的深厚土壤中，同中国"水土"相融，

---

① 习近平：《在文化传承发展座谈会上的讲话》，人民出版社2023年版，第9页。

最终在中国生根、发芽、开花和结果。我们党的历史，不仅是马克思主义在中国不断发展和进行时代化的历史，同时也是推动马克思主义基本原理同中华优秀传统文化相融合的历史。

从1840年第一次鸦片战争开始，中华民族从封建王朝衰落期进入了近代沉沦期。短短八十多年时间，西方列强轮番来到中国烧杀抢掠，清政府屡战屡败，被迫与列强签订了无数个丧权辱国的不平等条约，中国人民遭受了巨大而深重的灾难，"国家蒙辱、人民蒙难、文明蒙尘"[①]。

面对三千年未有之大变局，中国向何处去？中国的出路在哪里？在这生死存亡的关头，无数的中国仁人志士进行了积极尝试，试图找到救国道路。为此，中国人民进行了一系列的抗争和探索，各种政治力量轮番登场，各种主义、思潮竞相发声，各种救国方案相继提出，却一次又一次宣告失败，无法摆脱向下沉沦的颓势。沉重的历史表明，在中国共产党诞生之前，无论哪一种思潮，哪一种主义，任何一个政治力量，都没能解决中国的实际问题，改变中国的命运。直到中国共产党诞生，将马克思主义基本原理同中国具体实际相结合、同中华优秀传统文化相结合，唤醒了中华民族几千年创造的伟大文明所蕴藏的精神力量。这种创造性的结合为我们开辟了一条与西方不同的道路，实现了民族独立和人民解放，最终引领着中国人民站起来、富起来和强起来。

习近平总书记指出："中国共产党从成立之日起，既是中国先进文化的积极引领者和践行者，又是中华优秀传统文化的忠实传承者和弘扬者。"[②] 1848年，马克思、恩格斯发表《共产党宣言》，标志着马克思主义的诞生，实现了社会主义由空想到科学的伟大飞跃，然而马克思主义在中国真正得到传播，是在俄国十月革命

---

① 《习近平著作选读》第二卷，人民出版社2023年版，第477页。
② 《习近平著作选读》第二卷，人民出版社2023年版，第36页。

爆发之后。当时中国正值新文化运动时期，早期的马克思主义者延续了新文化运动对中国传统文化的批判态度，如陈独秀的《文学革命论》反对传统文化的陈腐部分，而不是否定传统文化整体，更不是摒弃具有鲜活生命力的中华优秀传统文化，而后者恰恰是新文化的源泉，也是与马克思主义相适应的文化根基。

中国共产党自成立伊始，就已经意识到应该将马克思主义基本原理同中国具体实际相结合。1921年张太雷在给共产国际的报告中表示，无产阶级运动的任务"只有在把国际无产阶级政党的纲领和方法正确地运用于各国具体特点的基础之上才能实现"[①]。1926年蔡和森明确指出："马克思主义列宁主义在世界各国共产党是一致的，但当应用到各国去，应用到实际上去才行的。"[②]

早期中国共产党人大多受过良好的传统文化教育，在接受马克思主义过程中，以中华优秀传统文化的思想理念为指引，去理解和发展马克思主义；同时，他们运用马克思主义基本原理，对中华优秀传统文化进行阐释和传承。在20世纪20年代，马克思主义刚传入中国时，学养深厚的郭沫若先生就发现了这个外来文化与儒学的一致性，专门写了一篇文章《马克思进文庙》，用浪漫主义的笔调，虚构了马克思和孔子的会面，通过他们的交流道出了两种思想根本一致的价值追求，那就是致力于为人民大众谋求最大的幸福、为人类社会建构最优的秩序。可以说，《马克思进文庙》的出现说明马克思主义与中华优秀传统文化之间存在相似性、可比性，它也反映了早期马克思主义者的学术敏感性。郭沫若认为儒家思想与马克思主义在理想社会目标、以民为本价值观等方

[①] 张太雷：《张太雷文集》，人民出版社2013年版，第33页。
[②] 蔡和森：《蔡和森的十二篇文章》，人民出版社1980年版，第21页。

面的内在共通,将这种契合形容为"不谋而合"①。这表明,马克思主义与中华优秀传统文化之间存在内在的相通性,而这构成了两者实现有机结合的前提条件与坚实基础。

毛泽东明确提出马克思主义应同中国实际相结合,强调反对"本本主义"。而且,他还注重把马克思主义同中国历史文化相结合。1938年他指出:"我们是马克思主义的历史主义者,我们不应当割断历史。从孔夫子到孙中山,我们应当给以总结,承继这一份珍贵的遗产。"②毛泽东肯定中华优秀传统文化的现代价值,并开启了马克思主义基本原理同中华优秀传统文化相结合的历史。毛泽东之所以能够将马克思主义基本原理同中华优秀传统文化结合起来绝非巧合,他历史文献功底深厚,古典诗词创作魅力独特,在青年时期就深受中华文化特别是湖湘文化的熏陶,他在思想表达方式上也彰显中华优秀传统文化魅力,例如,用"实事求是"深刻揭示了马克思主义的精华,使之成为中国共产党的思想路线。

"实事求是"是毛泽东思想活的灵魂,是马克思主义中国化进程中关键的思想结晶。从渊源上看,这一思想的形成与中华优秀传统文化相关联,尤其与以岳麓书院为文化地标的湖湘传统文化有着密切关系。毛泽东于湖湘文化的滋养中成长,湖湘文化蕴含的经世致用理念与求真务实精神深深烙印于青年毛泽东的思想深处,成为其秉持的重要品质。凭借这一特质,毛泽东在接受马克思主义之后,能够以独特的理论自觉提出并系统阐释"实事求是"这一马克思主义中国化的核心命题。"实事求是"最早出自班固的《汉书·河间献王传》,而岳麓书院讲堂入口处悬挂着"实事求是"匾额,体现的是湖湘文化中经世务实、注重现实的悠久传统。

---

① 郭沫若著作编辑出版委员会:《郭沫若全集》第10卷,人民文学出版社1985年版,第165页。
② 《毛泽东选集》第2卷,人民出版社1991年版,第534页。

当时湖南第一师范《教养学生之要旨》也明确规定："国民教育趋重实际，宜使学生明现今之大势，察社会之情状，实事求是。"①湖湘文化经世致用、注重实际的理念与学风，对毛泽东文化性格的塑造产生了很大影响，使他特别注重实践和实际。从湖南第一师范毕业之后，毛泽东所秉持的文化特质逐步深化，进而转向了对国家现实问题及社会矛盾的关注和研究。延安时期，毛泽东思想臻于成熟，"实事求是"也成为全党的共识，成为党的思想路线。由此可见，"实事求是"虽然是中国革命实践经验的凝聚，但从文化与思想根源上讲，它源自湖湘文化的经世致用传统。

1943年共产国际为适应形势发展需要，宣布解散，中共中央在《关于共产国际执委主席团提议解散共产国际的决定》中指出："要使得马克思列宁主义这一革命科学更进一步地和中国革命实践、中国历史、中国文化深相结合起来。"②这也是党内文献中首次出现马克思主义基本原理同中国文化相结合的表述，同时这种结合已经成为党内共识。

邓小平创造性地将"社会主义"同"中国特色"相结合，开创了中国特色社会主义。邓小平把马克思主义基本原理同《礼记》中的小康社会理想相结合，系统谋划了经济社会发展战略，描绘了小康社会的发展蓝图。江泽民把马克思主义基本原理同中国传统德法思想相结合，提出了"坚持依法治国和以德治国相结合"的重要思想。胡锦涛把马克思主义基本原理同中国传统和谐思想相结合，提出了"建设和谐社会"的战略任务。

党的十八大以来，中国特色社会主义进入新时代。2018年，习近平总书记在纪念马克思诞辰200周年大会上指出："只有把科

---

① 《湖南第一师范校史》，上海教育出版社1983年版，第12页。
② 《建党以来重要文献选编》（第20册），中央文献出版社2011年版，第318—319页。

学社会主义基本原则同本国具体实际、历史文化传统、时代要求紧密结合起来，在实践中不断探索总结，才能把蓝图变为美好现实。"① 在这一论述中，将"历史文化传统"与"本国具体实际"并置，凸显了马克思主义基本原理同中华优秀传统文化相结合的重要性。习近平总书记在 2021 年"七一"重要讲话中正式把这一原则表述为"把马克思主义基本原理同中国具体实际相结合、同中华优秀传统文化相结合"②。2023 年 6 月 2 日，习近平总书记在文化传承发展座谈会上的重要讲话中深刻阐明了中华文明的五个突出特性，揭示了"两个结合"的重大意义，深入阐释了"第二个结合"的精髓要义，进一步拓展和深化了我们党对推进马克思主义中国化时代化的规律性认识。党的十八大以来，习近平总书记坚持把马克思主义基本原理同中华优秀传统文化相结合，提出一系列重要新思想、新观点、新论断，如将马克思主义群众观同中华优秀传统文化中的民本思想相结合，提出了"人民就是江山，江山就是人民"的政治理念以及以人民为中心的发展思想；将马克思的"真正的共同体"思想同中华优秀传统文化中的"亲仁善邻、协和万邦""和而不同、和合共生""大道之行、天下为公"等思想相结合，提出了构建人类命运共同体、共建"一带一路"等新理念。

党的百年历史充分表明，中国共产党重视从中华优秀传统文化中汲取智慧养分。中国特色社会主义深植于中国历史文化土壤，中华优秀传统文化是民族根基与灵魂，其深厚底蕴为中国革命、建设、改革的伟大实践提供了有力的文化支撑。我们党是马克思主义的忠实信仰者和成功实践者，也是中华优秀传统文化的忠实继承者和积极弘扬者，在推进中华民族伟大复兴的进程中，主动

---

① 《习近平谈治国理政》第三卷，外文出版社 2020 年版，第 76 页。
② 《习近平著作选读》第一卷，人民出版社 2023 年版，第 14 页。

将中华优秀传统文化的思想精华融入马克思主义中国化时代化的理论体系之中。

三 马克思主义同中华优秀传统文化的契合性

马克思主义为何能在中国扎根并成为党的行动指南？其中国化时代化实现飞跃的深层逻辑何在？要回答这些问题，必须深刻领会马克思主义的精髓，同时从博大精深、源远流长的中华优秀传统文化中发掘精华，深入研究马克思主义同中华优秀传统文化相贯通、相融通、相契合的内在逻辑。

从对哲学基本问题的认识上看，马克思主义唯物论与中华优秀传统文化中的唯物主义思想相契合。首先，马克思主义唯物论主张物质第一性、意识第二性。恩格斯明确指出："我们的意识和思维，不论它看起来是多么超感觉的，总是物质的、肉体的器官即人脑的产物。"① 这一观点在中华优秀传统文化中也有相应体现。例如，南朝的范缜讲"形存则神存，形谢则神灭"（《神灭论》），强调精神活动无法脱离形体而独立存在。王夫之通过体用观阐发了这一思想，他说："夫手足，体也；持行，用也。浅而言之，可云但言手足而未有持行之用，其可云方在持行，手足遂名为用而不名为体乎？"② 体是本原，手足之体可闲置不用，但不可能无手足之体而有其用。他以手足为喻，说明意识、思维等精神活动不能脱离身体而存在，否定了精神的本原性，体现了唯物的身心观。

其次，马克思主义唯物论主张意识反映并反作用于物质，批判不可知论。唯心主义认为存在超出人类认知范围的"自在之

---

① 《马克思恩格斯文集》第4卷，人民出版社2009年版，第281页。
② （明）王夫之：《船山全书》第6册，岳麓书社2011年版，第454页。

物"，而马克思主义则主张世界上只有尚未被认识之物，而没有不可认识之物。恩格斯指出："动植物体内所产生的化学物质，在有机化学把它们——制造出来以前，一直是这种'自在之物'；当有机化学开始把它们制造出来时，'自在之物'就变成为我之物了。"① 现在未知的事物，将来总会被人们认识，重要的是通过科学研究去拓展认知。中华优秀传统文化中也有类似思想，例如王夫之认为："天下惟器而已矣。道者器之道，器者不可谓之道之器也。"② 他强调道依附于器而存在，否定脱离具体事物的先验之理或自在之物，主张通过实践和研究逐步认识事物的规律，体现了朴素的唯物认识论。

所以，在哲学基本问题上，中华优秀传统文化中蕴含着与马克思主义哲学相契合的丰富思想。这些朴素唯物主义成为20世纪初中国先进分子接纳马克思主义的思想根基。

从思维方式上看，马克思主义唯物辩证法与中华优秀传统文化中蕴含的辩证思想相契合。马克思曾在《哲学的贫困》中指出："两个相互矛盾方面的共存、斗争以及融合成一新范畴，就是辩证运动。"③ 恩格斯在《自然辩证法》中也强调："同一和差异——必然性和偶然性——原因和结果——这是两个主要的对立，当它们彼此分开来考察时，都互相转化。"④ 这些重要论述揭示了矛盾双方相互包含、相互渗透、相互转化，也正是马克思主义的唯物辩证法的体现。唯物辩证法作为一种科学的思维方法，它分析事物内部矛盾及其运动，揭示事物本质和发展规律，认为矛盾存在于一切事物之中，贯穿于事物发展过程的始终，推动着事物发展，

---

① 《马克思恩格斯文集》第4卷，人民出版社2009年版，第279页。
② （明）王夫之：《船山全书》第1册，岳麓书社2011年版，第1027页。
③ 《马克思恩格斯选集》第1卷，人民出版社2012年版，第225页。
④ 《马克思恩格斯文集》第9卷，人民出版社2009年版，第475页。

主张用辩证法理解世界、把握万物，指导我们更科学地认识和改造世界。

中华优秀传统文化包含诸多关于自然界与社会历史辩证运动发展的认知，虽表述不够系统完备，但这些论述同样分析深刻、蕴含智慧、异彩纷呈。例如，《易传·系辞上》中讲"一阴一阳之谓道"，其阴阳学说体现了对立统一规律和否定之否定规律。阴阳原指日光朝向，向日为阳、背日为阴，后演变为哲学范畴，用以阐释自然界中如天地、日月等对立统一的物质势力。自然界物质皆由阴阳构成，而"阴阳这两种势力的斗争和平衡，就体现了马克思主义辩证法中矛盾双方相辅相成的思想"[①]。再比如，《老子》中"反者道之动""祸兮福所倚，福兮祸所伏""将欲取之，必固与之"则指出了肯定的事物之中总是包含否定的方面，并指出一系列矛盾和事物，如长短、美丑、胜败、祸福、荣辱等，无不朝相反的方向运行。这种对立要素之间的相互转化过程，内在蕴含辩证法思想。此外，《论语》中的"我叩其两端而竭焉"（《论语·子罕》），是要避免事物走向两个极端；又提出"过犹不及"（《论语·先进》），指出事物若超出一定的限度，就会走向反面。《淮南子》中的"塞翁失马，焉知非福"说明，福祸在一定条件下可以互相转化，要以辩证态度看待生活。这些深刻的箴言揭示了事物之间的对立统一关系，于历代士人思想领域影响深远，促其以辩证思维洞察世事之变迁，进而提出相应的治国方略。

当这些蕴含辩证法思想的认识与马克思主义相遇时，既激活了自身的生命力，又推动了马克思主义的中国化时代化。比如，毛泽东的《矛盾论》强调以全面总体克服片面之弊端，引述孙子

---

① 王炳林、闫莉：《中国传统文化与马克思主义辩证法之间的融合》，《中国特色社会主义研究》2015年第5期。

之语"知彼知己，百战不殆"与魏徵之说"兼听则明，偏信则暗"。① 这说明马克思主义与中华优秀传统文化在辩证法上是相通的。

从重视人的主体性上看，马克思主义群众史观与中华优秀传统文化的民本思想相契合。马克思主义认为人民群众是社会历史的主体，是历史的创造者，并坚持人民立场，以实现人的自由而全面发展为根本价值目标。马克思、恩格斯深刻认识到人民的地位和作用，充分肯定人民群众的重要性，"正是人，现实的、活生生的人在创造这一切，拥有这一切并且进行战斗"②。在论述其价值观时，马克思、恩格斯甚至还分析了中国古代社会的平等观念，将其与当代社会主义思潮紧密联系在一起，在《国际述评》中强调："在造反的平民当中有人指出了一部分人贫穷和另一部分人富有的现象，要求重新分配财产，过去和现在一直要求完全消灭私有制。"③

民本思想是中华优秀传统文化重要的思想资源，具有鲜明的本土特色。在传统社会，民本思想受到了各流派以及统治阶级的认同与重视。早在商周时期，"敬天保民"的思想就出现了，《尚书·五子之歌》中提到"民惟邦本，本固邦宁"，强调民众作为国家根基的重要性，只有根基稳固，国家才能实现安宁。到了春秋战国时期，民本思想得到了进一步发展，孟子就提出"民为贵，社稷次之，君为轻"（《孟子·尽心章句下》）的著名论断，明确将民众置于国家和社会之上。而且，以民为本的政治思想一直是封建社会施政的重要理念。总之，马克思主义强调人人平等，力倡消灭剥削，致力于实现社会公平和人类解放，与中华优秀传统

---

① 《毛泽东选集》第1卷，人民出版社1991年版，第313页。
② 《马克思恩格斯文集》第1卷，人民出版社2009年版，第295页。
③ 《马克思恩格斯全集》第10卷，人民出版社1998年版，第277页。

文化中民本思想的价值观高度契合。

马克思主义的群众史观与中华优秀传统文化的民本思想的契合性，在中国共产党的发展历史中得到了延续和发展。李大钊肯定人民群众创造历史，强调人民群众的作用，认为"社会主义的实现，离开人民本身，是万万做不到的"①。毛泽东指出："真正的铜墙铁壁是什么？是群众，是千百万真心实意地拥护革命的群众。这是真正的铜墙铁壁，什么力量也打不破的，完全打不破的。"②在革命时期，人民群众的主体作用得到充分发挥，这是新民主主义革命成功的关键推力。邓小平说过："改革开放中许许多多的东西都是群众在实践中提出来的……是群众的智慧，集体的智慧。"③习近平总书记指出，"人民立场是中国共产党的根本政治立场，是马克思主义政党区别于其他政党的显著标志"④，并强调"人民对美好生活的向往，就是我们的奋斗目标"⑤。纵观百年党史，为人民谋幸福是中国共产党人的初心。正是在马克思主义唯物史观和人民主体论的思想指导下，中华优秀传统文化中的民本思想在革命、建设和改革的过程中得到了升华，形成了"群众路线"，凝结成"全心全意为人民服务"的根本宗旨以及"以人民为中心"的发展思想，真正实现了传统"民本"论到人民主体论的飞跃。

从知行关系的认识看，马克思主义实践观与中华优秀传统文化的"知行合一"相契合。实践观是马克思主义哲学中最为重要的观点，在马克思主义的理论体系中占据核心地位。马克思主义

---

① 《李大钊全集》第3卷，人民出版社2013年版，第19—20页。
② 《毛泽东选集》第1卷，人民出版社1991年版，第139页。
③ 《邓小平年谱（一九七五——一九九七）》（下），中央文献出版社2004年版，第1350页。
④ 《习近平谈治国理政》第二卷，外文出版社2017年版，第40页。
⑤ 《习近平著作选读》第一卷，人民出版社2023年版，第221页。

不仅强调通过实践获得真知,更强调实践的目的在于改变世界,实现人类的自由和解放。马克思主义认为"哲学家们只是用不同的方式解释世界,而问题在于改变世界"[1],表达了对"行"的重视。相应地,中国古代先哲历来就重视"践履"与"躬行"。《论语》中讲"君子欲讷于言而敏于行"(《论语·里仁》);荀子提出"学止于行而至矣"(《荀子·儒效》)的行先知后观;《中庸》将知行关系依次分为"行而不知""知而不行""知而后行""知行合一"四个层次;王阳明则提出"知者行之始,行者知之成"(《传习录》)的"知行合一"观点。[2] 可以看出,中华优秀传统文化注重体验与实践,强调通过亲身经历来获得真知,这一理念与马克思主义的实践观存在显著的契合之处。

中国共产党借鉴中华优秀传统文化中的"知行合一"思想,结合马克思主义实践观,强调"一切从实际出发,理论联系实际""真理在实践中检验和发展",形成了实事求是的优良传统。结合"知行合一"思想,毛泽东在《实践论》中阐述了实践的真理和认识论,引用了"不入虎穴,焉得虎子"的例子,并指出:"实践、认识、再实践、再认识,这种形式,循环往复以至无穷,而实践和认识之每一循环的内容,都比较地进到了高一级的程度。"[3] 深刻阐明了"知行合一"思想的认识论特征,将辩证唯物主义与传统知行合一观在认识论上进行了融合。关于"实事求是"的思想,毛泽东在1941年《改造我们的学习》中对"实事求是"的命题进行了阐释,赋予其马克思主义的新含义:"'实事'就是客观存在的一切事物,'是'就是客观事物的内在联系,即规律性,

---

[1] 《马克思恩格斯文集》第1卷,人民出版社2009年版,第502页。
[2] 燕连福、林中伟:《马克思主义基本原理同中华优秀传统文化相结合的历程、经验和未来展望》,《教学与研究》2022年第2期。
[3] 《毛泽东选集》第1卷,人民出版社1991年版,第296—297页。

'求'就是我们去研究。"①"实事求是"已经成为中国共产党认识世界、改造世界的根本方法,中华优秀传统文化的这种创造性转化,赋予了传统知行合一观以新的生命力。

从人与自然关系的角度看,马克思主义自然观与中华优秀传统文化中人与自然和谐共生的思想相契合。人与自然的关系是人类文明发展进程中必须面对和解决的根本关系,生态环境是人类生存和发展的根基,生态环境的变化直接影响文明的兴衰演替。马克思主义自然观与中华优秀传统文化中的"天人合一"思想都把人与自然的和谐相处视为一种理想的生存状态。

在马克思、恩格斯所处的年代,人与自然之间的矛盾还远远没有后来严重,但是马克思主义创始人已经超前地关注到人与自然关系的基础性和重要性,指出人是自然界长期进化的产物,人不是自然界的主宰者,而是自然界的一部分,人靠自然界生活,表达了对人与自然和谐相处的向往。恩格斯在《自然辩证法》中深刻地指出:"我们不要过分陶醉于我们人类对自然界的胜利。对于每一次这样的胜利,自然界都对我们进行了报复。"② 恩格斯列举了人类历史上的一些沉痛教训:"美索不达米亚、希腊、小亚细亚以及其他各地的居民,为了想得到耕地,把森林都砍完了,但是他们梦想不到,这些地方今天竟因此成为荒芜不毛之地。"③ 楼兰古国位于我国新疆巴音郭楞蒙古自治州境内,罗布泊的西部,处于西域的枢纽,公元前176年楼兰古国诞生,而在公元630年却神秘消失,其原因众说纷纭,但可以肯定的是,楼兰古国的消失与人类活动破坏生态平衡密切相关。

在中华优秀传统文化中关注人与自然和谐关系的认识早已有

---

① 《毛泽东选集》第3卷,人民出版社1991年版,第801页。
② 《马克思恩格斯选集》第3卷,人民出版社2012年版,第998页。
③ 《马克思恩格斯文集》第9卷,人民出版社2009年版,第560页。

之。几千年前我们的祖先在治水过程中就已经认识到这一点。共工和鲧治水的失败就在于逆水性而动，不是疏导而是壅塞，结果为害天下，而夏禹采取了"疏川导滞"的办法，最终为利于天下。这说明：人类无法摆脱自然，更不能逆自然而行。人与自然的和谐一直是中国几千年来传统文化的重要主题。在中国传统文化中，儒家、道家和佛家的思想中就蕴含着丰富的人与自然关系的认知和探讨。在儒家中，子思最早提出了"天人合一"学说，强调人类要顺应自然，达到天地人三者之间的和谐。这种对人与天、人与社会、人与自然协调和统一的重视，一直贯穿于儒家思想发展的始终。在道家中，道法自然思想同样占有重要地位，《老子》讲："故道大，天大，地大，人亦大。域中有四大，而人居其一焉。人法地，地法天，天法道，道法自然。"（《老子·第二十五章》）老子认为，人和社会是自然的产物，自然法则不可违，人道必须顺应天道，人只能"辅万物之自然而不敢为"（《老子·第六十四章》）。在佛学中，佛家有"众生平等"思想，体现出对人与自然合理性关系的尊重。综上可知，中国的儒释道都强调人与自然和谐一体的理念，与马克思主义自然观相互融通。

从人类社会理想形态看，马克思主义所描述的共产主义社会和中华优秀传统文化中的大同理想相契合。马克思、恩格斯在《共产党宣言》中指出："代替那存在着阶级和阶级对立的资产阶级旧社会的，将是这样一个联合体，在那里，每个人的自由发展是一切人的自由发展的条件。"[①] 马克思主义认为，共产主义社会是社会主义社会发展到最科学、和谐阶段的社会，是人类历史上最理想、最美好的社会形态，物质财富极大丰富，人民精神境界极大提高，实行各尽所能、按需分配原则，在那里，人们可得到

---

① 《马克思恩格斯文集》第2卷，人民出版社2009年版，第53页。

自由而全面的发展,而且能实现个人自由发展与社会发展的和谐统一。

中华优秀传统文化反映了人们对理想社会的向往。中国古代先哲曾描绘出大同社会的美好图景,"大道之行也,天下为公,选贤与能,讲信修睦……故外户而不闭,是谓大同"(《礼记·礼运》)。这种公平合理、和谐有序、无欺诈的大同社会形态,是古人对理想社会模式的构想。何休在解读儒家经典《公羊传》时讲:"于所闻之世,见治升平,内诸夏而外夷狄……至所见之世,著治太平,夷狄进至于爵,天下远近小大若一。"(《春秋公羊传注疏》)他描绘出天下远近大小若一、各民族之间没有隔阂、共同享有幸福生活的理想境界,是对大同理想内涵的丰富与延伸。共产主义力倡消除贫富差距、实现人人平等,这与中华优秀传统文化对"大同社会"的构想相通。

综上所述,中华优秀传统文化内在地具备了接受马克思主义真理的基础和条件,而马克思主义则具备对中华优秀传统文化的深刻理解和创新性融合的能力。马克思主义的基本原理与中华优秀传统文化能够实现有机地结合。

四 马克思主义基本原理同中华优秀传统文化相结合的实践要求

实践没有止境,理论创新也没有止境。当前,世界百年未有之大变局加速演进,面对世界之变、时代之变、历史之变,回答好中国之问、世界之问、人民之问、时代之问,应当在推进"两个结合"中掌握历史主动,从马克思主义基本原理同中华优秀传统文化相结合中汲取智慧和力量。党的二十大报告指出:"我们必须坚定历史自信、文化自信,坚持古为今用、推陈出新,把马克思主义思想精髓同中华优秀传统文化精华贯通起来、同人民群众日用而不觉的共同价值观念融通起来，不断赋予科学理论鲜明的中国特色，不断夯实马克思主义时代化的历史基础和群众基础，让马克思主义在中国牢牢扎根。"[1] 传承文化基因，提炼思想精华，展示精神品质和精神魅力，坚定文化自信，是新时代赋予我们的历史使命。同时，以习近平新时代中国特色社会主义思想为指导，激发中华优秀传统文化的生命力。我们还需要把马克思主义融入中华优秀传统文化，为中国式现代化注入强大的精神动力。

在过去的百年中，中国共产党带领中国人民不断地求索，不仅成功回答了马克思主义基本原理何以同中华优秀传统文化相结合的问题，而且成功地解决了如何实现这种结合的问题。在强国建设、民族复兴的新征程中，必须持续不断推动马克思主义基本原理同中华优秀传统文化深度融合，夯实中国式现代化的价值根基。

必须坚持真理，不忘本来，确保马克思主义基本原理同中华优秀传统文化相结合的正确方向。马克思主义作为经过实践检验的科学真理体系，能够为二者的结合提供正确的方向。对马克思主义的坚定信仰，是推动这一融合进程的逻辑起点与思想根基。若缺乏这一信仰支撑，融合实践或将流于形式，丧失实质内涵，更易因方向性失误而偏离正确轨道。习近平总书记指出："马克思主义是我们立党立国的根本指导思想。背离或放弃马克思主义，我们党就会失去灵魂、迷失方向。"[2] 历史和现实表明：当一个民族选择抛弃、背叛自身历史文化时，其发展之路必将举步维艰，不仅难以取得长足发展，反而会屡屡陷入困境。因此，我们必须将马克思主义作为根本指导，牢牢把握习近平新时代中国特色社

---

[1] 《习近平著作选读》第一卷，人民出版社2023年版，第15页。
[2] 《习近平谈治国理政》第二卷，外文出版社2017年版，第33页。

会主义思想的世界观和方法论，运用其立场、观点和方法，"必须坚持人民至上、必须坚持自信自立、必须坚持守正创新、必须坚持问题导向、必须坚持系统观念、必须坚持胸怀天下"①，把坚持马克思主义基本原理同传承中华优秀传统文化结合起来，既坚持真理又不忘本来，不断加深对人类社会发展规律的认识，让马克思主义的科学真理在中国大地上牢牢扎根。

必须取其精华，去其糟粕，挖掘和阐释中华优秀传统文化的精华。中华民族有着强大的文化创造力，其中蕴藏着丰富的思想哲理和道德资源。习近平总书记指出："要加强对中华优秀传统文化的挖掘和阐发，使中华民族最基本的文化基因同当代中国文化相适应、同现代社会相协调，把跨越时空、超越国界、富有永恒魅力、具有当代价值的文化精神弘扬起来，激活其内在的强大生命力。"② 我们应当深入阐释中华优秀传统文化讲仁爱、重民本、守诚信、崇正义、尚和合、求大同等思想精华，阐明中国式现代化的深厚文化底蕴。在将马克思主义基本原理同中华优秀传统文化结合时，正确处理同中华传统文化的关系。习近平总书记指出："我们要对传统文化进行科学分析，对有益的东西、好的东西予以继承和发扬，对负面的、不好的东西加以抵御和克服，取其精华、去其糟粕，而不能采取全盘接受或者全盘抛弃的绝对主义态度。"③ 一方面，需要反对文化虚无主义，避免对中国传统文化的全面否定；另一方面，也要警惕文化复古，以辩证的态度对待中国传统文化。

---

① 习近平：《高举中国特色社会主义伟大旗帜　为全面建设社会主义现代化国家而团结奋斗——在中国共产党第二十次全国代表大会上的报告》，人民出版社2022年版，第19页。
② 习近平：《在中国文联十大、中国作协九大开幕式上的讲话》，人民出版社2016年版，第15—16页。
③ 习近平：《论党的宣传思想工作》，中央文献出版社2020年版，第89页。

要坚定文化自信，反对文化虚无主义。清代思想家龚自珍指出："灭人之国，必先去其史；隳人之枋，败人之纲纪，必先去其史；绝人之才，湮塞人之教，必先去其史；夷人之祖宗，必先去其史。"① 文化虚无主义，主要表现为歪曲、贬损和消解中华优秀传统文化、革命文化和社会主义先进文化，妄图全面否定中国传统文化，从根本上割断中国传统文化的血脉。我们必须警惕文化虚无主义，保持文化自信，深入探索马克思主义中国化时代化的实践道路。在中国式现代化的伟大实践中实现中华优秀传统文化的创造性转化和创新性发展。

要坚持文化扬弃，反对文化复古。传统文化博大精深，既有灿烂的精华，也有腐朽的糟粕。由此决定了在对待传统文化时，我们应该反对全盘肯定的文化复古主义，坚持辩证思维，去伪存真，去粗取精。核心要义是要以马克思主义的辩证唯物主义和历史唯物主义为工具，对传统文化进行批判性吸收。目的在于清除其中掺杂的迷信因素与腐朽观念，存续弘扬那些经得起理性审视、于当下现实仍具指导意义的思想精髓，以适应现代社会发展。毛泽东在《湘江评论》上发文指出："我们反对孔子，有很多别的理由。单就这独霸中国，使我们思想界不能自由，郁郁做二千年偶像的奴隶，也是不能不反对的。"②

面对百年未有之大变局，如何把中华优秀传统文化转化为推进中国式现代化、探索人类文明新形态进程中的丰厚文化资源，关键在于要用马克思主义的立场、观点和方法，结合当今时代的需要，坚持古为今用、推陈出新。新时代新征程，我们应当认真汲取中华优秀传统文化的思想精华和道德精髓，深入挖掘和阐发其中的时代价值，同时，我们也要传承弘扬革命文化，发展社会

---

① 《龚自珍全集》，王佩诤校，上海古籍出版社1975年版，第22页。
② 《毛泽东早期文稿》，湖南人民出版社1990年版，第368页。

主义先进文化,并从中华优秀传统文化中寻找源头活水,实现其创造性转化和创新性发展。

必须坚持守正创新,汲取中华优秀传统文化智慧,推进国家治理体系和治理能力现代化。中华民族伟大复兴已进入不可逆转的历史进程,文化所肩负的使命越发清晰,日益成为强国建设、民族复兴的重要支撑力量。推动马克思主义基本原理同中华优秀传统文化相结合,既是一个理论创新命题,也是一个实践探索命题。"一个国家的治理体系和治理能力是与这个国家的历史传承和文化传统密切相关的。解决中国的问题只能在中国大地上探寻适合自己的道路和办法。"① 在国家与社会治理之中,当下诸多难题皆可于历史中寻得解法,过往诸多事件亦可为当下提供镜鉴。这就要求我们秉持"两个结合"的原则,从对中国古代治理实践的系统研究和深入思考中汲取智慧。在5000多年的中华文明史中,中华民族积累了丰富的治国理政经验,既有成功的经验,也有失败的教训。深入挖掘这些传统资源,是推进"中国之治"的必要条件。党的十八大以来,以习近平同志为核心的党中央多次围绕"积极借鉴我国历史上优秀廉政文化不断提高拒腐防变和抵御风险能力""我国历史上的国家治理""我国历史上的法治和德治"等多个主题进行了专门研讨,深入研究和积极借鉴历史上的成功经验,不断推动治国理政水平的提升,为以中国式现代化全面推进中华民族伟大复兴贡献历史智慧,推进国家治理体系和治理能力现代化。

必须坚持胸怀天下,在深刻把握中华优秀传统文化蕴含的全人类共同价值追求中促进人类文明交流互鉴。中华文明具有突出的包容性,镌刻在中华民族交往、交流与交融的历史长卷中,并

---

① 《习近平关于协调推进"四个全面"战略布局论述摘编》,中央文献出版社2015年版,第84页。

且不断得以彰显与强化。这种包容性铸就了中华文化海纳百川的气象，预示着中华文明与其他文明的交流互鉴必将迸发出新的活力。习近平总书记强调，"文明因多样而交流，因交流而互鉴，因互鉴而发展"，并指出"相互尊重、和衷共济、和合共生是人类文明发展的正确道路"①。一是要弘扬"和平、发展、公平、正义、民主、自由"②的全人类共同价值。中华文明历来主张"和"文化，强调不同民族、不同国家之间的交流互鉴。"和"的特质是和而不同、互相包容、求同存异、共生共长，"和"的佳境是"各美其美，美人之美，美美与共，天下大同"③。和而不同出自《论语》"君子和而不同，小人同而不和"（《论语·子路》），"和"就是"各得其所"。和衷共济出自《尚书》"同寅协恭和衷哉"（《尚书·虞书·皋陶谟》）及《国语》"夫苦匏不材于人，共济而已"（《国语·鲁语·诸侯伐秦鲁人以莒人先济》），喻义同心协力，克服困难。《尚书·尧典》中的"协和万邦"的天下观蕴含了"和气"与"和风"，并且包含《礼记·中庸》中所说的"万物并育而不相害，道并行而不相悖"等思想。中华文明历来主张以和为贵，倡导不同民族、不同国家、不同文化之间的交流互鉴。1993年签署的《全球伦理宣言》将《论语》中的"己所不欲，勿施于人"定义为伦理的黄金法则。正是这种开放包容、和而不同、和合共生，使中华文明得以传承和发展。二是要推动中华优秀传统文化走出去。当今世界，国与国之间的较量越来越多地体现在文化软实力上，中华优秀传统文化中蕴含着解决当今国际社会共同面临的难题的重要启示。这些宝贵的文化资源值得全人类共同

---

① 《习近平外交演讲集》第一卷，中央文献出版社2022年版，第429页。
② 《习近平著作选读》第二卷，人民出版社2023年版，第613页。
③ 费孝通：《反思·对话·文化自觉》，《北京大学学报》（哲学社会科学版）1997年第3期。

珍视和爱护。我们要立足中国大地，讲述中华文明故事，向世界展现可信、可爱、可敬的中国形象，阐明中国文化的宇宙观、天下观、社会观和道德观，展示中华文明悠久的历史传统和人文底蕴，让世界更好地认识中国、了解中国，深入理解中华文明。

　　文化兴则国运兴，文化强则民族强。党的二十大报告指出：天下为公、民为邦本、为政以德、革故鼎新、任人唯贤、天人合一、自强不息、厚德载物、讲信修睦、亲仁善邻等观念是中华优秀传统文化的精髓。这些观念不仅在中国历史上有着深远的影响，而且在以中国式现代化全面推进中华民族伟大复兴的历史进程中始终发挥着至关重要的作用，对于规范人们行为、推动社会进步、维护世界和平都有着难以估量的价值。

第一章 "天下为公"的社会观

习近平总书记在党的二十大报告中指出："中华传统文化源远流长，博大精深，是中华文明的智慧结晶。"[1] "天下为公"是其中重要的思想，它体现了中国人民对美好生活的向往，以及对公平正义的追求。"天下为公"思想在经过近代的流变与传承后，由中国共产党人推动其由传统向现代过渡，并随着社会发展而不断地被赋予新的内涵。党的十八大以来，习近平总书记多次引用"天下为公"来表述中国共产党的天下胸怀，并由此提出了一系列全球倡议，为全球治理提供了新思想、新理念、新方略。解读"天下为公"政治思想的起源、流变及其在新时代的呈现，有助于更好地践行和宣传中国共产党的价值理念与精神追求。

一 "天下为公"的历史意蕴

（一）"天下为公"的基本内涵

"天下为公"的思想最早可追溯至先秦时期，《礼记·礼运》描述了"大道之行也，天下为公。选贤与能，讲信修睦"的大同社会。"天下"，无疑是中华民族文化中的极为关键的概念。如果

---

[1] 《习近平著作选读》第一卷，人民出版社2023年版，第15页。

第一章 "天下为公"的社会观

从直观的字面意思理解,"天下"即"天之下",涵盖人类生活和生存于其中的广袤无垠的土地、山川河流,等等。当然,这是一种非常简单、直观的对自然、社会观念的理解,在我国的传统文化观念中,"天下"不仅是一种地域和空间观念,而且有着特定的历史意义和人文价值内涵,是被赋予了心理、政治和社会功能的概念。梁启超认为:"我国先哲言政治,皆以'天下'为对象,此百家所同也。'天下'云者,即人类全体之谓……而不以一部分自画。"[1]"天下"便是人与自然共同组成的人世间,我国古代以"天下"为对象,表达出开放、包容的胸襟格局。赵汀阳认为:"天下"概念是"地理学意义、心理学意义和政治学意义合一的存在,是大地、普遍人心、世界制度的三位一体"[2]。不仅有地理空间上的意义,也指抽象意义上处于该空间所有人的心思,即"民心",此外还有政治学意义上的世界政治制度,这和西方文化中的"世界"思想一样有丰富而重要的内涵。

从地理空间看,"天下"是指古人所能观察到的地方。因为科技水平相对较低,古人无法观测到其生命之外的区域,所以人们也把中华大地看作整个"天下"。古人把地球看成"天圆地方"的,这象征着我国古代哲学家直观的天体观。随着时代与实践的不断发展,人类对"天下"的理解也就不断深入与丰富起来,"天下"概念也由此而获得了扩展。"天下"概念从先秦时代就开始产生了,即中国以及周边的区域和国家。在当时的思想家眼中,世界由不同国家构成。在儒家思想中,孔子是"天下观"的开创者,"管仲相桓公,霸诸侯,一匡天下,民到于今受其赐。微管仲,吾其被发左衽矣"(《论语·宪问》),而此处的"天下"与"溥天之下,莫非王土;率土之滨,莫非王臣"(《诗经·小雅·

---

[1] 梁启超:《梁启超论先秦政治思想史》,商务印书馆2012年版,第192页。
[2] 赵汀阳:《天下体系的一个简要表述》,《世界经济与政治》2008年第10期。

北山》)的"天下"含义相一致。孟子曾说:"天下之本在国,国之本在家,家之本在身。"(《孟子·离娄上》)这说明,孟子不仅继承了孔子的"天下观",而且延伸了其内涵,从孔子到孟子,更加指向由家、国、天下几种不同层级构成的等级政治架构,"天下"概念由此演变为在天子统治下的政治共同体。

秦汉以后,由于对外交流范围的拓宽,中国人的"天下"观念也越来越广泛。列国之间共存的伙伴关系也开始转化为与中国及周边夷狄的伙伴关系,特别是"丝绸之路"使我国和亚、非、欧各国之间的经贸文化交流得到了实现,中国人也从此发现了中国之外的"天下"。不过,这时候"天下"概念也仅仅是适用范围拓宽了,它依然指的是由天子所直接或间接管理的区域,如我国和周边国家,由于受交通的限制,人们对海外的认识还相对狭隘。"以天下为己任"或"天下兴亡,匹夫有责"中的这个"天下"并不限于当时的"中国",但是也还不能达到今天"世界"的程度范围,也就是说中央王朝所控制的地域范围只是"天下"的一部分。

从社会心理的角度看,"天下"这一概念不仅仅涵盖了自然地理的范畴,还包含了居住在这片土地上的人们所共有的思想观念与认知模式,即"民心"。所谓"得民心者得天下",说明得天下之人并不仅是掌握了某一地方的权力,而且把人心视为国家管理的基础与前提。孟子曾言:"民为贵,社稷次之,君为轻。"(《孟子·尽心下》)这种民贵君轻的思想,反映了中国古代思想家对民心的重视,百姓安则天下安。孟子总结了历史上的经验教训,认为唯有施以仁政的王道才无敌于天下,即所谓"仁人无敌于天下人""不仁者得国者,则有之矣;不仁而得天下者,未之有也"(《孟子·尽心下》),只有明白和了解了人民的好恶,才能把握天下,"桀纣之失天下也,失其民也;失其民者,失其心也。得天有道：得其民，斯得天下矣；得其民有道：得其心，斯得民矣；得其心有道：所欲与之聚之，所恶勿施尔也"（《孟子·离娄上》）。历史上的桀、纣之所以失掉民心，正是因为将自己置于人民的对立面。古代的天下观所指的人民并非以种族区分，而是以文明认同加以区分，所以天下观有很大的包容性。历史事实证明，人心向背，则王朝趋于覆灭，人民支持，则王朝趋于善治。比如，由于唐朝在政治上任用贤能，并在政治上崇尚道家的清静无为思想的文教，励精图治，从而受到人民群众的支持，创造了开元盛世。永宣盛世亦是如此，国家繁荣、经济社会发达、对外贸易繁荣、人才辈出，明朝国力强大，政治清明，人民百姓安居乐业，是中国封建帝国的巅峰状态。由此观之，人文心理视角下的天下观也有着丰富的理论内容。

从政治视角看，我国传统文化中的天下观表达了人民对美好社会秩序的向往，体现了人民性、道义性、平等性等人文价值；"天下"并非独立存在的，乃与国、家、自身相并列的一种观念，即圣贤所要求的"修身、齐家、治国、平天下"。从我国传统政治思想出发，天下观实则包含了古人所崇尚的理想化的政治状况，即建立在"仁爱"基础上的政治秩序，其最终目标是实现"天下大同"。在封建时期产生的天子位于王畿之地，然后从各个爵位中得到一定的封地，而这些爵位也是根据血缘关系和军功程度而加以划分的。中央统一的政权不断加强，一个由中央到边缘的政治经济格局也就逐步显现了出来，之后又演变为"内外""夷夏"的封建等级秩序。到东汉时期，董仲舒主要继承了荀子的思想，提出了"君王一统"的思想，进一步加强了"天子"的执政合法性。他主张"有天子在，诸侯不得专地、不得专封、不能专执天子之大夫，不得舞天子之乐，不得致天子之赋，不得适天子之贵"①的尊卑亲疏社会秩序。同时认为"王道之三纲，可求于天"②，这使中国国内的等级社会秩序更加精细和规范，而在对外交流中也产生了以中国王朝为核心内容的朝贡制度。凭借强有力的中央集权体制和一定的文化指导，中央王朝可以在其权力辐射区域内形成一个朝贡系统，内外政治经济秩序的和谐统一使得"天下"始终有其合理性的一面，由此成为中国古代"天下观"的坚实基础。

"天下"如何得治？孔子主张唯有以"仁"方可将天下归附，他的志向也不是尧舜之世，而是恢复周代的礼乐，即"克己复礼为仁。一日克己复礼，则天下归仁焉"（《论语·颜渊》）。意思是指，努力克制自己，让自己的言行均合乎其礼。社会上的人都会认为自己是仁人，引起大家的学习效仿，影响整个社会风气，这便是孔子的"仁"的理想。这里，"天下"就是指社会礼俗，社会环境。"滔滔者天下皆是也，而谁以易之？"（《论语·微子》）就是说社会上坏的事物到处都是，可是却没人去改造它。这里的"天下"之意就是指社会环境。综上所述我们能够发现，在儒家思想中，仁爱与道德对世界的治理有着无可替代的意义。

"天下为公"表达了古代先贤对"天下"归谁所有的理解，"天下为公"之"为公"，则为天下苍生，不能偏私于某个人，而是天下人所共有。在中国传统思想中，天下不得作为私有财产进行授受，故汉代郑玄在《礼记正义》有："公犹共也。禅位授圣，不家之。"而唐代孔颖达则指出："天下为公谓天子位也。为公谓

---

① 董仲舒：《春秋繁露义证》，苏舆注，中华书局2019年版，第100页。
② 董仲舒：《春秋繁露义证》，苏舆注，中华书局2019年版，第311页。

揖让而授圣德，不私传子孙，即废朱、均而用舜、禹是也。"① 亦即大道先要有公制，天下不是君主个人的，而要将之传给德才兼备的人，这也就和禅让制有共通之处。禅让制最初是我国上古"五帝时代"，即所谓"公天下"的时代，所实行的君主禅让体制，即皇帝之位并非传给同姓血统的人，而是推选有才能的人。传说尧为部族联盟首领后，提拔有才能品德的舜，尧对舜实施三年培养后，舜就成为继承人。舜继位以后，用同样禅让推举的方法，提拔在治水中表现卓越的大禹作为继承人。在禅让制下，尧舜都是道德高尚的帝王。《尚书》云"皇天无亲，惟德是辅"，其指出上天公正无私总是帮助品德高尚的人。作为帝王始终遵循公正的天道，致力于天下之人的幸福与安宁，而非将天下视为个人私产，他们的统治才能得到"天"的认可与庇佑。因此，虽然在名义上尧舜是天下的管理者，但实际上"天下"属于全体人民，是大家共同拥有和分享的，即"天下人之天下"。但在大禹以后，禅让制便戛然而止，"私天下"取代了"公天下"，而世袭制也取代了禅让制。

"天下为公"体现了中国古代"公天下"的核心理念，可以说"公天下"构成了"天下为公"这一思想的先决条件。"公天下"观念蕴含了三个层面：一是，回答"谁的天下"的问题。"公天下"明确指出，"天下"并非君王个人的私产，而是"天下人之天下"，君王的角色仅是代表天意来治理百姓。二是在"谁治天下人"层面，"公天下"提倡要"立天子以为天下，非立天下以为天子也"②，即天下人虽并非个人的，但对于天下人的发展，必须选择君王来实行统治和管理，选定君王的标准是"德"，要求

---

① 李学勤：《十三经注疏·礼记正义》，北京大学出版社1999年版，第658—659页。

② 许富宏：《慎子集校集注》，中华书局2013年版，第16页。

统治者注重整体利益，要追求大同世界，王位继承也是以"德"为准则进行推举。三是在"如何治天下"层面，"公天下"强调君王之位是为天下人而设。君王职责是为天下人谋利益而优先，要做到以公居心、以公治事，秉持以民为本、民贵君轻，才能使天下百姓信服。

由上可知，古代"天下为公"包含着丰富的思想内涵。其一，在国家权力方面，"公天下"是"天下为公"的前提，即强调政治权力的公共性。政治权力在归属方面注重公共性，但同时又注重为天下人的权力必须由一个有德君王来掌握，而不能是天下人共治。"公天下"要求统治阶级不是公共权力的私人拥有者，而是坚持道德，为天下人谋利益，追求大同理想的天下代表。这就意味着，倘若统治阶级缺乏一定的道德来管理天下，而把天下当作私有，则人民有可能推翻现存统治阶级。其二，在国家治理中，要求统治阶层必须坚持"以民为本"的观念，这是"天下为公"的根本途径。"天视自我民视，天听自我民听"（《尚书·泰誓中》），君权天授，而天从民意那里来了解君的言行，以凸显人民在历史发展中的重要作用，所以君主要以实现公利、教育民众为己任，要实现仁政，大公无私，持守公义，以身作则，教化百姓。其三，在政治价值上，古代"天下为公"要求从君到民，都要将"平等正义"视为追求的目标。在君主的层面，要追求圣王之治，以自身公正品德教化百姓是实现"天下为公"理念的关键；在民众方面，要有很好的德行觉悟，坚持克己复礼，讲信修睦。在社会伦理关系中，起作用的是君主，君王在遵循公心的同时，还必须起到教化天下的作用。君民共同遵循"天下为公"的政治价值。其四，在政治责任方面，"天下为公"的政治理念强调胸怀天下的博大胸襟，以及视天下为己任的社会责任意识。由此可知，"天下"是古人所知道的突破一国的概念，随着对外部世界接触理解的加深,"天下"含义也在不断变化和拓展,不管"天下"含义如何变化,"天下为公"思想始终蕴含着超越一国一族的博大胸怀和深远视野。

(二)"天下为公"的历史渊源

"天下为公"起源可追溯至先秦时代。传统"天下为公"思想最著名的表达来源于儒家的《礼记·礼运》,该篇描述了孔子对大同社会的畅想,即"大道之行也,天下为公,选贤与能,讲信修睦。故人不独亲其亲,不独子其子,使老有所终,壮有所用,幼有所长,矜寡孤独废疾者皆有所养;男有分,女有归。货恶其弃于地也,不必藏于己;力恶其不出于身也,不必为己。是故谋闭而不兴,盗窃乱贼而不作,故外户而不闭。是谓大同"[1]。这段话,无疑表达了以孔子为代表的儒家圣贤们对太平盛世的追求。

孔子认为,理想社会就是在夏朝之前的五帝时代的社会状况。可以从以下三个层次来认识孔子所描绘的大同社会。首先,公而无私的道德自觉,将公共利益置于个人私利之上。统治阶级并没有将天下人当成自己的私有物,只是公而无私、不为私利,所以当王位继承后能够实现禅让于贤。根据"天下为公"的政策主张,统治者需努力做到"选贤与能",整个社会的统治者都是德才兼备之士,而并非任人唯亲。人们与人为善、推己及人,在人际关系中可以做到坦诚友好,大家也可以自发地遵循有序的伦理准则,让社会保持安宁和谐。其次,仁爱之道的和善关系。"天下为公"的社会根本特点是讲仁心,每个人都能努力做到"不独亲其亲,不独子其子"(《礼记·礼运》),每个人都能够将孝敬父母和关怀儿女的仁爱之心扩展到其他社会成员身上,在整个社会中建立更

---

[1] 李学勤:《十三经注疏·礼记正义》,北京大学出版社1999年版,第658—659页。

和善的关系。在大同社会里，各个年龄的人都能各得其所，有合理安置，对于弱势群体也有社会保障，充分体现社会仁爱之道。最后，是天下大同的社会追求。人人都能安身立命、身心和谐，社会治安良好。由此可见，孔子所构想的大同社会是一种理想化、完美化的社会，虽然变成现实难以实现，但包含"天下为公"的重要思想。

孔子之后，孟子将孔子"仁"的思想向前推进，把孔子提倡的"爱人"从君主的角度出发，扩展为对天下人的关爱，并进一步引申和转化为政治领域的"仁政"和"王道"原则，从而构建了一套以"仁政"为中心的社会政治思想体系，这一体系深刻体现了"天下为公"的道德追求。孟子认为："仁，人之安宅也；义，人之正路也。"（《孟子·离娄上》）确定了人们有生而为善的潜力，并让人们"珍爱善端"。孟子以性善论为思想依据，以仁政为基础，明确提出了"王道仁政"的政治思想。孟子曰："谷与鱼鳖不可胜食，材木不可胜用，是使民养生丧死无憾也。养生丧死无憾，王道之始也。"（《孟子·梁惠王上》）在孟子眼中，君主应该关注民生，通过合理发展生产和利用资源，确保百姓的基本生活需求得到满足。这样，百姓才会对君主和国家产生认同和归属感，从而实现国家的长治久安和繁荣富强。孟子指出，"保民而王""行仁政而王"，若能施行仁政，就能够平定天下，这就是要使诸侯国做到"为公"而非"为私"。"桀纣之失天下也，失其民也；失其民者，失其心也。得天下有道：得其民，斯得天下矣；得其民有道：得其心，斯得民矣。"（《孟子·离娄上》）"民心"成为王者政治行为的准绳，人民及其所生存的世界也就是天下，"天下"便是"人民"，得民心者得天下。

当然，"公天下"的思想并非儒家所独有，而是先秦时期各家共同秉持的。老子在《道德经》中指出："圣人无常心，以百姓

第一章 "天下为公"的社会观

心为心。"主张君王必须以人民的切身利益为重，遵守天下百姓的愿望，而不能仅顾及自身的私利。墨子重视仁的普遍性和平等性，他指出："仁人之所以为事者，必兴天下之利，除去天下之害，以此为事者也。"（《墨子·兼爱中》）要求君主为天下兴利而除害。慎子指出："古者立天子而贵之者，非以利一人也。曰：天下无一贵，则理无由通，通理以为天下也。故立天子以为天下，非立天下以为天子也。"（《慎子·威德》）解释了"天下人"和"天子"的关系，"立君以为民"，天下并不是君主的个人私有，而天子的职业也是为天下人公利而设立的。《六韬》曰："同天下之利者则得天下，擅天下之利者则失天下。天有时，地有财，能与人共之者，仁也。仁之所在，天下归之。"[①] 表示君王必须实现"天下为公"，而不能以天下、国家利益为己之私利服务。不同流派的思想家们从不同的角度和立场出发，对"公天下"进行了各自的阐述和理解。这些思想不仅在当时具有重要的政治和社会意义，而且也对后世产生了深远的影响。

先秦以后，历代政治家、思想家不断对"天下为公"思想进行了阐释和发展。汉武帝时期，儒家学说成为国家的官方学说，"天下为公"思想被用来维护社会稳定和统一。儒家经典《礼记》中的"大道之行也，天下为公"成为这一思想的经典表述。汉代儒家思想家郑玄对此解释为"至公为达道"，进一步强调了"天下为公"作为儒家真理追求的目标。东汉历史学家荀悦提出了"天下国家一体也，君为元首，臣为股肱，民为手足"（《申鉴·政体》）之说。随着唐宋时期的经济繁荣和文化发展，"天下为公"思想得到了更广泛的传播与发扬。唐太宗李世民说："故知君人者，以天下为公，无私于物。"意思是要公平地对待天下的每一

[①] 盛冬铃：《六韬译注》，河北人民出版社1992年版，第7页。

个人，不能有所偏私。唐代孔颖达解释"天下为公"为："天下为公谓天子位也。为公谓揖让而授圣德，不私传子孙，即废朱、均而用舜、禹是也。"① 在宋明时期，"天下为公"思想得到了更多的理论探讨和实践尝试。宋明理学要求君主以天下人民的利益为出发点，并对天下百姓的期望做出努力。程颢曾进言宋神宗："知尧、舜之道备于己，反身而诚之，推之以及四海，择同心一德之臣，与之共成天下之务。"② 程颐也指出："人君当与天下大同，而独私一人，非君道也。"③ 胡宏同样指出，"舜以天德居天位……固将分天职与天下圣贤共治之，分天禄与天下圣贤共食之，列天位与天下圣贤共守之"。④ 这一思想受到文人士大夫们的广泛关注和推崇，成为当时社会秩序与政治改革的重要理论支持。清初思想家黄宗羲、顾炎武、王夫之等人，都对传统的天下为公理念有新的阐述，黄宗羲明言："有生之初，人各自私也，人各自利也……有人者出，不以一己之利为利，而使天下受其利；不以一己之害为害，而使天下释其害。"⑤ 顾炎武亦曰："人之有私，固情之所不能免矣，故先王弗为之禁……合天下之私以成天下之公，此所以为王政也。"⑥ 他们对封建君主专制制度提出了疑问与挑战，要求君主鞠躬尽瘁，做天下人的公仆，承担天下兴亡的重任。

综上所述，中国传统的"天下为公"思想始终贯穿着古人对公平正义、社会和谐的价值追求，在中华文明史上发挥重要的作用，让中国古代的政治、文化和社会拥有了独特意蕴，为中华文

---

① 李学勤：《十三经注疏·礼记正义》，北京大学出版社1999年版，第658—659页。
② 程颢：《二程集·明道先生文》，中华书局1981年版，第451页。
③ 程颐：《二程集·周易程氏传》，中华书局1981年版，第767页。
④ 胡宏：《胡宏集·易外传》，中华书局1987年版，第296页。
⑤ 黄宗羲：《明夷待访录》，凤凰出版社2017年版，第4页。
⑥ 顾炎武著，黄汝成集释：《日知录集释》，上海古籍出版社2013年版，第148页。

明的持久性奠定了坚实的基础。这一理念不仅具有历史意义，也为现代社会提供了有益的启示和借鉴。

二 "天下为公"的近现代表达

（一）"天下为公"近现代发展的时代背景

从鸦片战争开始，国家面临西方军事的侵略和现代文明的挑战与考验，延续了两千年的"天下观"在这些挑战中慢慢发生了新的转变，中国的仁人志士开始睁眼看天下，探寻中华民族救亡图存的新道路，一边学习吸收西方知识，一边从传统中汲取精华。在这样的思想碰撞中，中国传统"天下为公"的观念内涵也发生了发展。

在西方的"坚船利炮"的打击下，以及"进化论"等新的思想理论影响下，新的"世界"观以及"国际社会"观冲击着中国人原有的对于"天下"的思考。不管是最先"睁眼看世界"的学者和官员，还是近代的普通民众，都意识到中国并非"天下"，而只是世界上的一个国家，中国已经从"天朝上国""天下帝都"变为一个因落后而被动挨打的国家。中国要成为一个现代化大国，就需要有其内在依靠的有组织的社会和相应的文化基础，中国人开始考虑国内政治在国际关系中的坐标。随着救亡图存形势越发严峻，民族独立的任务更加紧迫，中国人将注意力都放到了解决自身问题上来，把西方理论中的"普遍真理"同我国现实相结合探索救亡图存路径。一方面，中华民族的积贫积弱等问题是在西方势力的挑战与压迫下被激发并表现出来的；另一方面西方近代的理论，特别是类似自然科学那样的普遍科学理论或"公理"，指出了中华民族的处境和命运。所以，中国的部分仁人志士开始相信西方的理论对中国现实有着更强的解释力。因此，近现代话语结构中的"国际主义"和"世界主义"等就逐渐代替了中国传统的"天下观"。

除了思想观念上受到影响外，我国社会各阶层也展开了救亡图存、实现中华民族自立自强的实践探索。鸦片战争之后，中国面临着内有封建统治阶级的软弱无能、外有资本主义列强虎视眈眈的处境，众多仁人志士开始了艰辛探索。在这种拯救中华民族危机的探索与实践中，中国的仁人志士并没有完全照搬西方的政治体制和政治思维，而是把中西方政治体制加以对照，力求达到二者的相融相通。正是这些思想家、革命家的实践探索，使得中国传统政治文明即使遭遇文化"逆流"也没有间断，而且在同西方观念的碰撞中吸收了其现代性因素而实现了近现代转换。

近代救亡图存的探索可分成两个阶段，第一阶段是关于变法图强的具体探索，这一阶段的主要任务是对抗外国入侵，力图利用变法提高中国国力。中国近代知识分子发现了中西方的制度和文化的巨大差异，并依次发起洋务运动、戊戌变法和清末新政，尝试效仿西方，结果都证实了效仿西方的路径是行不通的。第二阶段是对革命路径的筛选。辛亥革命尽管颠覆了清王朝的政权，成立了中华民国，但资产阶级革命派并不能引导中国走向独立、富强，还必须探索新的革命路线。因此，在中国出现了代表各种革命路线的派别，在各种主义、派别中，历史和人民选择了真理性、科学性最强的马克思主义，选择了中国共产党。由此，中国寻求救亡图存、民族解放的事业就有了科学理论的指引和主心骨。

在积极顺应"世界潮流"，努力开展救亡图存与路线探索的漫长历程中，中国涌现出了大量的实践与理论成果。如洪秀全的"太平天国理想"、康有为的"大同社会"，其中以孙中山的"三民主义"最为典型，是中国传统政治思想迈向现代化进程的重要标志性成果。

孙中山所倡导的"三民主义",是中国传统仁政、王道思想向现代转型的典型代表。这一思想主要来源于"天下为公"的大同思想以及西方资产阶级政治思想。孙中山多次亲笔书写"天下为公",这一行为不仅是对中华民族道德内涵的全新发展,更指向了超越中国传统政治伦理的现代政治思想。以民权主义为例,其主张建立"民有、民治、民享"的民主共和国,这一理念既保留了"天下为公"中政治权力归天下人所有的核心观念,又积极接纳了西方的人民主权思想,彻底突破了传统的天下由君主治理的陈旧观念,实现了"天下为公"从传统表述到全球通行的民权话语的转变。然而,由于三民主义存在着时代局限性,在现实的政治实践中无法切实保障民众权利,所以"天下为公"思想的现代化转化任务,在孙中山所处的时代未能最终完成。

这些政治实践和相关理论,实际上并不能真正指引中华民族找到救亡图存的正确道路。从表面上看,传统"天下为公"的政治理想似乎能够实现现代化转换,主要是受到外部因素的影响,即外敌入侵带来的民族危机和西学东渐的强烈冲击。但事实上,传统"天下为公"思想若要实现真正的现代转化,进而引领中国寻找到国家救亡图存的出路,离不开其自身的内在条件。西方的政治思想所倡导的"世界主义",确实启迪并激励了一大批近代的进步分子。尤其是其中"自由""平等""博爱"等理念,强烈地促使中国知识分子开始反思和批判中国传统的文化观念。在新文化运动中,知识分子们以个人或人类的立场,呼吁中国人从封建专制"纲常伦理"的传统束缚中摆脱出来,倡导人们释放自我,成为自身的主人、国家的主人以及全球的公民。这些思想冲击和社会变化,对于促进中华民族向现代性的转变有着巨大的推进意义。

然而,这种以自由主义为理论核心的价值观,在反对封建等级观念并肯定"个体"和"人类"这两种存在形态时，却没有与中国传统文化中的民族意识以及"公天下"的政治思想进行有机融合。如果完全不顾及我国传统文化的内在因素和我国的现实国情，西方文化中的自由、博爱、解放、个性等概念，都将会变得更加抽象化，难以在中国的土地上真正落地生根，发挥其应有的作用。

那么，近代的仁人志士是如何做到二者融通的呢？那就是把中国古代的"王道仁政"认识转变为对人民群众的爱护，将人民群众的切身利益当作革命政治实践的出发点和落脚点，这就对中国传统的"王道仁政"以及"天下为公"和来自西方人的各种价值观作出了合理取舍。

近代知识分子在中西文化融通过程中形成了对新概念的理解。首先，形成了对"公理"即普遍的公共之说的全新认识。"公理"最初是指"物竞天择""弱肉强食"的进化论，并非完全逻辑学意义上的"不证自明的基本事实"。1908年，章太炎就对社会上一致倡导"公理"的盛况进行了非常形象的表述："昔人以为神圣不可干者，曰名分。今人以为神圣不可干者，一曰公理，二曰进化，三曰惟物，四曰自然。"[①] 这个认识遵循西欧资本主义竞争逻辑，虽然可以鼓舞中国人变法图强的意志，但这个观念同时使资本主义列强的殖民地扩张具有了合理性，这与中国人反抗列强的正义之举显然是矛盾的。这些问题，在"一战"后逐渐被"五四"前后的知识分子以"公理战胜强权"的认识和实践所解决，"公理"这一概念也开始向"公平与正义"的方向转变。[②] 这一范畴是随着新文化运动的兴起而产生的，就社会来说，真理概念体现了其内在科学性，但同时也包含着需要经过实践检验的原则。

---

① 王业兴：《孙中山与中国近代化研究》，人民出版社2005年版，第372页。
② 转引自金观涛、刘青峰《观念史研究》，法律出版社2009年版，第52页。

即便是缺少群众基础的各民主党派也更加注重理论和实践的紧密结合，强调知行合一。中国共产党以马列主义为指导思想，越来越注重基础理论和实践的相互联系，并强调要以全体工农民众为根本，坚决反对本本主义、教条主义，坚持求真务实，密切联系广大民众的思想作风。历史和人民之所以选择马克思主义的指导，并不仅仅因为马克思主义自身的真理性和实用性，还在于中华优秀传统文化和马克思主义基本原理的彼此契合，如大同社会的理念和共产主义信仰、"民贵君轻"的民本思想与"人民群众是历史的创造者"等理念都有相互融通的地方。

综上所述，中国传统的"天下为公"思想在近代以来抵御外辱以实现民族独立、国家富强的历史进程中，在中西方文化碰撞交融中不断演进，被赋予新的时代内涵。

（二）"天下为公"近现代发展历程

传统向现代的过渡不是一蹴而就的，而是经过了一个不断探索和发展的过程。随着加入的现代化因素不断增加，中国传统"天下为公"思想也就完成了现代性的过渡，转变过程主要包括以下三个阶段：第一阶段是加入了一些现代化的思想内容，但基本价值取向还是中国传统的思想理论，对其进行现代化的过渡也起到了重要的推进作用，代表人物为徐继畬和洪秀全；第二阶段，中国传统的"天下为公"思想和西方现代发达国家的政治思潮进行了碰撞与融合，融入了民主、民权和共和的价值理念，使之从服务于封建专制政权转而为民主、民权、民生作解释，从而出现了质的转变，代表人物为康有为和孙中山；但真正实现"天下为公"现代化转化的是第三阶段，这一过程由中国共产党推动并完成，实现了中国传统"天下为公"政治思想和马克思主义理论的融会贯通。

当马克思主义刚刚传入中国还未能被中国的知识分子普遍认可之时，近代中国的先进分子就对传统"天下为公"的大同理念进行了现代化转化的探索，"大同"成为共产主义理念的中国式语言表达。陈独秀认为"将来之世界，必趋于大同"①。李大钊认为："现在人类发展的轨迹，都是沿着一条线走，这一条线就是到达世界大同的通衢，就是人类共同精神连贯的脉络。"②他号召人们要以人类大同为宗旨而努力，这也成为之后中国共产党主张的革命发展路线的思想基础和前导。1917年8月，毛泽东在《致黎锦熙信》中明确提出了要以大同社会作为理想目标："孔子知其义，故立太平世为鹄，而不废据乱、升平二世。大同者，吾人之鹄也。立德、立功、立言皆尽力于斯世者，吾人存慈悲之心以救小人也。"③可以看出，在当时的先进知识分子所描绘的理想世界里，并没有等级之分，人们都能够自觉遵守"天下为公"的基本原则，拥有完善的社会制度和人际关系，百姓安居乐业，社会祥和，这同马克思主义所设想的共产主义社会是相通的。以上说明早期的中国共产党人对大同社会的强烈呼唤，为接受马克思主义思想、进行传统"大同"理想的现代性转变奠定了牢固的思想根基。

正是由于马克思主义理论中的共产主义理念与中国数千年来崇尚的"天下为公"大同理念相互契合，因此马克思主义理论得以在中国传播并扎根下来。中国共产党人继承和发展了传统"天下为公"的政治理念，在中国优秀传统政治理念和科学的马克思主义理论共同指导下，摸索出了一条适合中国国情的新民主主义革命路线，并由此完成了中华民族独立的历史任务。传统"天下

---

① 《陈独秀文集》第1卷，人民出版社2013年版，第268页。
② 《李大钊文集》第4卷，人民出版社1999年版，第253页。
③ 《毛泽东早期文稿》，湖南人民出版社1990年版，第89页。

为公"政治理念也就在同马克思主义的融通交汇中实现了其由传统向现代的转化,在这一转变过程中,产生了新民主主义理论成果。

新民主主义理论既是中华民族深厚的传统文化"土壤"孕育出来的结晶,也是中国传统"天下为公"政治理念和马克思主义理论融通交汇的结果。新民主主义理论既是对马克思主义理论的创新应用,也是对孙中山三民主义思想的突破与扬弃,新民主主义理论把马克思主义基本原理同中国革命的具体实际相结合,阐释了近代中国社会的性质和中国革命的对象、性质、动力、前途等,阐述了中国共产党关于新民主主义革命与新民主主义社会的理论,回答了"中国向何处去"的问题,开创了中国社会发展的新纪元。新民主主义理论以马克思主义为指导,秉持人民群众是历史的创造者,切实维护人民权益,在革命斗争过程中逐步实现了人民当家作主。在土地政策上,新民主主义理论的农村土地纲领比较全面和富有实用性,使"耕者有其田"变为现实,维护了农民最基本的权益。新民主主义理论提出革命的直接目的是建立新民主主义的共和国,通过新民主主义走向社会主义,这就为人们描绘了一幅清晰的革命路线图。这不但与"三民主义"划清了界限,也明确告诉世人,中国共产党要走一条独特的适合中国国情的革命道路。

新民主主义理论也是对我国传统"天下为公"政治理念的传承和发扬。毛泽东曾在《新民主主义论》中以最通俗的话语表达了对"天下为公"政治理念的深刻认识:"有饭大家吃,有事大家做,有书大家读。"[①] 在《论人民民主专政》中,他勾画了对新中国和人类社会未来发展的图景:"资产阶级的民主主义让位给工

---

① 《毛泽东选集》第2卷,人民出版社1991年版,第683页。

人阶级领导的人民民主主义，资产阶级共和国让位给人民共和国。这样就造成了一种可能性：经过人民共和国到达社会主义和共产主义，到达阶级的消灭和世界的大同。康有为写了《大同书》，他没有也不可能找到一条到达大同的路。"[1] 中国共产党在新民主主义理论的指导下，领导全国人民开展民主革命，实现了中华民族独立和人民解放的伟大任务。进行农村土地革命斗争，维护了全体工农的基本权利，真正实现了主权在民，让民众真正翻身作主。毛泽东所提出的如上大同观既是基于我国传统政治思想的文化基因，又是以马克思主义理论为指引而提出的。中国共产党自创建之初就以实现共产主义作为自己的最高理想和最终目标，这种以"天下为公"的价值追求，最终演变成为"全心全意为人民服务"的根本宗旨。

在新民主主义革命取得胜利以后，为解决革命遗留问题和贫困落后的问题，中国共产党积极恢复国民经济，同时表达出了深厚的胸怀天下的情怀，为其他民族的解放运动积极贡献力量。邓小平致力于推动中国的现代化进程，他提出的改革开放政策，旨在解放和发展生产力，提高人民生活水平。这些举措体现了对全体人民的福祉的关注和追求，与"天下为公"中强调的公共利益有所契合。此外，他在处理国际关系时，也倡导和平共处、互利共赢的原则，这同样体现了一种宽广的公共视野。江泽民强调了国家的稳定与发展的重要性，并提出了"三个代表"重要思想，即中国共产党始终代表中国先进生产力的发展要求、代表中国先进文化的前进方向、代表中国最广大人民的根本利益。这一思想体现了对人民利益的关注和维护，与"天下为公"的理念在精神上有相通之处。胡锦涛继续推进中国特色社会主义事业，提出了

---

[1] 《毛泽东选集》第 4 卷，人民出版社 1991 年版，第 1471 页。

科学发展观，强调以人为本、全面协调可持续发展。这一发展观注重人民的主体地位和全面发展，与"天下为公"中强调的公平、公正和公共利益有着密切的联系。中国共产党人以科学社会主义理论为指导，在革命、建设、改革的历史进程中，不断赋予"天下为公"的新的实践内涵，既是对马克思主义理论又是对我国传统文化的守正创新。随着稳定持续发展并日益走近世界舞台中央，中国在促进全球稳定发展中扮演了日益关键的角色。特别是新时代以来，习近平总书记观大势、谋大局，深刻洞察人类前途命运和时代发展趋势，提出并不断丰富人类命运共同体理念的内涵，创新其实践路径，赋予了"天下为公"政治思想崭新的时代特征。

三 新时代"天下为公"的创新性发展

（一）必须坚持胸怀天下："天下为公"的新时代发展

党的十九届六中全会明确提出"坚持胸怀天下"是中国共产党百年奋斗的历史经验之一，党的二十大报告又将"必须坚持胸怀天下"作为习近平新时代中国特色社会主义思想的世界观和方法论之一提出来，凸显了中国共产党的格局与胸怀，具有重大的现实指导性。

必须坚持胸怀天下，这是对中国传统"天下观"的继承与发展。我们一直以全球视野关注自身建设、关心世界未来发展，用系统思维把人类发展看作一个整体，追求全球经济社会建设的最大公约数。传统"天下为公"思想中蕴含着"兼济天下"的抱负，有着"为天地立心，为生民立命"的责任，具有"四海之内皆兄弟"的道义情感，注重于贯彻民主准则之间的互助共进，凸显了天下发展的整体性特点。习近平总书记指出："中华民族的面貌发生了前所未有的变化，中华民族正以崭新姿态屹立于世界的东方。"① "中国共产党是世界上最大的政党。大就要有大的样子。"② 习近平总书记着眼于世界百年未有之大变局，明确提出推动构建人类命运共同体思想、共建"一带一路"倡议，为全球治理提供了新思路新方法。

"必须坚持胸怀天下"发展了马克思主义理论中的世界历史理论以及解放全人类的理论，新时代的天下观以马克思主义为理论基石。马克思主义"为人类求解放"的思想博大精神，正如习近平总书记指出："马克思主义博大精深，归根到底就是一句话，为人类求解放。"③ 这一思想为"必须坚持胸怀天下"提供了科学指导。同时，"无产阶级只有在世界历史意义上才能存在，就像共产主义——它的事业——只有作为'世界历史性的'存在才有可能实现一样"④。中国共产党既担负着实现中华民族伟大复兴的历史使命，又把推动人类进步作为自己的崇高追求，必须同世界上一切进步力量携手共进，把中国发展置于人类发展的坐标系中，把自身命运与世界各国人民命运紧密相连，在深刻洞悉世界大势和时代潮流中把握中国发展的前进方向，促进各国共同发展繁荣。

"必须坚持胸怀天下"以马克思主义世界历史理论的方法论为基础，把世界历史的理论逻辑和人类社会发展的实践逻辑相结合，它是从"观察时代、解读时代、引领时代"的高度提出应对当今时代全球性危机和现代性困境的一种新型全球文明观。马克思主

---

① 习近平：《决胜全面建成小康社会　夺取新时代中国特色社会主义伟大胜利——在中国共产党第十九次全国代表大会上的报告》，人民出版社2017年版，第10页。
② 《习近平谈治国理政》第三卷，外文出版社2020年版，第67页。
③ 习近平：《在纪念马克思诞辰200周年大会上的讲话》，人民出版社2018年版，第8页。
④ 《马克思恩格斯选集》第1卷，人民出版社2012年版，第166—167页。

义理论指出，世界历史的演变是人类社会基本矛盾运动的必然性产物，"每一个单个人的解放的程度是与历史完全转变为世界历史的程度一致的"①，世界发展史是个整体性的过程。中国的发展取得的巨大历史进步本身就是对全球文明的贡献，特别是通过精准扶贫行动，实现了摆脱绝对贫穷的目标，对全球减贫事业作出了巨大贡献。习近平总书记提出"和平、发展、平等、正义、民主、自由"的全人类共同价值，切实支持多边主义、反对单边主义。在全球治理格局上，积极推进世界管理体制与制度的革新，坚定不移奉行互利共赢的对外开放战略，遵循世贸组织自由贸易理念，坚持"相互尊重、平等对话、普遍参与"的原则，在对外开放中展现大国担当。

（二）人类命运共同体：新时代"天下为公"天下观的具象化表达

在世界百年未有之大变局的历史背景下，世界发展面临共同的社会风险与问题，"和平赤字、发展赤字、治理赤字，是摆在全人类面前的严峻挑战"②。面对"世界怎么了，中国怎么办"的发展之重大问题，习近平总书记站在全人类未来发展的高度，以中国传统"天下为公"理念中所蕴含的求同存异、世界大同等思想为基石，提出了构建人类命运共同体的思想，明确提出推进"建设持久和平、普遍安全、共同繁荣、开放包容、清洁美丽"③的世界。人类命运共同体思想是新时代"天下为公"思想的具体表现，它植根于实践中形成的自觉追求，拥有丰富内涵和明确指向，体现中华民族高度的人文准则，展现真实、立体、全面的中国，为

---

① 《马克思恩格斯选集》第1卷，人民出版社2012年版，第169页。
② 《习近平谈治国理政》第二卷，外文出版社2017年版，第509页。
③ 《习近平谈治国理政》第三卷，外文出版社2020年版，第46页。

世界和平与发展贡献了中国智慧、中国方案、中国力量。

人类命运共同体思想所提倡的建立新型国际关系，和"天下为公"的包容互惠、公平合作的政治观相融相通。2015年9月，习近平主席在第七十届联合国大会一般性辩论时的讲话中指出："我们要继承和弘扬联合国宪章的宗旨和原则，构建以合作共赢为核心的新型国际关系，打造人类命运共同体。"① 在党的十九大报告中，习近平总书记再次明确提出："中国将高举和平、发展、合作、共赢的旗帜，恪守维护世界和平、促进共同发展的外交政策宗旨，坚定不移在和平共处五项原则基础上发展同各国的友好合作，推动建设相互尊重、公平正义、合作共赢的新型国际关系。"② 人类命运共同体理念主张世界各国间要主动建立坚持对话不对抗、结伴不结盟，携手应对威胁破坏和平的各种负面因素，并强调"合作才能办成大事，办成好事，办成长久之事。发达国家要履行义务，发展中国家要深化合作，南北双方要相向而行，共建团结、平等、均衡、普惠的全球发展伙伴关系，不让任何一个国家、任何一个人掉队"③。这与"天下为公"传统政治思想中的"讲信修睦""协和万邦"思想相通。国家对外政策一直以促进共同发展、增进互信互惠为宗旨，探索在新型国际关系的基础上建立求同存异、相互尊重、互学互鉴的新型国际关系，汇聚构建人类命运共同体的强大力量。

人类命运共同体理念所依据的全人类共同价值与"天下为公"

---

① 《习近平总书记系列重要讲话读本（2016年版）》，人民出版社2016年版，第264页。
② 习近平：《决胜全面建成小康社会 夺取新时代中国特色社会主义伟大胜利——在中国共产党第十九次全国代表大会上的报告》，人民出版社2017年版，第58页。
③ 习近平：《构建高质量伙伴关系 共创全球发展新时代》，《人民日报》2022年6月25日第2版。

超越一国一族界限的价值目标一致。习近平总书记提出:"和平、发展、公平、正义、民主、自由,是全人类的共同价值。"① 虽然全球各国在历史、文明、政治体制和经济社会发展水平等方面有差异,但全人类有着一致的价值追求,"大同社会"中的"同"就是不同的事物间的聚合态势,使其能够求同存异,并行不悖,包容互鉴,并不是要求全球各地都向着同一化标准发展。"天下为公"的"为公"正是出于对人类利益要求的尊重和保障,施行"仁政"正是要重民爱民,以维护人的生命安全与利益。全人类共同价值是人类命运共同体理念中最强有力的精神内核和最牢固的价值基石。

(三) 新时代"天下为公"社会观的行动逻辑

新时代"天下为公"社会观的实践指向实际上就是要回答中国共产党要如何弘扬"天下为公"思想的问题。

贯彻"天下为公"的社会观要继续推动党的自我革命。"以天下人为己任"的"己"这个主体是中国共产党,能否保持自身的先进性决定了其在实践中能不能真正做到坚持"天下为公"。中国共产党在革命斗争时期得到了"人民监督"这一跳出治乱兴衰历史周期律的答案,新时代,习近平总书记又提出了"自我革命"这一跳出历史周期律的第二个答案。中国共产党只有自身不断实现自我净化、自我完善、自我革新、自我提高,保持自身的先进性,才能在历史发展中取得主动地位。自我革命关键要有正视问题的自觉和刀刃向内的勇气,要有祛病疗伤的顽强决心和刮骨疗毒的坚定意志,坚持理论和实践相结合,坚持守正创新与问题导向相结合,不断反省自身问题,解决自身突出问题,从而保证党

---

① 《习近平谈治国理政》第二卷,外文出版社2017年版,第522页。

的先进性和纯洁性，把党建设成为朝气蓬勃的马克思主义执政党。

　　树立"天下为公"的社会观需要坚持系统思维，把中国自身的历史际遇和全球发展趋势结合起来。马克思主义认为，世界是普遍关联的，各事物之间、事物内部各因素之间相互影响、彼此制约，整个世界都是相互关联相互作用的整体。中国共产党在创建之初，就把自己所领导的革命斗争同世界无产阶级革命运动紧密联系在一起，既要关心世界革命走向，也要根据国情制定革命路径。坚持和发展新时代中国特色社会主义更要求在总结历史经验基础上，搞清楚国家发展事业在全球发展中的角色定位，并充分认识到中华民族伟大复兴是人类解放和发展事业的重要组成部分，认真分析我国当前发展的战略机遇，保持战略定力，把握历史主动。

　　总之，贯彻新时代"天下为公"社会观要坚持守正创新，既要维护我国在文明发展中的历史主动地位，也要善于创新创造，为人类社会发展贡献中国智慧。"文化自信是更基本、更深沉、更持久的力量。"① 中华优秀传统文化是坚持胸怀天下的力量源泉。新时代"天下为公"的观念植根于中华民族厚重的人文沃土，要在多元文明影响下维护自己历史文明的主体性。在传承弘扬中华优秀传统文化和"天下为公"理念的同时，也要主动地向全球介绍中华传统文化、推介中华文明，努力推动中国更好地走向世界。在新时代新征程上，我们必须立足两个大局，注重思想创新、观念创新、政策创新，进一步助力于汇聚全球共识，为人类文明的发展进步而奉献中国智慧、中国方案。

---

① 《习近平谈治国理政》第二卷，外文出版社2017年版，第339页。

第二章 "民为邦本"的人民观

在首都北京的天安门城楼前，耸立着四根汉白玉制成的"华表"，华表的前身是四千多年前，上古帝王尧舜用来倾听民意的谤木。作为古圣先贤执政为民的标志，天安门广场的"华表"时刻提醒执政者：无论时代如何变迁，为政的本质都在于全心全意为人民服务。

"民为邦本"是中国古代民本思想的精华，它在中国绵延数千年的大一统发展中发挥了巨大作用，并作为一以贯之的政道传统延续至今。中国共产党在汲取古代民本思想智慧的基础上，确立了"全心全意为人民服务"的发展理念，并在各个历史时期切实维系了中国最广大人民的根本利益。"坚持人民至上"是贯穿习近平新时代中国特色社会主义思想的一条主线，全国人民紧密团结在党中央周围，致力于以中国式现代化实现中华民族伟大复兴。

一 "民为邦本"的缘起、历史和价值

在中华文明历程中，民本思想源远流长。"夏后帝启崩，子帝太康立。帝太康失国，昆弟五人，须于洛汭，作《五子之歌》。"[1]

---

[1] 司马迁：《史记》，中华书局2013年版，第105页。

《尚书·五子之歌》记载的相关内容，是现存的我国关于民本思想的最早阐述。党的十八大以来，习近平总书记在系列重要讲话中多次引用"民惟邦本，本固邦宁"的政治格言，充分表达了一以贯之的"以人民为中心"的治国理念。

（一）"民为邦本"观念的起源与发展

"民为邦本"典出于《尚书·五子之歌》，原文为"民可近，不可下。民惟邦本，本固邦宁"①。这段话的意思是：民众作为国家的根本，唯有他们安居乐业，形成稳定的社会根基，整个国家才能安定。这是对民众价值的充分肯定。殷代有见识的统治者已提出必须"重我民，无尽刘"②，这段话的意思是：统治者必须敬民爱民、顺应其心，切不可伤民害民。此外，据《尚书·盘庚》记载，其时商王欲迁都时曾向民众起誓："用奉畜汝众。"③ 这句话的意思是：为了更好地养育子民而迁都。《尚书·泰誓》记载"民之所欲，天必从之"；"天视自我民视，天听自我民听"④，说明周王在讨伐商纣时，强调"民意"才是"天命"的体现，使殷商对上天的信仰转化为民本的政治理性，达到了上古时期统治集团对民本重要性认识的最高水平。周初统治者后来吸取商王朝灭亡的教训，认识到想要维持稳定的统治，除了敬天礼地外，还应充分体察民情、体恤民众，在此基础上还应勤勉政事，实现"重民""爱民"的统一。《尚书·用书·洪范篇》记载了武王克殷，拜访箕子请教治国之道。箕子向武王倡导九条治国方略，均回应了庶民的需求，切实关照了他们的利益："凡厥庶民，有猷有为有

---

① 周秉钧：《尚书易解》，岳麓出版社1984年版，第72页。
② 周秉钧：《尚书易解》，岳麓出版社1984年版，第89页。
③ 周秉钧：《尚书易解》，岳麓出版社1984年版，第112页。
④ 周秉钧：《尚书易解》，岳麓出版社1984年版，第96页。

守，汝则念之；不协于极，不罹于咎，皇则受之。"① 后因夏桀、商纣这两位末代统治者德行亏欠，肆意蹂躏民众意志而"早坠厥命"，周公总结教训后指出："欲至于万年，惟王子子孙孙永保民""若保赤子，惟民其康乂"，② 这是中国历史上关于"保民"政治概念的最早记载。尽管这一思想在当时拘囿于现实和阶级状况，不可能真正付诸实践，但其中所孕育的民本思想的因子充满智慧和温情，值得肯定。

春秋时期，社会经历重大变革。诸子百家总结历史经验和教训，纷纷对民之重要性提出各种观点和看法。其中，《管子》是先秦诸子百家著作中最能代表齐文化核心精神的重要典籍。它被誉为先秦百科全书，诸子思想之精要，兼收并蓄道家、法家、儒家、阴阳家、兵家、农家等百家之学，形成独特的哲学和政治思想。《管子·权修》写道："欲为天下者，必重用其国；欲为其国者，必重用其民。"③ 足见其蕴含的"重民"思想。更难能可贵的是，《管子·牧民》不仅重视民众，更将"人"的因素置于为政根基之上，"政之所兴在顺民心，政之所废在逆民心"④。意即为政者要顺应民心，不能违背民意。"夫霸王之所始也，以人为本。本治则国固，本乱则国危。"⑤ 意即为政者面临"国固"还是"国危"，关键要看是否将民众置于立国之本。而且管子强调作为国本的"人"的内涵是宽泛的，《管子·匡君小匡》曰："士农工商四民者，国之石民也。"⑥ 此外，《管子》一书还有个明显的特征，就是将"水"定义为治理国家的关键，水之清浊与人心稳定、社会

---

① 周秉钧：《尚书易解》，岳麓出版社1984年版，第136页。
② 周秉钧：《尚书易解》，岳麓出版社1984年版，第170页。
③ 黎翔凤、梁运华：《管子校注》，中华书局2018年版，第55页。
④ 黎翔凤、梁运华：《管子校注》，中华书局2018年版，第14页。
⑤ 黎翔凤、梁运华：《管子校注》，中华书局2018年版，第511页。
⑥ 黎翔凤、梁运华：《管子校注》，中华书局2018年版，第442页。

安定之间的关系密切。事实上，水在中国社会中的作用确实重要，治水一直是国家的重要功能之一，水的问题解决了，人心稳固了，社会才能安定。可见，对治水的强调也是中国古代民本思想的另一种反映。

孔子生活在春秋末年，诸侯征战不断，民众遭受战乱，困苦不堪，周王朝统治面临崩溃。面对这样的局面，孔子认为统治阶级和民众之间矛盾的缓解是解决之道，而"仁政"能起关键性作用。民本思想是孔子对春秋战国时期乱世动荡的回应。孔子认为，国家治理的根本在于尊重人民的意愿和需要，政治权力必须从人民手中获得正当性和合法性。首先，施政者必须心系人民，关心人民的利益。《论语·尧曰》："所重民、食、丧、祭。宽则得众，信则民任焉，敏则有功，公则说。"① 这里列举了统治者最应重视的四样根本：民众、粮食、丧葬和祭祀。其中，民众居首位，民以食为天，所以粮食居民众之后。但是仅有"尊民""重民"意识是远远不够的，还要"因所利而利之，择可劳而劳之"②"道千乘之国，敬事而信，节用而爱人，使民以时"③。意即统治阶层要能从农事方面为百姓考虑，从田赋徭役方面为百姓减负，那才拥有君子之"仁"。其次，孔子的民本思想主张惠民畏民。"古之为政，爱人为大。不能爱人，不能有其身；不能有其身，不能安土；不能安土，不能乐天；不能乐天，不能成其身。"④ 孔子的民本思想虽然出发点是维护统治阶级的根本利益，但也提出："丘也闻有国有家者，不患寡而患不均，不患贫而患不安。盖均无贫，和无

---

① 杨伯峻：《论语译注》，中华书局2009年版，第207页。
② 杨伯峻：《论语译注》，中华书局2009年版，第208页。
③ 杨伯峻：《论语译注》，中华书局2009年版，第4页。
④ 杨天宇：《礼记译注》，上海古籍出版社2020年版，第806页。

第二章 "民为邦本"的人民观

寡，安无倾。"① 可见，他严厉地批判统治阶级的奢侈生活和对民众的无限剥削，主张一个社会不能把贫富差距拉得太大，对下要布施利益，才能使上下相安无事，稳固统治阶级的政权。为此，孔子主张行德政："为政以德，譬如北辰居其所而众星拱之。"② 这是孔子打的一个比方，意即施行"德"政的人，就像天上的北极星一般，受到满天星辰的拱卫。"居其所"则是指为政者不能胡乱指挥，应努力提高自身素养，勤政爱民。此外，孔子认为，统治者应在施政的过程中，倡导"为国以礼"，重视教化民众，使得他们知"仁"守"礼"。在当时，民众长期处于被统治的地位，习惯于现有的生活状况，对于改变现状往往缺乏勇气和动力。然而，统治者推行的教化并非完全不可接受。对于一些有见识、有追求的民众来说，接受"仁"与"礼"的教化，可以提升自己的道德修养和文化素质，使自己在社会生活中更有地位和尊严。孔子生活于春秋末年，这一时期因为社会的剧烈变动，文化上迎来学术大繁荣、思想大碰撞，在此背景下，"民"的意识不断觉醒，孔子能够于社会大变局中意识到民众的教化在统治施政过程中的重要性，是难能可贵的。同时，这种认为教育的目的不仅是培养人才，更重要的是培养民众的道德素质的理念，也是民本思想的重要体现。

荀子出于稳固君王政权的目的提出"天之生民，非为君也；天之立君，以为民也"③。但客观上主张以人为本、强调民心政治，将人民作为国家的价值主体。作为讨论政治问题的专章，《荀子·王制》探讨了如何通过任用贤能等手段更好地统治民众、安定社会，进而达到富国强兵的目的。"君者，舟也，庶人者，水也；水

---

① 杨伯峻：《论语译注》，中华书局2009年版，第170页。
② 杨伯峻：《论语译注》，中华书局2009年版，第11页。
③ 楼宇烈主撰：《荀子新注》，中华书局2018年版，第554页。

则载舟,水则覆舟。"① 是以舟与水的关系比喻君与民的相互依存道理,无疑是对人民力量的一种确认。此外,"用国者,得百姓之力者富,得百姓之死者强,得百姓之誉者荣。三得者具而天下归之,三得者亡而天下去之。天下归之之谓王,天下去之之谓亡"②。意即对于统治阶级而言,能够得到百姓效力、百姓献身、百姓称赞非常重要。在荀子看来,"王"的意思并不是坐上君主之位,享有无上权力,而是得到民心。荀子的这一认识上承西周,下启秦汉,对于"民本"思想内核有了更清晰明确的表述。

与之前的思想家、政治家不同,孟子将民众的伟大力量置于整个社会、国家中进行考量,提出了著名的"民贵君轻"思想,"民为贵,社稷次之,君为轻。是故得乎丘民而为天子,得乎天子为诸侯,得乎诸侯为大夫。诸侯危社稷,则变置。"③《孟子》一书仅三万余字,虽未直接使用"民本"的表述,但是"民"字作为关键词出现近 200 次,系统论述了民众在国家政治生活中的重要地位。任何思想都是时代的声音和产物。把握孟子的民本思想,首先要走进战乱不断、群雄并峙的战国时代。所谓战国关键在"战"。可见孟子生活的战国中期群雄大战,真正是:"国无宁日,岁无宁日""邦无定交,土无定主"的混乱局面。而孟子则在这种战乱频仍、百姓疾苦的境况下对人的价值作出更充分的肯定。

夏商周的兴衰更替让孟子认识到统治者在执政理念上要尊重民众、服从民意。在执政过程中,更要学会倾听和采纳民众的呼声,保障政权稳定。具体而言,就是施仁政,以抚民心;顺民愿,维护好社会秩序。孟子旗帜鲜明地反对世袭制度,认为君主选任官员不能唯出身论,而是要直面民心民意、聚焦才干本身,德才

---

① 楼宇烈主撰:《荀子新注》,中华书局 2018 年版,第 606 页。
② 楼宇烈主撰:《荀子新注》,中华书局 2018 年版,第 225 页。
③ 杨伯峻:《孟子译注》,中华书局 2010 年版,第 364 页。

兼备者应委以重任,这种选贤任能的标准正是孟子民本思想的体现。此外,孟子还主张"寄权于民",认为一个国家的前途命运应掌握在民众手中。君主须安国养民,将自身利益置于百姓利益之后。可见,孟子在他所处的那个时代,已经意识到蕴藏在民众当中的伟力。经济基础决定上层建筑,生产力决定生产关系。在中国古代,很早就有类似的认识。孟子直接指明,只有使民众在经济上富裕了,生活上有保障,才能维持政权稳定。为此,他向齐宣王勾勒出仁政王道的蓝图——"制民之产"。这是他立足于社会现实,以解决民生问题为出发点,指出民众拥有恒产,才会有恒心,从而创造社会财富、实现和谐稳定。

作为孔子思想的继承者,孟子也重视文化育民。他说:"天之生此民也,使先知觉后知,使先觉觉后觉也。"① 圣贤之所以是圣贤,一方面在于他们的"出类拔萃""先知先觉",更重要的一方面在于他们以自身的觉知来启蒙与教化大众,这是圣贤先天所禀受的义务。孟子和孔子一样推崇尧舜,但孔子认为尧舜是"天生圣人",孟子则不神化尧舜,把尧舜看作与我们同等的凡人,说"人人皆可为尧舜"②。他认为尧舜的一切德行都体现了人的仁义礼智的本性,人与圣人同类,心理上也具有"四端",即"恻隐之心,仁之端也;羞恶之心,义之端也;辞让之心,礼之端也;是非之心,智之端也"③。只须扩充这"四善端",人人都可以成为尧舜一样的圣人。这种观点在理论上承认人类在精神道德方面的天赋是平等的,努力修为都可为圣,这不但与奴隶主贵族把劳动人民看作牲畜和工具有根本的不同,就是相比孔子的"唯上知与下愚不移"也前进了一大步,所以,孟子的这种思想对于提高

---

① 杨伯峻:《孟子译注》,中华书局2010年版,第245页。
② 杨伯峻:《孟子译注》,中华书局2010年版,第303页。
③ 杨伯峻:《孟子译注》,中华书局2010年版,第83页。

人的地位以及人们的肯定、自我价值，而励志向上，都有着非常积极的意义。

汉代贾谊提出："闻之于政也，民无不为本也。国以为本，君以为本，吏以为本。故国以民为安危，君以民为威侮，吏以民为贵贱，此之谓民无不为本也。"（贾谊《新书》）旨在告诫统治者民心向背与国家兴亡息息相关。董仲舒提出"天立王以为民"，从利民、爱民、救民等角度论述民本论，并推导出"因民受命""王者，民之所往"等思想。（董仲舒《春秋繁露》）唐太宗吸取隋亡教训，认为君王"凡事皆须务本，国以人为本，人以衣食为本"（吴兢《贞观政要》）。作为辅佐唐太宗的著名谏臣，魏徵主张君主要顺民心、惜民力、养民利民。

民本思想的发展在宋朝进入了一个全新阶段，显著特征是这一时期的民本思想开始与尊君、重民以及仁政在理论上达到相融。张载提出"足民"观点，即只有百姓富足才能治理好国家。程颐、程颢作为孔孟思想的继承者，对儒家民本思想在理论上作了补充和完善，并进行了更加详细的论述，其中"为政之道，以顺民心为本，以厚民生为本，以安而不扰民为本"（程颐、程颢《二程集》）可视为二程民本思想的精髓。朱熹虽然承认"君权天授"的观点，但也指出"天下者，天下人之天下，非一人之私有"（朱熹《四书章句》）。

明朝时期，朱元璋竭力反对孟子所说的"民贵君轻"，但从他对子女的教育以及对官员的训诫中可以发现，他是主张爱民及恤民的。张居正在给皇帝的奏折中提到"愿皇上重惜爱民，保固邦本"（张居正《请罢织造内臣对》）。明末清初时，顾炎武主张"以天下之权寄天下之人"，主张国家的财富取之于民还必须用之于民，并且高度重视"取民有制"的问题，坚决反对地主豪强取巧占农民土地的行为，抨击赋税重而不均，认为"天下之患，莫

第二章 "民为邦本"的人民观

大乎贫"（顾炎武《顾亭林诗文集》）。他提出了一套旨在使"土地辟、田野治""贫者渐富，而富者亦不至于贫"的方案。（顾炎武《日知录》）从中可以看出，顾炎武的"民本观"吸纳了先贤们的优秀成果，又具有强烈的"明道救世"意识。差不多同时期，黄宗羲认为"天下为主，君为客"（黄宗羲《明夷待访录》），意即人民利益超越皇权，是最为至高无上的，任何原则必须处于人民原则之下。再有，他强调一切制度要让人民得到自我满足，而不是压抑限制人民对物质的追求，这一点是对孟子民本主义和民生思想的发展。进入20世纪，孙中山先生曾提出"三民主义"政治主张，使得传统民本思想体系更加完善。

综上所述，传统民本思想在社会历史变迁中进一步延续和发展，虽然受现实、条件和阶级立场的影响，其仍是有一定的局限性，但蕴含其中的以民为本的价值理念已根深蒂固，并且在后世不断发扬光大，特别是"民惟邦本，本固邦宁"成为历代臣子劝诫君主的金玉良言，这一民本思想也深刻影响了统治者们所制定的治理政策。

（二）传统民本思想的价值追求

中国古代将民众视为治国安邦的根本，传统民本思想蕴藏着三重价值追求，在当下对推进国家治理体系和治理能力现代化建设有重要的借鉴价值。

传统民本思想蕴含的"重民爱民"，有利于缓和各种社会矛盾，有利于治国理政、安邦兴业。历代圣贤都会把"重民爱民"视为维护社会稳定的大事。古有"凡君之所以立，出乎众也"（《吕氏春秋·用众》）；"君人者，以百姓为天，百姓与之则安，辅之则强，非之则危，背之则亡"（《说苑·建本》）。重民、爱民与社会矛盾的解决、治国理政的实践、安邦兴业的达成意义重大。

传统民本思想蕴含的"富民安民",有利于积累社会财富,有利于国家安定,繁荣兴旺。所谓富民,就是让百姓衣食无忧、生活富足。民富遂安,民贫必乱,只有物质需要获得基本满足,民众赖以生存的基础得到保障,社会才能呈现稳定的秩序。安民,即安定人民,使人民生活在一个安全、稳定的社会环境中。孔子有言:"百姓足,君孰与不足?百姓不足,君孰与足?"(《论语·颜渊》),道出了"凡治国之道,必先富民"这个真理。民富则安,"庶人安政,然后君子安位"(《荀子·王制》),社会才能繁荣发展。创造社会财富的首要途径是劳动,因此孟子主张"制民之产",让老百姓"乐岁终身饱,凶年免于死亡"。汉代贾谊有言"一夫不耕,或为之饥;一妇不织,或为之寒"(《汉书·食货志》)。关于安民,道家学派代表人物老子强调与民休养生息,进而提出"我无事而民自富"的观点。孔子主张一个社会不能贫富差距过大,"不患寡而患不均,不患贫而患不安"。可见,开明的统治者应在富民的同时,惜民力、恤民苦,以此安定民心。英明的统治者,往往采取富民安民双管齐下的策略,惜民力、恤民苦,既富民,又安民。以"减税降赋"来调动民众的生产积极性,实现社会发展。从孔子、孟子到贾谊,无不看到富足安定的社会环境是百姓安居乐业的前提,也是国家长治久安的基础。

传统民本思想蕴含的"信民教民"有利于敦风化俗,净化社会风气。孔子认为,对统治者来说有三件最重要的事:"足食、足兵、民信之矣"(《论语·颜渊》),其中百姓的信任比充足的食物和强大的兵力更为重要,因为"天下不心服而王者,未之有也""失民心而立功名者,未之曾有也"(《孟子·离娄下》)。要取得信任,仅仅依靠物质层面的满足是不够的,还应通过教育教化取得认同。冉有曾问孔子:"既庶矣,又何加焉?"孔子回答:"教之。"(《论语·子路》)他主张以教化为主、惩治为辅,引导百姓向上向善，能够于社会大变局中意识到民众的教化在统治施政过程中的重要性，并打破官学垄断，主张"有教无类"，是难能可贵的。

"重民爱民"强调的是对民众地位的尊重与深切关怀；"富民安民"承载着对民众生活富足与社会和谐的向往；"信民教民"强调的是建立政府与民众之间的信任。这三个理念如同一幅幅细腻的画卷，从不同维度深刻描绘出传统民本思想的精髓与价值追求。

然而，我们也必须正视传统民本思想存在的局限性。传统民本思想虽强调民众的重要性，但实质上是以维护统治阶级利益为核心，未能真正赋予民众平等的地位和治理国家的权利。特别是在历史观方面，论及历史的创造者这一问题时，这一思想认为，决定历史进程的关键者是少数圣贤精英，而非普通民众。孔子曾言："民可使由之，不可使知之。"（《论语·泰伯》）这句话的意思是：民众只能无条件服从和接受，不能提出疑问。可见，所谓的养民利民政策，不过是君主对民众的一种赏赐，其本质并非为了民众的福祉，而是为了稳固君主自身的统治地位，确保他们的地位坚如磐石，不容动摇。

二 "民为邦本"与党的群众路线的契合

在唯物史观看来，社会规律的运行是通过人们实实在在的活动发生作用的。马克思说："人们自己创造自己的历史，但是他们并不是随心所欲地创造，并不是在他们自己选定的条件下创造，而是在直接碰到的、既定的、从过去承继下来的条件下创造。"① 这段论述精准且全面地阐述了唯物史观中人民群众的核心地位与作用，以及英雄人物与人民群众之间的辩证关系，体现了对马克思主义群众史观的深刻理解与把握。首先，论述明确指出了人民群众在创造历史过程中的主体作用，这是唯物史观的基本观点。人民群众不仅是物质财富和精神财富的创造者，更是社会变革的决定力量。他们通过日常的劳动和实践活动，推动着社会的进步和发展。其次，论述对人民群众这一范畴进行了科学的界定，指出其不仅包括广大劳动者，也涵盖了英雄人物和杰出人物。这种界定打破了以往对人民群众的狭隘理解，使得人民群众这一概念更加丰富和立体。英雄人物和杰出人物虽然数量相对较少，但他们在历史进程中的作用却不可忽视，他们往往是人民群众中的先进代表，能够引领和推动社会的发展。再次，论述通过引用马克思、恩格斯和列宁的经典论述，进一步论证了人民群众在历史发展中的决定性作用。马克思在《神圣家族》中强调历史活动是群众的事业，随着历史活动的深入，群众的队伍必将扩大；在写给安年科夫的信中，他更是肯定了人民群众是推动历史前进的决定性因素。恩格斯晚年也阐述了群众史观的能动作用，而列宁在强调人民群众历史地位和作用的同时，也重视个人的作用，指出英雄人物只有在代表和反映最广大群众要求的时候，才能发挥应有的作用。最后，论述强调了群众观既肯定人民群众作为历史主体在社会发展中起决定作用，同时也肯定了英雄人物的历史作用。英雄人物虽然具有非凡的才能和影响力，但他们也是从群众中来的，他们的成功和成就离不开人民群众的支持和拥护。同时，随着社会的发展进步，普通个人在社会发展中的作用也会逐渐增大，这是历史发展的必然趋势。

---

① 《马克思恩格斯选集》第 1 卷，人民出版社 2012 年版，第 669 页。

群众史观的实质是人民群众是社会历史的创造者，群众路线的理论基础正是马克思主义的唯物史观，但其在中国的形成和发展过程中，深受中华优秀传统文化的影响。中国传统文化中的民本思想，如"民惟邦本，本固邦宁""水能载舟，亦能覆舟"等，都强调了人民在国家治理中的重要性，这些思想为群众路线的形成提供了丰富的文化土壤。习近平总书记指出："群众路线是我们党的生命线和根本工作路线，是我们党永葆青春活力和战斗力的重要传家宝。"①

（一）一切为了群众

"一切为了群众"强调党的工作必须以满足人民群众的根本利益为出发点和落脚点，这体现了中国共产党全心全意为人民服务的宗旨，以及立党为公、执政为民的执政理念。这一理念要求党员干部在工作中时刻关注人民群众的需求和利益，努力为人民群众谋福祉，不仅体现了马克思主义群众史观，还与中国传统文化中的民本思想有着深刻的联系。这种联系体现在以下几个方面。

价值取向的契合性。无论是秉持"一切为了群众"的核心理念，还是追溯传统文化中深植的民本思想，二者均不约而同地将人民群众的利益置于至高无上的价值取向之巅。在这共同的价值天平上，人民群众不仅是衡量一切的标尺，更是无可替代的主体与核心，彰显了其在价值取向构建中不可撼动的重要地位。这样的共鸣，如同血脉中流淌的深情，生动诠释了以民为本的深刻内涵，让这一理念焕发出更加璀璨夺目的光芒。

历史传承上的连续性。在儒家思想中，民本思想体现得淋漓尽致。"民惟邦本，本固邦宁"的训诫，如同春风化雨，滋润着历

---

① 《习近平著作选读》第一卷，人民出版社2023年版，第211页。

代君王的心田，让他们明白，只有以民为本，国家才能长治久安。道家虽讲求无为而治，但同样重视民众的力量，认为"治大国若烹小鲜"（《老子·第六十章》），需细心呵护，方能成就盛世。法家虽严刑峻法，但亦不乏民本之光，强调法律应为民所用，保障民众的权益。上述思想如同一条绵延不绝的河流，见证了朝代的更迭，经历了风雨的洗礼，却始终坚守着以民为本的初心。正是这条璀璨的纽带，为"一切为了群众"的理念提供了坚实的历史依据，让这一理念在历史的长河中熠熠生辉，成为中国共产党人矢志不渝的奋斗目标。

实践指导上的互补性。传统文化中的民本思想，为"一切为了群众"这一理念注入了丰富的实践智慧与深刻的互补性。例如，在面对社会问题时，我们不仅要从政策层面出发，更要深入基层，倾听民众的声音，了解他们的真实需求。这正是民本思想所倡导的"以民为本，取信于民"的具体体现。这种互补性在实际应用中效果显著，它让我们在推动工作时，更加注重群众的感受和利益，从而赢得了广泛的民心和支持。同时，它也提醒我们，在追求发展的道路上，不能忽视民众的基本权益和福祉，要始终坚持以人为本的发展理念。

总之，传统文化中的民本思想与"一切为了群众"的理念在实践指导上相得益彰，它们共同构成了我们推动社会进步、实现人民幸福的重要基石。

（二）一切依靠群众

"一切依靠群众"强调在革命、建设和改革的各个时期，中国共产党应始终相信群众、依靠群众，坚持人民群众自己解放自己的原则。这一理念要求党在一切工作中，必须尊重群众的首创精神，发挥群众的积极性和创造性，组织群众用自己的力量去解决自己的问题。这一理念与传统文化中的民本思想有着深厚的渊源和紧密的联系。

在历史的长卷里，民本思想犹如一座灯塔，指引着历代智者贤士的治国理政之路。从儒家的"仁政"到道家的"无为而治"，从墨家的"兼爱非攻"到法家的"以法治国"，虽各具特色，却无一不蕴含着对民众福祉的深切关怀。

中国共产党成立之后，是在同人民群众的密切联系中成长、发展、壮大起来的。抗日战争时期，中国共产党深刻认识到人民群众的力量，坚持走群众路线。通过广泛的群众动员和组织，中国共产党成功地将日军拖入了人民战争的汪洋大海之中，最终取得了抗日战争的伟大胜利。这一过程中，"一切依靠群众"的理念得到了生动体现。解放战争期间，广大人民群众积极支援前线，为战争的胜利立下了汗马功劳。据历史记载，在三大战役中，直接服务于前线的民工达数百万之众，他们运送物资、修筑工事、救护伤员，为解放战争的胜利提供了坚实的后盾，这正是"一切依靠群众"理念在革命战争中的伟大实践。2020年8月，习近平总书记在安徽考察时指出："淮海战役的胜利是靠老百姓用小车推出来的，渡江战役的胜利是靠老百姓用小船划出来的。任何时候我们都要不忘初心、牢记使命，都不能忘了人民这个根，永远做忠诚的人民服务员。"[①]

2020年1月25日，大年初一，本应是万家团圆的美好佳节。笼罩在新冠疫情阴影下的武汉，仿佛被按下了"暂停键"。中南海怀仁堂，习近平总书记主持召开中央政治局常委会会议时，表情凝重地说："大年三十我夜不能寐。"在疫情来势汹汹的危急时刻，以习近平同志为核心的党中央发出"人民至上、生命至上"的最

---

① 习近平：《论中国共产党历史》，中央文献出版社2021年版，第13页。

强音。"一切依靠群众"理念不仅贯穿于疫情防控的始终,也是战胜疫情的重要法宝。习近平总书记深刻指出,疫情防控是"国之大者",广大人民群众则积极响应国家号召,参与到疫情防控中来,为抗击疫情作出了巨大贡献。从医护人员、社区工作者到志愿者、普通民众,每个人都以自己的方式参与到了抗疫的行动中。政府通过各种渠道加强宣传教育,增强公众的防疫意识和能力,同时鼓励社会各界积极参与防疫工作,形成了全民参与的强大合力。这种力量的汇聚,使得我们能够在短时间内有效控制住疫情的传播。

总之,传统文化中的民本思想为"一切依靠群众"提供了历史和文化上的支撑,而"一切依靠群众"的理念则是对传统文化中民本思想的现代诠释和发展。这种结合不仅体现了中国共产党对传统文化的尊重和继承,更展现了党在新时代背景下对群众路线的创新和发展。

(三) 从群众中来,到群众中去

"从群众中来,到群众中去"不仅体现了党的根本工作方法和领导作风,而且与传统文化中的民本思想有着深厚的渊源和契合。习近平总书记曾指出:"我们把群众当亲人,群众就会把我们当亲人;我们真心实意关心群众,群众就会拥护和支持我们。"[①]

"从群众中来,到群众中去"强调党要深入群众,了解群众的需求和愿望,然后将这些需求和愿望转化为党的政策和措施,再回到群众中去宣传、解释和执行。这一过程与传统文化中的民本思想不谋而合,都体现了对民众主体地位的尊重和对民众力量的重视。"从群众中来,到群众中去"深刻地强调,党必须深深扎根

[①] 习近平:《努力成长为对党和人民忠诚可靠、堪当时代重任的栋梁之才》,《求是》2023年第13期。

第二章 "民为邦本"的人民观

于群众之中,通过走访调研、座谈交流,细腻地捕捉着每一个细微的民生诉求,锻造出一项项贴近民心、顺应民意的政策和措施。新时代以来,无论是脱贫攻坚的精准施策,还是教育、医疗、住房等领域的持续改善,都无不彰显着党对群众需求的精准把握与深切回应。而当这些政策和措施如春风化雨般洒向大地时,党又化身为一位耐心的传播者,深入田间地头、街头巷尾,用通俗易懂的语言、生动形象的例子,向群众宣传、解释这些政策,引导他们积极参与、共同实践,使政策的阳光普照每一个角落。这一过程,与传统民本思想不谋而合,都深刻地体现了对民众主体地位的崇高尊重,对民众力量的无比重视。

实践上的契合:在实践探索的广阔舞台上,"从群众中来,到群众中去"不仅是口号,更是党员干部生动实践的写照。在偏远的山村,党员干部与村民一同挥汗如雨,在陡峭的山坡上种植果树,用勤劳的双手共同开辟出致富之路。在城市的社区,党员干部与居民围坐一起,共商社区发展大计,解决居民身边的烦心事、揪心事。在洪水肆虐的灾区,党员干部挺身而出,筑起一道道坚不可摧的防洪堤坝,保护了群众的生命财产安全。在贫困山区,党员干部带领群众发展特色产业,让贫瘠的土地焕发出勃勃生机,让群众的腰包逐渐鼓了起来。正是这些生动、具体的行动和表现,让党员干部在群众中树立了崇高的威信,赢得了群众的衷心拥护与爱戴。他们不仅是政策的宣传者、执行者,更是群众利益的守护者、促进者。在党员干部的带领下,群众的生活水平不断提高,幸福感、获得感、安全感日益增强。他们用实际行动书写着新时代党员干部与群众血肉相连、鱼水情深的动人篇章。

综上所述,传统民本思想为中国共产党群众路线的形成和发展提供了重要的思想基础,而在群众路线的实践过程中,党员干部又积极汲取传统文化中的优秀元素,将其与社会主义核心价值观相结合，为国家的繁荣富强和人民的幸福生活作出了积极贡献。

三　人民至上：中国共产党对传统民本思想的传承和发展

《孟子》引《泰誓》之言"天视自我民视，天听自我民听"，《左传》引《大誓》之语"民之所欲，天必从之"，皆在于说明天从民愿的道理。孟子认为，天下是"天与之"，而天的意志又代表民的意志。因此，可以这样来理解：天下是"民与之"。欲得天下则要得民心，民心的向背决定着国家的兴亡。中国共产党人在20世纪20年代之初，接过历史的接力棒。作为由中国最先进分子组成的马克思主义政党，中国共产党在不同的历史时期，面对不同的历史任务，始终坚持贯彻人民的意志，全心全意为人民服务，紧紧依靠人民群众创造历史伟业。习近平总书记曾指出："世界上没有哪个党像我们这样，遭遇过如此多的艰难险阻，经历过如此多的生死考验，付出过如此多的惨烈牺牲。"[1]

（一）新民主主义革命时期

新民主主义时期，"人民至上"的理念体现在多个方面，尽管这一时期的表述和具体实践可能与后来有所差异，但其核心精神是一脉相承的。新民主主义革命的目标是民族独立和人民解放，这本身就是对人民利益的最高追求。在这一过程中，中国共产党始终坚持人民群众的创造力和决定性作用，广泛发动群众，组织群众，依靠群众的力量进行斗争，这正是"人民至上"理念的具体体现。新民主主义革命时期的各项政策制定和执行，也都充分

---

[1] 习近平：《在党史学习教育动员大会上的讲话》，人民出版社2021年版，第19页。

体现了对人民利益的关注，尤其是围绕"土地"问题，在不同的历史时期采取各种灵活的方针政策，因时制宜、因地制宜。中国共产党在创立时期就派出骨干深入农村，组织减租减息运动。大革命时期积极培训农运骨干，在浙江、广东、湖南等16个省区开展了轰轰烈烈的农民运动，最多时领导着970余万农民；开展减租减息，减轻农民经济负担，改善农民生活；组织农民协会，提高农民政治地位；进行革命宣传，提高农民阶级觉悟；组织农民自卫军，保护农民政权。由此，农民阶级成为工人阶级的坚强同盟军、革命的主力军，为北伐战争的胜利和推翻北洋军阀反动统治作出了重要贡献。

土地革命战争时期，中国共产党根据革命的需要，领导制定土地法，重新分配土地，消灭封建地主土地所有制，实现"耕者有其田"的制度，初步解决农民土地问题；开展土地革命，建立工农革命武装，组建工农民主政权，先后在农村创建了十几个红色革命根据地；废除苛捐杂税，发展农业生产，改善农民生活；变动农村阶级关系，使被压迫的农民在政治上翻身成为主人，极大激发了农民阶级的革命和生产积极性。他们踊跃从事各项革命工作，积极参加工农红军，反对国民党反动派的围剿和日本帝国主义侵略，为保卫革命政权作出重要贡献。

抗日战争时期，中国共产党以大局为重、以国家利益为重，坚持正确处理民族斗争和阶级斗争关系，在农村实施地主减租减息，农民交租交息，形成了抗日民族统一战线性质的土地政策。减租减息政策既减轻了农民的负担，也照顾了地主阶级的利益，促进了农业生产，改善了农民经济地位和生活，有利于建立起乡村抗日民族统一战线。同时还削弱了封建剥削，动摇了封建统治，提高了农民政治地位；增强了农民参加生产、政权和抗战的积极性，培养出大量农民抗日积极分子和优秀干部。减租减息政策有利于乡村各个阶级阶层共同团结抗日,"三三制原则"基层政权建设,为巩固全民族抗日民族统一战线,发展抗日民主根据地,夺取抗日战争的胜利作出重要贡献。

解放战争时期,中国共产党从实际出发,组织工作组,在不同阶段,针对不同解放区、不同对象,分别实施没收分配、减租减息、平分土地等不同的土地政策。通过土改,老解放区和半老解放区基本消灭了封建土地制度,新解放区减租减息后的农民亲身体会到共产党与国民党的根本区别,提高了广大农民的经济利益和政治利益,极大激发农民的政治觉悟、生产积极性和支援革命战争的热情。这些措施有利于在乡村团结一切可以团结的力量,建立反对国民党反动派的统一战线。农民纷纷为保卫土改果实、保卫家乡而参军,许多地方出现了父母送子、妻子送郎、兄弟相争、村干带头的踊跃参军参战的动人景象。翻身农民参与解放区建设,参加民兵保卫解放区,为解放军提供巩固的后方。参与运粮、战场勤务等支前工作,为夺取全国胜利提供源源不断的人力、物力支援。

中华人民共和国成立时,全国还有2/3的地区存在着封建土地制度。为全面彻底地解放农民阶级,中国共产党有领导、有步骤、分阶段地开展空前规模的土地改革。这是世界上涵盖区域最广、人口规模最大的一次土地改革,在这之后,中国真正实现了"耕者有其田"。农村的生产力最大限度地被解放,新生的人民政权得到巩固,农业生产和国民经济得以恢复发展,这为以后开展的社会主义建设和农业的社会主义改造打下了坚实基础。

至此我们可以看到,以毛泽东同志为主要代表的中国共产党人充分认识到人民群众是推动中国革命向前的最主要力量,只有充分考虑人民的需求,一切从人民的利益出发,为人民服务,才能最大限度地获得民心,赢得革命的最终胜利。正因如此,中国共产党历史性地解决了土地问题，使劳动力能够与定量的土地充分结合在一起，创造社会财富、为国家提供赋税的同时，也解决了农民生存的根本。其中闪烁着孟子"制民之产"的逻辑智慧：欲使民，必先教民；欲教民，必先富民；欲富民，必先置民之产。新民主主义时期的人民至上，不仅体现在革命目标的选择上，更贯穿于革命实践的整个过程。它强调人民群众的历史主体地位，坚持一切为了群众，一切依靠群众，从群众中来，到群众中去的工作方法，这些都是对"人民至上"理念的生动诠释。需要明确的是，虽然新民主主义革命时期并未明确提出"必须坚持人民至上"这一具体表述，但其在实践中始终贯穿着这一核心理念和精神。

（二）社会主义革命和建设时期

2021年2月20日，习近平总书记在党史学习教育动员大会上的讲话中指出："社会主义革命和建设的成就是人民群众干出来的；改革开放的历史伟剧是亿万人民群众主演的。历史充分证明，江山就是人民，人民就是江山，人心向背关系党的生死存亡。赢得人民信任，得到人民支持，党就能够克服任何困难，就能够无往而不胜。反之，我们将一事无成，甚至走向衰败。"[①]

早在中华人民共和国成立前，毛泽东在1948年9月召开的中央政治局会议上指出："我们是人民民主专政，各级政府和各级政权机关也要加上'人民'二字，比如法院叫人民法院，解放军叫人民解放军。"中华人民共和国的成立，使得人民成为新社会的主人，中国共产党始终尊重人民群众的主体地位和首创精神。为了快速发展生产、恢复经济，大规模的社会主义改造与建设轰轰烈

---

① 习近平：《在党史学习教育动员大会上的讲话》，人民出版社2021年版，第15页。

烈展开。如何让全国人民积极投身社会主义建设，毛泽东指出："我们要走群众路线，我们应该深入群众，向群众学习，并把学习的经验加以综合成更好的解决问题的道理和办法，再把这种方法告诉人民，最终造福人民。"① 在社会主义革命和建设时期，中国共产党始终坚持"人民至上"的原则，这体现在多个方面。

首先，党始终把人民的利益放在首位，致力于实现人民当家作主。人民代表大会制度是确保人民当家作主的重要途径之一。通过选举产生的各级人大代表，代表着广大人民群众的利益和意愿，参与到国家政治生活中来，实现了人民对国家事务的直接或间接管理。2024年恰逢全国人民代表大会成立70周年，回顾过往，人民代表大会制度作为中国的根本政治制度，与中国悠久的历史文化传统和现实国情紧密相连，体现了对传统民本思想、天下共治理念、"共和""商量"的施政传统以及"兼容并包、求同存异"政治智慧的继承与发展。

其次，党还积极推动社会变革，旨在改变国家一穷二白的面貌，让百姓过上更加幸福的生活。这些举措都深刻反映了党对人民群众主体地位的尊重和认可。中华人民共和国成立初期，面临着经济基础薄弱、社会秩序亟待恢复等严峻挑战。为了迅速改变这种状况，党领导人民进行了社会主义改造。这一改造过程主要包括对农业、手工业和资本主义工商业的社会主义改造。通过合作化、公私合营等方式，逐步实现了生产资料的公有制，建立了社会主义基本制度。这不仅彻底结束了旧的生产关系，还为后续的经济建设和社会发展奠定了坚实基础。在完成社会主义改造的基础上，党领导人民开始了大规模的工业化建设。通过实施一系列的经济计划和政策措施，推动了钢铁、机械、化工等重工业的

---

① 《毛泽东选集》第3卷，人民出版社1991年版，第933页。

发展，加强了基础设施建设，提高了国家的自主创新能力。这些举措有效地促进了国家经济的快速增长和产业结构的优化升级。随着社会主义改造的完成和工业化进程的推进，国家一穷二白的面貌得到了逐步改变。人民的物质生活条件得到了显著改善，教育、医疗等社会事业也得到了长足发展。这些变化不仅提升了人民的生活水平，还增强了国家的综合实力，提高了国际地位。

最后，在具体的实践中，党注重发挥人民群众的积极性和创造力，广泛动员和组织人民群众参与社会主义建设。这不仅推动了国家的经济发展和社会进步，也进一步增强了人民群众的获得感和幸福感。这种广泛的群众参与和共建共享的模式，充分肯定了民众在国家治理中的主体地位，深刻认识到人民的力量和人民推动历史发展的作用，契合传统民本思想中的"民意"，即人民的要求被规定为一切政治的终极合法性，主张以民为本、克己爱人、重视民众意愿。

总的来说，社会主义革命和建设时期的"人民至上"不仅体现在政治权利的保障上，还体现在对民生的关注和改善上。这一原则是中国共产党一贯坚持的执政理念，也是推动国家不断向前发展的核心动力。在新的历史时期，党将继续秉承这一原则，为人民创造更加美好的生活而努力奋斗。

（三）改革开放和社会主义现代化建设时期

2021年2月25日，习近平总书记在全国脱贫攻坚总结表彰大会上的讲话中指出："中国共产党从成立之日起，就坚持把为中国人民谋幸福、为中华民族谋复兴作为初心使命，团结带领中国人民为创造自己的美好生活进行了长期艰辛奋斗。……改革开放以来，党团结带领人民实施了大规模、有计划、有组织的扶贫开发，着力解放和发展社会生产力，着力保障和改善民生，取得了前所未有的伟大成就。"①

　　《管子·牧民》："仓廪实则知礼节，衣食足则知荣辱。"② 丰厚的物质生活为道德教化提供基础。通过改革开放这一历史性决策的有力推动，中国社会的每一个角落都仿佛被注入了鲜活的能量，各类创新创意如雨后春笋般涌现，极大地释放了长久以来被束缚的社会活力。这股活力在城市如同强劲的引擎，不仅加速了经济的飞速发展，使得产业结构不断优化升级，市场繁荣景象日新月异。在农村，1978 年 12 月召开的十一届三中全会通过了《中共中央关于加快农业发展若干问题的决定（草案）》，提出要"尊重生产队自主权，纠正平均主义"，这一提法激励了小岗村 18 户农民，按下红手印搞起了"大包干"，这一做法在当时引起了激烈的争论。1980 年，邓小平在《关于农村政策问题》的重要讲话中，对"包产到户"的做法给予了肯定，他明确判断包产到户、大包干不会影响集体经济。1982 年出台的中央一号文件是第一个关于"家庭联产承包责任制"的农村工作一号文件，明确了家庭联产承包责任制的主要形式。中共中央发布的 1982 年一号文件《全国农村工作会议纪要》和 1983 年一号文件《当前农村经济政策的若干问题》，平息了当时的激烈争论，给广大农民吃了一颗定心丸。2008 年 10 月 12 日党的十七届三中全会通过《中共中央关于推进农村改革发展若干重大问题的决定》明确提出"现有土地承包关系要保持稳定并长久不变"。这些政策和法律，使家庭联产承包责任制管理体制逐渐完善，调动了农民生产积极性、主动性。此外，值得一提的是，即使在面对国内外各种困难和挑战时，我们党也始终坚守人民至上的原则，不惜一切代价保护人民群众的

---

① 习近平：《在全国脱贫攻坚总结表彰大会上的讲话》，人民出版社 2021 年版，第 3 页。
② 黎翔凤、梁运华：《管子校注》，中华书局 2018 年版，第 227 页。

生命财产安全，维护人民群众的根本利益。这种坚定的信念和决心，也是我们党能够得到广大人民群众拥护和支持的重要原因之一。

总的来说，党的十一届三中全会之后，中国共产党深刻把握时代脉搏与人民期盼，将满足人民群众的物质利益与美好生活需求作为核心任务，这一战略抉择深刻体现了党对群众路线和人民主体地位的坚定遵循。这一时期的"人民至上"，不仅体现在经济发展的成果上，更体现在政府对人民群众需求的细致关怀和对权益的全面保障上。这一时期，中国共产党始终坚持全心全意为人民服务的宗旨，把人民放在心中最高位置，不断推动经济社会发展，让人民群众获得了实实在在的福祉。正如习近平总书记强调的："人民是历史的创造者，是我们的力量源泉。"[①]"为了人民而改革，改革才有意义；依靠人民而改革，改革才有动力。"[②]

（四）中国特色社会主义进入新时代

党的十八大以来，习近平总书记反复强调，"江山就是人民，人民就是江山，人心向背关系党的生死存亡"[③]"打江山、守江山，守的是人民的心"[④]。立足中国特色社会主义新时代的历史方位，以习近平同志为主要代表的中国共产党人，明确新时代我国社会主要矛盾是人民日益增长的美好生活需要和不平衡不充分的发展之间的矛盾，提出坚持以人民为中心的发展思想，发展全过程人民民主，推动人的全面发展、全体人民共同富裕取得更为明显的实质性进展。

[①]《习近平著作选读》第一卷，人民出版社2023年版，第186页。
[②] 习近平：《论党的宣传思想工作》，中央文献出版社2020年版，第38页。
[③]《习近平谈治国理政》第四卷，人民出版社2022年版，第512页。
[④]《习近平谈治国理政》第四卷，人民出版社2022年版，第8页。

首先，坚持以人民为中心的发展思想，这是习近平新时代中国特色社会主义思想的重要内容。在这一思想的指导下，中国不断推动经济高质量发展，努力让人民群众共享改革发展的成果。通过提高人民生活水平和质量，不断增强人民群众的获得感、幸福感和安全感。其次，新时代在社会保障、教育、医疗、住房等方面取得了显著成就，这些成就的取得都体现了人民至上的原则。通过完善社会保障体系，确保人民群众的基本生活需求得到满足；通过优化教育资源分配，提高教育质量，为人民群众提供更加公平、优质的教育资源；通过深化医药卫生体制改革，提升医疗服务水平，保障人民群众的健康权益；通过加强住房保障体系建设，解决中低收入群众的住房困难问题。此外，新时代中国特色社会主义还注重发挥人民群众的主体作用，广泛汇聚民智民力，共同推进国家的发展和社会的进步。这体现了对人民群众的尊重和信任，也彰显了人民至上的价值观。

在农村，党中央深刻把握"三农"工作历史方位，将深化土地制度改革作为激活农业农村现代化内生动力的关键一招，在制度创新与实践突破中走出了一条具有中国特色的农村改革之路。农村土地制度改革从"两权分离"到"三权分置"，从"确权赋能"到"要素流动"，始终遵循"守住底线、放活经营、维护权益"的改革逻辑。未来需进一步破解"人地矛盾、权能冲突、市场壁垒"等深层次问题，推动土地要素在城乡间双向流动、在农业内高效配置，为全面推进乡村振兴、加快农业农村现代化注入持久动力。

新时代以来，党中央以高度的历史自觉和战略定力，准确把握中国社会主要矛盾的历史性转变，将"人民对美好生活的向往"作为奋斗目标，在统筹发展与安全中开创了中国特色社会主义事业新局面。中国共产党以"我将无我、不负人民"的情怀，书写

第二章 "民为邦本"的人民观

了经济快速发展与社会长期稳定两大奇迹的新篇章。从脱贫攻坚的"一个都不能少"到全球治理的"人类命运共同体",从高质量发展的"创新驱动"到民生福祉的"全面增进",中国道路、中国方案、中国智慧为世界提供了新的选择。面向未来,中国将继续以人民为中心,以发展为第一要务,以改革为根本动力,以开放为必由之路,行驶在实现中华民族伟大复兴的征程中。正如习近平总书记所强调:"历史充分证明,江山就是人民,人民就是江山,人心向背关系党的生死存亡。赢得人民信任,得到人民支持,党就能够克服任何困难,就能够无往而不胜。反之,我们将一事无成,甚至走向衰败。"①

总之,坚持人民至上是中国共产党百年奋斗历程中一以贯之的价值追求,更是新时代治国理政的鲜明底色。面对世界百年未有之大变局,中国共产党始终将人民放在心中最高位置,以坚定的信念、务实的行动,将这一理念内化为全体党员干部的思想自觉、理论自觉和情感自觉,外化为推动国家发展、增进人民福祉的生动实践,为实现中华民族伟大复兴凝聚起磅礴力量。

---

① 习近平:《在党史学习教育动员大会上的讲话》,人民出版社2021年版,第15页。

第三章 "为政以德"的治国观

回望中华民族发展历程,"为政以德"思想在治国理政中发挥了重要作用。党的十八大以来,习近平总书记多次强调"为政以德"的治国理念。在党的十八届中央纪律检查委员会第六次全会上,习近平总书记指出,中华民族历来都有珍惜名节、注重操守、干净为官的传统,历来都讲"为政以德""守土有责"。[①] 习近平总书记在党的二十大报告中强调:"坚持和发展马克思主义,必须同中华优秀传统文化相结合"[②],并列举了包含"为政以德"在内的十个具有代表性的中华文明的智慧结晶。2023年6月2日,在文化传承发展座谈会上,习近平总书记发表重要讲话时强调:"中华优秀传统文化有很多重要元素,比如,天下为公、天下大同的社会理想,民为邦本、为政以德的治理思想……"[③] "为政以德"是中国传统政治中的核心理念之一,其形成与发展深深地根植于中华优秀传统文化之中,与人们"日用而不觉"的核心价值相通,为当前实现中华民族伟大复兴提供坚实的思想智慧与价值支撑。

---

① 《习近平谈治国理政》第二卷,人民出版社2017年版,第167页。
② 《习近平著作选读》第一卷,人民出版社2023年版,第15页。
③ 习近平:《在文化传承发展座谈会上的讲话》,人民出版社2023年版,第2页。

第三章 "为政以德"的治国观

一 "为政以德"的历史内涵

《论语·为政》开篇:"为政以德,譬如北辰,居其所而众星共之。"在孔子的思想中,统治者若凭借"德"来治理国家与管理百姓,就能赢得老百姓的拥护和支持,就像天上的星星始终围绕北极星一样。概而言之,国家治理必须做到"为政以德"才能达到众望所归的效果,这也是国家治理体系和治理能力现代化的前提和基础。那么,"为政以德"的治国观是如何产生的呢?

(一)"为政以德"提出的时代背景

"为政以德"虽由孔子提出,但上溯到更早可以发现,重视"德"在中国传统政治社会中的作用早已出现并发挥着重要的作用与功能。中华民族对"德"的重视,可追溯到西周的"敬德保民"理念,"德"是"天"的至善性,"敬德"就是"敬天","保民"实际上就是保社稷、保国家,因为"民之所欲,天必从之"(《尚书·泰誓上》)。这是夏商以来中国思想从敬鬼神到重人事的一大转变,并将敬德作为治理朝政的思想武器。这种理念正是在吸取殷商的兴替教训上得出。再如《尚书》提到"王其疾敬德"(《尚书·召诰》),指如果统治者敬重德行,则天命(朝代)可以长久勿坠。"克明德慎罚"(《尚书·康诰》),意指多行恩惠,少用刑罚。如上所述,都体现出统治阶级意识到"德"对政治统治的重要性。到了春秋时期,产生"正德、利用、厚生"(《尚书·大禹谟》)所谓的"三事"[1],这体现当时已意识到道德和民众的辩证关系。《左传》提出"德,国家之基也",意指德行是国

---

[1] "三事"即"正身之德""利民之用""厚民之生"。

家政治统治、长治久安的基础。可见，古代人们早已把培育高尚的品德视作"兴国安邦"的基础。从上述思想中可知，中华民族已经形成在政治领域中重视"德"的传统，德也成为中华民族治理国家的重要一环，是统治阶级为政的重要思想底色。孔子正式提出的"为政以德"的思想，更加突出"德"在国家治理中的价值，孔子认为区分"仁君"与"暴君"的重要标准就是"德"，主张统治者要治理好国家就是以德治国，老百姓才能围绕在统治者周围，凝聚民心，天下才能太平，国家才能得到有效治理。

从孔子成长与经历的时代来看，其成长的年代是一个社会混乱、礼崩乐坏的时期，对社会治理也提出了新要求。首先经济基础，随着奴隶制度的逐渐解体，土地私有制出现，公家的土地已经逐渐私有化了。《左传·僖公十五年》中曾记载："晋于是乎作爰田。"指曾做过秦国俘虏的晋惠公归国后，将土地赏赐给国人，国人都感动得哭了。晋国就在这时开始改易田制。公家土地可以流转买卖，流向私人。经济决定政治，"公田私有"是一个重要变化。

政治领域，周王室日渐衰微，号召力日渐不足，诸侯间为了获得更多的土地和人口相互争霸、互相诘责和发动战争，致使民不聊生。周公旦推行封邦建国之策，在这一战略框架下，诸多皇亲国戚纷纷前往被征之地，并在此建立自己的"邦国"。自西周末起，一些贵族逐渐在社会阶层中滑落，有些沦为从事农耕的平民，更有甚者沦为奴隶。与此同时，随着各国不断开疆辟土，下层农民可以通过特殊途径获得一定数量的土地，这在当时的时代背景下极有可能发生。这种情况生动地反映出当时社会阶级结构剧烈的变化，迫切需要一种思想来维系社会稳定。此外，各诸侯国生活奢靡腐败、横征暴敛的现象屡见不鲜，致使百姓生活困苦、流离失所，社会道德秩序亦随之崩坏。《论语·颜渊》记载了"季康子患盗"的故事。季康子为盗窃事件频发而苦恼,来向孔子求教。孔子对曰:"苟子之不欲,虽赏之不窃"(《论语·颜渊》)。意思是:倘若上位者不贪求过多财物,哪怕奖励民众偷窃,民众也不会付诸行动。孔子正是在目睹当时社会动荡、道德失范的情况下,寄希望建立有道德秩序、能各处其位的理想社会,而这种社会状态的构建恰恰需要"德"来解决。因此,"为政以德"言简意赅地勾勒出孔子基于当时的社会现实萌生的一种追求德治的政治诉求,凸显观念改变的现实性。

基于文化审视,"学在官府"逐步向"学在民间"发展。许许多多原本在周王室掌握典籍、身通"六艺"的士人纷纷离开周王室,流散各地。这些人流散各地,也就导致了典籍的扩散和人才的流动。《论语·微子》当中有这样的描述:"太师挚适齐,亚饭干适楚,三饭缭适蔡,四饭缺适秦,鼓方叔入于河,播鼗武入于汉,少师阳、击磬襄入于海。"这段话所展现的,正是私学体系兴盛的局面,鲁哀公时期的政治衰败,礼乐崩坏,连演奏音乐的各个乐官都各自散去。在面临社会加剧变革、传统礼乐失调、政治秩序混乱等社会状态,对当时的统治者提出了一个共同的社会治理难题:如何维护社会的稳定、赢得百姓的拥护。这也成为当时各大学派都必须思考和解决的时代问题,其中也就包括儒家学派。为了维护社会的稳定以及赢得百姓的支持,儒家提出"仁"来教化民众,处理社会之间的关系,所谓"克己复礼为仁",要求统治者施行"仁政",对百姓实施"仁爱",这些都体现儒家"以德治国"、强调"德政"的思想理念。

"周礼"对孔子"为政以德"思想提供了重要支撑。孔子见证了一个从遵从"周礼"到"礼崩乐坏"的时代,他渴望社会能够重塑"周礼"。根据记载,"孔子为儿嬉戏,常陈俎豆,设礼容"(《史记·孔子世家》)。这表明其自小就知晓和熟悉"周礼"。

而孔子生活的后期，周朝礼崩乐坏，诸侯王之间不再行"周礼"，社会层面的"礼"也基本不起作用。孔子谓季氏："八佾舞于庭，是可忍，孰不可忍也！"（《论语·八佾》）古时一佾为8人，八佾就是64人，据《周礼》规定，只有周天子才可以使用八佾，诸侯为六佾，卿大夫为四佾，士用二佾。季氏是正卿，只能用四佾。这种上下不符合"礼"的规范是孔子不愿看到的，这也为其思想的传播提供了客观的社会背景。孔子希望通过恢复周朝的礼数亦即"礼治"的方式维护统治阶级对社会的治理，认为百姓只有遵从相应的礼数，社会才能稳定，统治者才能更好地治理国家和人民，所以孔子提出对百姓要"教之以礼"，通过教化百姓学礼从而约束人们的行为。礼治是外在的道德，道德是内在的礼治。所以孔子对礼的倡导实际上是要求人们以守礼来促进道德品格的修养，从而做到"为政以德"。由以上分析可知，孔子对"为政以德"的提出是基于当时社会状况发生的变化，对统治者的"德"提出的更高的要求，这为统治者更好地执政提供了理想的执政方略与价值参考。

（二）孔子"为政以德"思想的主要内容

马克斯·韦伯在《经济与社会》中提出了统治结构"三类型"说，即统治结构分为"法理型""传统型"和"魅力型"。值得注意的是，"魅力型"权力较之前两种是比较特别的。其中，"法理型"权力的获得是通过一定的模式程序得到；"传统型"权力的获得是基于封建社会某种约定习俗之上的；"魅力型"权力的获得是基于个人不需用理性分析和不受传统权威影响的基础，它是靠当权者的个人魅力来获得民众追随，从而融入传统权力结构之中。这种"魅力型"的君主在某种程度上是老百姓拥护和支持的。在孔子的政治思想体系中，表现为统治者必须依靠某种"魅力"来获得百姓支持,"魅力"就体现为"德位一体"的政德体系。这种政德体系要求当权者自身具有崇高的道德修养,同时也要求当权者对老百姓进行道德教化维护社会统治,并且将这种道德教化纳入其政治统治的核心。

儒家"为政以德"思想主要围绕两大核心问题:一是统治者注重道德修养与社会稳定之间的关系,这是关于统治者的"修身"问题,统治者通过自身道德的完善吸引百姓,以身作则;二是如何管理和获得百姓拥护的问题,这是关于"治人"的问题。这既是对之前殷周兴替经验的深刻总结,也是之前朝代德治思想的提升。

第一,处理为政者的道德修养与社会稳定之间的关系。这种关系也就是统治者"修身"的问题。孔子认为要想获得百姓的支持,就要重视为政者的表率作用,认为为政者带头做好了,百姓自然就会效仿,即所谓的"上行下效"。统治者这种修身的价值取向含蕴如下三方面。

首先,修己正人的品德修养问题。一是以上率下,身正令行。"政者正也"是为政的基石。关于"修身"与"治国"的关系,儒家认为"君子之德风,小人之德草,草上之风必偃"(《论语·颜渊》),为政者的德行具有风向标的作用。在《大学》中强调:先"修身"后"治家"再"平天下","修身"是所有的前提,当权者要先修身,以身作则,以自己的道德品行影响百姓,上行下效,国家就能治理好。国家治理好,当权者的"德政"就会被世人敬仰和传颂。儒家认为为政者的道德修养是解决一切政治、社会问题的总根源,为政者的"修身"问题直接关系政治的得失成败、国家的兴衰治乱。"政者,正也。子帅以正,孰敢不正。"(《论语·颜渊》)孔子认为统治者的德行与百姓的德行是密切相关的。其中,"正"指的是统治者自身品行端正,有良好的道德修养与生活作风，只有这样的君主才能领导百姓建立一个良好的社会秩序，百姓也就能符合"正"的标准。在《论语·子路》中还强调："其身正，不令而行；其身不正，虽令不从。"这也体现统治者的品行修养与百姓间的关系。孔子认为，当统治者自身具备崇高的品行修养，即使不强求百姓遵循，百姓也会深受感染，主动效仿、自觉践行；相反，如果统治者自身道德败坏、昏庸无能，即使推行严苛的政令，百姓也不会予以理会，更不会去遵循。在《论语·宪问》中指出："修己以敬、修己以安人、修己以安百姓。"对于如何让百姓听从政令、如何维护社会的和谐稳定，最根本的出发点还是从当权者的道德修养开始。当权者能够坐稳江山、获得民心支持的关键所在就是加强自身的品性修养，才能更好地治理天下。由此可知，在两千多年前，孔子根据殷周朝代的教训，清晰地认识到当权者的道德品行修养、道德教化与江山社稷的稳固有着密切的关系。当权者通过加强自身的道德修养，以德修身正己，从而由上至下达到安宁天下。二是以礼立身，克己复礼。在儒家思想中，礼既是一个人修身养德、安身立命的内在需求，也是一个人立足于世、为人处世的必要条件。无论是统治者，还是黎民百姓都要依礼而言、依礼而行。所以孔子认为修身正己必由乎"礼"。"不学礼，无以立"（《论语·季氏》），强调"礼"之于为人处世的重要性，通过学"礼"待人接物。孔子提出"克己复礼，天下归仁焉"（《论语·颜渊》）。颜渊问"何谓仁"，孔子指出人若能约束自己，使言语表达和行为举止皆契合礼的要求，此即为仁。一旦达到这种境界，普天之下皆会称许你具备仁德。"克己复礼为仁"为为政者涵养政德提供了基本的价值参考。

其次，为政者要行有德之政的问题。一是要以民为本。民本思想是中华优秀传统文化的精华之一。"民惟邦本，本固邦宁。"（《尚书·五子之歌》）这是较早的朴素民本思想。汉代董仲舒在

第三章 "为政以德"的治国观

《春秋繁露》中也进一步发展了民本学说:"天之生民,非为王也;而天立王,以为民也。"强调上天创造人民并不是为了君主。相反,上天创造君主是为了人民,所以君主的存在恰恰是为了人民。这种民本思想进一步阐述了君主与民众之间的相互依存关系。孔子是如何看待民本思想的呢?子贡问政。"子曰:足食,足兵,民信之矣。"子贡曰:"必不得已而去,于斯三者何先?""曰:去兵。""子贡曰:必不得已而去,于斯二者何先?""曰:去食。自古皆有死,民无信不立。"(《论语·颜渊》)孔子认为备足粮食、备足装备、获得民众信任,这三者是执政的最重要标准。因此,可以看出统治者执政为民的思想在此得以显现。如何践行以民为本思想?"道千乘之国,敬事而信,节用而爱人,使民以时。"(《论语·学而》)孔子认为治理国家应该认真对待政事、爱护人民、尊重农时,才能管理好国家。二是要仁爱百姓。"泛爱众而亲仁"(《论语·述而》),是指要广泛地去爱人,亲近那些有仁德的人。"博施于民而能济众"(《论语·雍也》),强调能给老百姓很多好处又能周济大众。也就是说,执政者要心系天下百姓,要亲近贤臣,尤其是亲近道德修养高尚的人。可见,执政者要树立博爱大众的观念,以"仁德"治理天下,给予百姓之所需,获得民心,社会才能正常运转。

最后,克己奉公的道德操守。儒家认为,克己奉公是一个合格的统治者必备的道德品行。所谓克己,就是能够廉洁自律、清正为民,即使在巨大的利益面前也要克制自己的私欲,使自己的行为符合"礼"的要求。奉公就是为政者要秉公执事、勤政为民、克服懒政怠政,做到"行之以忠""以公灭私""居之无倦"[①],做到忠于职守。儒家认为为政者要"先之,劳之"(《论语·子

[①] "行之以忠""居之无倦"出自《论语·颜渊》:子张问政。子曰:"居之无倦,行之以忠。""以公灭私"出自《礼记·中庸》:以公灭私,民其允怀。

路》），树立克己奉公的道德理念，惦念民众所求、解决民众所需，要始终树立为民服务的情怀。孔子以"三无私"①精神，即天无私、地无私、日月无私，要求执政者处理国家事务，要坦荡无私、无所偏私。《荀子》也指出"公生明，偏生暗"，认为只有公正才能明辨是非，有私心则断事不明，告诫统治者必须公正才能获得认可。《尚书》中"以公灭私，民其允怀"也指为政者唯有公正，民心才会顺从。这些思想虽未明确提到"克己奉公"，但蕴含统治者在治理国家中要勤恳、公正、清廉才能获得拥戴。

第二，管理庶民、赢得百姓拥护。儒家提出的思想涉及国家治理、经济管理、道德教化等方面，主要体现在以下三方面。

首先，在国家治理方面，主要采取"德刑相辅"的治理模式。"德刑相辅"的治理模式是中国传统政治社会主要采取的模式，采取德治与法治相结合，具有较长的历史实践。"道之以政，齐之以刑，民免而无耻，道之以德，齐之以礼，有耻且格。"（《论语·为政》）体现了刑罚与道德在社会治理过程中发挥的不同作用，要将二者结合起来治理国家。汉代儒学者贾谊曾总结秦亡的教训指出："刑罚积而民怨背，礼义积而民和亲。"（《贾谊集·治安策》）意指用严酷的法律管理国家会使民众怨恨，而用礼仪教化百姓则使民众更亲，社会更稳定。由上可以看出，我国古代注重德刑相辅的治理模式，这些都为为政者更好地管理国家提供了很好的模式。"德"与"刑"之间的关系及主次性在不同的思想家中认识不一样，但归根结底是二者相结合。"为政以德"思想中，"德"与"刑"的关系是辩证统一的，不是孤立的、相对的，二者之间是相辅相成关系，但"德"是根本。正如："礼乐不兴，则刑罚

---

① 子夏曰："三王之德，参于天地，敢问：何如斯可谓参于天地矣？"孔子曰："奉三无私以劳天下。"子夏曰："敢问何谓三无私？"孔子曰："天无私覆，地无私载，日月无私照。奉斯三者以劳天下，此之谓三无私。"（《礼记·孔子闲居》）

不中；刑罚不中，则民无所措手足。"(《论语·子路》) 可见，刑罚只能起外在的约束作用，并不能真正规范民众的行为，而通过"礼""德"才能使民众从内心遵循规则。"德""刑"之间含蕴内在与外在，二者之间相互促进。

其次，在社会经济发展方面，富而有德的经济政策。儒家将民众视为国家的根本，把民生问题作为政治治理的重点和关键，把富民视为政治的第一要务。儒家认为处理好政事需要具有"五种美德"①，首要的是"惠而不费"②，也就是"因民之所利而利之"(《论语·尧曰》)，将百姓富裕作为国家富强的前提。孟子主张"制民之产"，让百姓"仰足以事父母，俯足以畜妻子，乐岁终身饱，凶年免于死亡"(《孟子·梁惠王上》)。荀子认为"下贫则上贫，下富则上富"(《荀子·富国》)。以上观点都强调为政者要实施惠民政策作为国家治理之要。同时，儒家不排斥、不否定为政者对物质利益的追求，主张用合乎道义的方法取得物质利益，提倡"义以为上""见利思义""义然后取"。一言以蔽之，儒家倡导富而有道的经济导向，主张君子爱财、取之有道，反对谋取不义之财，提倡因民之利、富民强国的生财之道。

最后，在民众教化方面，道之以德的礼乐教化。儒家主张用道德来感悟和教化百姓，通过道德在内心的约束引导百姓遵守礼节与规则，从而实现统治者安定天下的目标。如何用道德来感悟教化百姓呢？在儒家看来，以"礼乐"为核心内容的教育来实施道德教化的重要手段，它不同于一般的教育，最终目的是让民众知晓自己的行为是否符合礼乐标准，是否符合道德规范。儒家认

---

① 五种美德：温良恭俭让。语出《论语》："子禽问于子贡曰：夫子至于是邦也，必闻其政，求之与？抑与之与？子贡曰：夫子温、良、恭、俭、让以得之。夫子之求之也，其诸异乎人之求之与？"(《学而》)
② 出自《论语·尧曰》："因民之所利而利之，斯不亦惠而不费乎？"

为，礼乐教化是政治治理和社会道德培育的重要手段，礼乐具有良好的情感调节功能，从而可以有效地调节人们的外在行为。自古以来，圣贤们都注重礼乐的学习，周朝推崇的"六艺"，正是结合礼乐能够提升君子的道德修养，从而认为礼乐教化能够更好地规范人们的外在道德行为，化民成俗，培养彬彬有礼、德才兼备的君子人格。儒家对礼的本质有过清晰的阐述，"礼，与其奢也，宁俭；丧，与其易也，宁戚"（《论语·八佾》）。强调礼注重内心的真实感受，不是虚无的外在表现。历代儒学者都强调"礼"具有化民成俗的道德教化功能，从而推进社会的稳定和谐。汉代儒家学者贾谊曾指出，"教者，政之本也""有教，然后政治也"（《大政下》）。董仲舒也认为："教，政之本也；狱，政之末也。"（《春秋繁露》）由此可以看出，几千年来的历代社会治理，都注重礼乐的道德教化功能，也正是注重礼仪的培养，中华民族被称为华夏礼仪之邦，在千百年的历史演化中衍化为中华民族生生不息的精神标记。

由此可见，无论是处理为政者的道德修养与社会稳定之间的关系还是管理庶民、赢得百姓拥护，传统思想智慧都告诉我们：为政者的"德"至关重要，对社会的安定团结、经济发展以及人民生活的水平提升、社会和谐等都具有基础性的功能。

综上所述，"为政以德"主张统治者用包含仁义、礼仪在内的道德手段来治理天下，从而建立理想的社会状态，这种政治主张是一种自上而下的顶层设计，对统治者具有较高的道德要求，并自上而下影响百姓的道德建设。这种既重视"以德修身"又注重"为政以德"的系统的理论体系，在中国悠久的历史长河中散发着璀璨夺目的智慧光芒。

二 "为政以德"与马克思主义的契合

马克思主义作为一种崭新的时代潮流,之所以能传入中国并在中国大地上生根发芽,其中至关重要的因素就是马克思主义与中华优秀传统文化之间具有相通、相融性。其中,"为政以德"就是二者所蕴含的共同价值观之一,成为沟通二者的价值桥梁与理论基础。

(一)"坚持改造主观世界与改造客观世界相统一"是二者的基本立场

在改造客观世界中改造主观世界体现了客观与主观相统一的哲学原理,马克思主义认为,人类在改造客观世界的同时也在不断地影响和改造自己的主观世界,达到主客观相统一的过程,二者之间相互依存、不可分割。改造客观世界的目的是解决人与外在世界的矛盾冲突,这一矛盾的化解无疑蕴含着主客观的统一性。同时,马克思在《关于费尔巴哈的提纲》中强调:"环境的改变和人的活动或自我改变的一致,只能被看做是并合理地理解为革命的实践。"[①] 这正是改造主观世界的理论源头,可以看出在实践中,人改造环境的同时也在不断地改造自己,改造客观世界的同时也在改造着主观世界。毛泽东也曾在《实践论》中指出:"改造客观世界,也改造自己的主观世界——改造自己的认识能力,改造主观世界同客观世界的关系。"[②] 再次重申了改造客观世界与改造主观世界的辩证统一关系。并且毛泽东还十分强调思想对于改造客观世界的重要性,指出:"代表先进阶级的正确思想,一旦

---

① 《马克思恩格斯文集》第1卷,人民出版社2009年版,第500页。
② 《毛泽东选集》第1卷,人民出版社1991年版,第296页。

被群众掌握，就会变成改造社会、改造世界的物质力量。"① 这一论断突出了主观与客观的内在一致性。

"为政以德"强调为政者通过提升自身的道德修养和民众的道德建设来维护加强政治统治，体现了改造客观世界与主观世界相结合的马克思主义原理。其中"为政"是客观的，能不能以及如何"为政"都是取决于"为政"客观因素的聚合。而"德"是主观的哲学范畴，"德"必须符合"为政"的客观规律，才能达到社稷稳固、民心认同。在"为政以德"中，统治者被赋予了高度的主观能动性，自身要注重道德修养，以身作则、率先垂范，做到"其身正，不令而行"（《论语·子路》）。与此同时，为政者还要具备敏锐的洞察力和判断力，深入了解社会现象和把握民众需求，所谓"民惟邦本，本固邦宁"（《尚书·五子之歌》）。为政者的道德修养不是抽象的，必须经得起实践检验和证明才是真正高尚的道德。如果为政者的"德"不符合客观的需要，就会出现政策失效、腐败滋生、社会动荡等一系列社会问题和挑战。所以，在中国传统文化中把政德修养提升到了关乎国家治乱兴衰的政治高度。诚如"不修政德，亡于不暇"（《左传·昭公四年》）。当执政者面临这种情况时，必须及时修补自己主观的"德"，加强个人与社会的道德修养，以符合执政实践的需要，通过自己的言行来影响和带动社会风气的改善和进步。古代先贤留下了诸如三省吾身、克己慎独、慎思明辨等修养方法，也留下了诸如"公生明、廉生威""清勤慎"等官箴格言。这些内容都在强调通过强化"德"的手段改造主观世界，提升主观世界的认知从而影响和指导改造客观世界，达到主观世界和客观世界的双重改造，加强政治统治，这一点上体现出与马克思主义的义理融通性。

---

① 《毛泽东文集》第8卷，人民出版社1999年版，第320页。

由此可见，不论是马克思主义强调的"坚持改造主观世界与改造客观世界相统一"，还是"为政以德"中强调加强主体道德修养维护和加强政治统治，抑或是在执政过程中强化统治者和民众的道德修养规范自己行为，都体现了主观与客观辩证统一的马克思主义原理。

（二）"物质文明与精神文明相统一"是二者共同的价值取向

物质文明和精神文明的辩证统一是马克思主义的重要理论。在肯定人的物质生活需要的同时，也强调人的精神生活的重要性。马克思指出："物质生活的生产方式制约着整个社会生活、政治生活和精神生活的过程。"① 恩格斯又指出："物质存在方式虽然是始因，但是这并不排斥思想领域也反过来对物质存在方式起作用。"② 毛泽东在党的八届二中全会上曾指出："人是要有一点精神的。"③ 习近平总书记指出："物质富足、精神富有是社会主义现代化的根本要求。物质贫困不是社会主义，精神贫乏也不是社会主义。"④ 马克思主义认为，物质生活是基础，制约和影响着精神生活；精神生活对物质生活具有反作用，二者之间相互影响、相互作用。我们既要重视精神生活，更要重视物质生活赖以存在的物质基础。追求物质文明和精神文明的辩证统一是马克思主义政党的价值诉求。

"为政以德"也强调物质文明与精神文明辩证统一。在物质文明层面，强调统治者获得民心的基础就是要通过"为政"的手段提升百姓的物质需要。鲁哀公问政于孔子，孔子回答说："政之急

---

① 《马克思恩格斯文集》第2卷，人民出版社2009年版，第597页。
② 《马克思恩格斯选集》第4卷，人民出版社2012年版，第598页。
③ 《毛泽东文集》第7卷，人民出版社1999年版，第162页。
④ 《习近平著作选读》第一卷，人民出版社2023年版，第19页。

者，莫大乎使民富且寿也。"（《孔子家语·贤君》）孔子认为为政的首要任务就是使百姓富足且长寿。弟子有若指出"百姓足，君孰与不足？"（《论语·颜渊》），论证了百姓富足与君主、国家富足之间的关系。孟子也强调"易其田畴，薄其税敛，民可使富也"（《孟子·尽心上》）。可见，儒家认为，满足百姓的物质需求，使民富之，民心得之，遂"王天下"。在精神层面，儒家十分重视道德修养即精神世界的满足。历代王朝的兴衰更替给统治者的一大启示就是提醒为政者必须有良好的道德修养，要重视君子人格的培养。先秦思想家们倡导立德、立功、立言的"三不朽"思想。在这一思想体系中，尤为重视道德品质，将其置于立功（建功立业）与立言（著书立说）之前。《大学》中指出："自天子以至于庶人，壹是皆以修身为本。"其意指无论社会地位多高，每个人都应该把品德作为自己的立身之本。孟子讲："天下之本在国，国之本在家，家之本在身""其身正，而天下归之"（《孟子·离娄上》）。意指为政者只有道德品质高尚、处事公正，才能赢得民心。这些论述都强调为政者的精神提升对个人仕途、前程发展的重要意义。由此可知，"为政以德"同样含蕴了物质文明和精神文明的协调性。

综上可知，"为政以德"既强调"仓廪实、知礼节"，也突出"衣食足、知荣辱"，注重物质文明和精神文明的协调发展，体现出与马克思主义原理的相融相通性，对丰富与发展中国特色社会主义文化、构建人类文明新形态都具有重要的理论与实践价值。

（三）突出人民群众的历史作用是二者的共同立场

唯物史观指出了人民群众在历史中的决定性作用：人民群众是物质财富的创造者、人民群众是精神财富的创造者、人民群众是变革社会的决定性力量。唯物史观提出方法论的要求：一切为

第三章 "为政以德"的治国观

了人民群众、一切依靠人民群众,从群众中来、到群众中去。在马克思主义看来,生产力是人类社会发展进步的物质基础,影响人类历史的进程。而人民群众则是生产力发展过程中最活跃的因素。马克思在《神圣家族》中说:"历史上的活动和思想都是'群众'的思想和活动"[1],"历史活动是群众的事业,随着历史活动的深入,必将是群众队伍的扩大"[2]。恩格斯也指出:"与其说是个别人物,即使是非常杰出的人物的动机,不如说是使广大群众、使整个整个的民族,并且在每一民族中间又使整个整个阶级行动起来的动机。"[3] 正是这些广大群众的、整个民族的、整个阶级的行动"引起重大历史变迁"。列宁继承发展了唯物史观,指出:"具有优秀精神品质的是少数人,而决定历史结局的却是广大群众。"[4] 人民群众是"自觉的历史活动家"和"独立的历史活动家"。马克思主义群众史观凸显了阶级立场,也是新时代"守正"之所在。

在"为政以德"思想中,为政者施行德政来赢得百姓的拥护,这实际上是对人民群众历史主体地位的肯定。因此,为政者必须关注民生、顺应民意,才能确保政权的稳固和社会的和谐,否则,政权则不稳固。正如"水能载舟,亦能覆舟"(《荀子·哀公》)。孔子主张"古之为政,保民为本"(《礼记·哀公问》),强调为政之本就是百姓。孟子主张"得天下有道:得其民,斯得天下矣。得其民有道:得其心,斯得民矣"(《孟子·离娄上》)。荀子提出"天之生民,非为君也;天之立君,以为民也"(《荀子·大略》)。这些重要论述都强调了民众、民心对于维护政治统治的至关重要

---

[1] 《马克思恩格斯全集》第2卷,人民出版社1957年版,第103页。
[2] 《马克思恩格斯文集》第1卷,人民出版社2009年版,第287页。
[3] 《马克思恩格斯选集》第4卷,人民出版社2012年版,第255—256页。
[4] 《列宁选集》第4卷,人民出版社2012年版,第679页。

性，展现出与马克思主义群众史观的互通性。

综上所述，"为政以德"思想中蕴含着丰富的唯物史观元素。这些元素不仅体现了传统治国理政的核心理念，也符合唯物史观的基本原理和观点。因此，在传承和发展"为政以德"思想的过程中，我们应该深入挖掘其中蕴含的唯物史观元素，以更好地指导人们的实践活动。

（四）"自我革命"是二者共同的内在要求

自我革命精神深深植根于马克思主义基本立场观点方法中。马克思强调："辩证法在对现存事物的肯定的理解中同时包含对现存事物的否定的理解……辩证法不崇拜任何东西，按其本质来说，它是批判的和革命的。"① 唯物辩证法奠定了自我革命精神的理论基础，要求"对现存的一切进行无情的批判"②。马克思和恩格斯在《德意志意识形态》中对革命的必要性作了结论性说明，同时指出了其与无产阶级自身净化之间的关联性。"只有在革命中才能抛掉自己身上的一切陈旧的肮脏东西，才能胜任重建社会的工作。"③ 习近平总书记指出："勇于自我革命，是我们党最鲜明的品格，也是我们党最大的优势。"④ 他明确指出："中国共产党的伟大不在于不犯错误，而在于从不讳疾忌医，敢于直面问题，勇于自我革命，具有极强的自我修复能力。"⑤ 他要求全党要以自我革命的政治勇气，着力解决党自身存在的突出问题，不断增强党自我净化、自我完善、自我革新、自我提高的能力。

---

① 《马克思恩格斯文集》第5卷，人民出版社2009年版，第22页。
② 《马克思恩格斯文集》第10卷，人民出版社2009年版，第7页。
③ 《马克思恩格斯文集》第1卷，人民出版社2009年版，第543页。
④ 《习近平著作选读》第一卷，人民出版社2023年版，第576页。
⑤ 《习近平著作选读》第一卷，人民出版社2023年版，第576页。

第三章 "为政以德"的治国观

"为政以德"突出"为政"与"德"。如前文所述，"为政"是客观的，而"德"是主体的。二者凸显的是内与外的关系，主观与客观的关系。"德"要基于"为政"，而"为政"也要依赖"德"，二者就是建构于一种开放式的互融互补关系，这种关系也是"自我革命"的体现。具备良好的品德要求为政者需要不断进行自我反思与自我提升，审视自己的言行是否符合道德标准，是否达到了人民群众的期望。通过自我反思，为政者能够发现并改正自己的不足之处，从而不断提升自己的品德修养。这种自我反思的过程实际上就是一种自我革命精神的表现。为政者敢于直面自己的问题，勇于承认并改正错误，这种勇气和决心正是自我革命精神的核心所在。"为政以德"思想还强调为政者要以身作则，通过自己的言行来树立榜样，引领社会风尚。为政者必须做到言行一致、表里如一，用自己的实际行动来践行道德标准。同时，为政者还需要勇于改革，敢于破除陈规陋习，推动社会进步和发展。这种以身作则和勇于改革的精神也是自我革命精神的重要体现。为政者不仅要在品德上做到自我革命，还要在行动上敢于挑战旧有的制度和观念，推动社会的变革和发展。这种精神体现了为政者对于自身责任的深刻认识和对于社会进步的坚定信念。可见，"为政以德"无论是基于目的还是手段，都要根植于自我革命。

自我革命强调自我净化、自我完善、自我革新、自我提高。这是马克思主义与"为政以德"共同含蕴的思想价值资源，突出强调自我立足整体与系统不断反思自我、提升品德、以身作则和勇于改革的历史过程。这种自我革命的精神不仅对于为政者个人的成长和发展具有重要意义，也对于社会的和谐、稳定以及繁荣发展都具有重要的理论与现实意义。

三 "为政以德"：严以修身的品德锤炼

在我国古代，无论是思想家还是政治家，始终强调执政者务必拥有高尚的道德素养，"为政以德"强调"德"在国家政治治理中具有重要的地位。治国与德行修养是相辅相成的关系。一方面，德行为治国提供理念基础。诚如"君子之守，修其身而天下平"（《孟子·尽心下》），强调修身对于治国的关键作用。在传统政治理念中，王朝更替与统治者的德行是息息相关的。只有德行高尚的君主才被视为顺应天命，才能赢得民心，维护政治统治。正如人们通常把商朝的灭亡归因于商纣王暴政失德，失去天命；周王朝的建立归因于周文王实施德政，顺应天命。德成为政治合法性的基石。另一方面，治国为修身提供实践场所。在国家治理中，为政者将道德观念、政治理念、管理智慧等付诸实践。"欲治其国者，先齐其家；欲齐其家者，先修其身。"（《礼记·大学》）"修身以道，修道以仁。"（《中庸》），这些体现治国是修身的实践。这种实践不仅可以检验道德修养是否真正符合民众的需求，还能进一步完善自身道德品质。可见，在治国理政大棋局中，"为政"是远大目标，"德"则是实践手段。

"为政以德"一直都是中国共产党人秉持的价值理念，含蕴于中国革命、建设与改革时期的历史实践。党的十八大以来，习近平总书记站在以中国式现代化推进中华民族伟大复兴的历史高度，高瞻远瞩地指出，要充分吸收中华优秀传统文化蕴含的"治国理政的思想智慧、格物究理的思想方法、修身处世的道德理念"[①]，创造性提出"立政德，就要明大德、守公德、严私德"[②]的新时代政德建设重要论断。因此，新时代治国理政必须高度重视政德建设，真正把"为政以德"的精神内涵嵌入国家治理体系和治理能力建设。

---

① 人民日报社人民论坛杂志社主编：《人类文明新形态：中国式现代化》，人民出版社2023年版，第147页。
② 《习近平关于全面从严治党论述摘编（2021年版）》，中央文献出版社2021年版，第342页。

（一）明大德是根本，国无德不兴

何为大德？即对国家、民族的深厚情感，是以天下为己任的担当。大德是根本、是方向。一个国家、一个政党，明大德才能有定力、站得稳、行得远；如果不能明大德，则会失去凝聚力和向心力，难以维护长治久安与繁荣发展。习近平总书记指出"政德是整个社会道德建设的风向标"[1]，因此，为政者首先要明大德，引领崇德的社会风尚，主要表现为明"为党、为国、为民"的德。

一是要始终坚持对党忠诚。"天下至德，莫大乎忠"（《忠经》），意为天下的大德莫过于忠诚。可见，共产党员明大德就是对党绝对忠诚。正如习近平总书记所说："要崇尚对党忠诚的大德，广大党员、干部永远不能忘记入党时所作的对党忠诚、永不叛党的誓言，做到始终忠于党、忠于党的事业，做到铁心跟党走、九死而不悔。"[2] 坚持对党忠诚集中表现为要牢牢坚定理想信念，"理想信念坚定才能对党忠诚"[3]。理想信念就是共产党人精神上的"钙"，没有理想信念，理想信念不坚定，精神上就会"缺钙"，就会得"软骨病"[4]。这种精神上"缺钙"则会带来政治变质、经济贪婪、道德堕落、生活腐败等严重问题。长此以往，最终可能导致亡党亡国。"大量事实表明，一个政党丧失了理想信念，就会失去精神纽带，成为乌合之众，遇到风浪就作鸟兽散了。"[5] 坚定理想信念必须始终坚持马克思主义信仰、共产主义远

---

[1] 《习近平关于全面从严治党论述摘编（2021年版）》，中央文献出版社2021年版，第342页。
[2] 《习近平谈治国理政》第四卷，外文出版社2022年版，第520页。
[3] 《习近平谈治国理政》第四卷，外文出版社2022年版，第524页。
[4] 《习近平谈治国理政》第一卷，外文出版社2018年版，第15页。
[5] 全国干部培训教材编审指导委员会组织编写：《推进新时代党的建设新的伟大工程》，人民出版社、党建读物出版社2024年版，第81页。

大理想、中国特色社会主义共同理想。革命理想高于天，一百多年来，一代又一代中国共产党人坚定理想信念，在面对重大原则面前保持政治清醒，在风险考验面前表现无所畏惧，在纷繁复杂诱惑面前始终立场坚定，谱写出一曲曲气壮山河的英雄赞歌。如"一双草鞋翻越雪山"的长征人、"砍头不要紧，只要主义真"的夏明翰、"腹中满是草根而宁死不屈"的杨靖宇、"牺牲在脱贫攻坚一线的优秀共产党员"黄文秀等，用生命诠释了永葆对党忠诚的政治本色。第一份入党誓词"牺牲个人，努力革命，阶级斗争，服从组织，严守秘密，永不叛党"①，短短 24 个字深刻体现了党员必须对党忠诚的政治誓言。虽然后来入党誓词经过几次变化，但是"永不叛党"保留至今，并且写入党章。可见，坚定理想信念是对党忠诚的最好诠释，是检验党员政治可靠性的试金石，是明大德的核心要求。

二是树立家国情怀的理念。德之不厚，行将不远。明大德是执政者的价值根基，从国家层面来讲就是要求执政者树立家国情怀的理念。所谓家国情怀"是一个人对自己国家和人民所表现出来的深情大爱，是对国家富强、人民幸福所展现出来的理想追求"②。为政者树立家国情怀，是提升国家治理效能、促进社会和谐稳定的关键所在。正如《礼记·大学》有云："身修而后家齐，家齐而后国治，国治而后天下平。"强调为政者只有先修身立德，才能治理家庭，进而治理国家。其中蕴含着对执政者能力高低的要求，只有达到前一个阶段的标准，才允许继续下一阶段，突出爱国爱家的重要性与责任感。执政者涵养家国情怀，要强化家国意识。家国情怀的核心在于对国家和人民的深厚感情，执政者要时刻铭记自己的职责和使命，把国家和人民的利益放在首位。在

---

① 习近平：《论中国共产党历史》，中央文献出版社 2021 年版，第 105 页。
② 徐文秀：《领导干部应多一些"家国情怀"》，《今日浙江》2012 年第 3 期。

现实工作中，执政者要践行家国情怀，做到勤政为民，关心群众所需，为群众办实事，将不断实现人民对美好生活的向往作为自己的奋斗目标。在国家交往中，要坚决维护国家主权、安全和发展利益，妥善处理分歧，坚定捍卫本国人民正当利益。并且，执政者要注重家庭建设，培养家庭成员爱国爱家的情感。"历史和现实告诉我们，家庭的前途命运同国家和民族的前途命运紧密相连。"[①]执政者涵养家国情怀，要提高执政能力。"路不险，则无以知马之良；任不重，则无以知人之才。"（《中论·修本》）对执政者而言，只有经风雨、见世面才能增强才干。执政者要深入基层，到国家和人民最需要的地方去。越是条件艰苦的地方，越能培养人吃苦耐劳的品质，越能大展身手，建功立业。在古代有"三过家门而不入"的大禹、殚精竭虑的周公旦、"虽九死其犹未悔"的屈原、"精忠报国"的岳飞；在当代有"戎马一生，回乡务农"的甘祖昌、"生也沙丘，死也沙丘"的焦裕禄、"只要我还有一口气，我就要站在讲台上"的张桂梅等人，都诠释了为国为民、到国家和人民需要的地方去的家国责任担当。执政者涵养家国情怀，要心怀"国之大者"。以"国之大者"的视角观大势、把大局、担大任，这样才能站得高、看得远、把得准、行得稳，在担当尽责中强化执政者政治判断力、政治领悟力、政治执行力。当前，执政者要时刻关注国际大事、社会热点问题，为解决国际争端与社会问题提供行之有效的对策，为国家发展和人民幸福做出正确的决策。正如习近平总书记指出："领导干部要胸怀两个大局，一个是中华民族伟大复兴的战略全局，一个是世界百年未有之大变局，这是我们谋划工作的基本出发点。"[②]可见，执政者只有具备了深厚的家国情怀，才能在大是大非面前旗帜鲜明、立场

---

① 《习近平谈治国理政》第二卷，外文出版社2017年版，第354页。
② 《习近平谈治国理政》第三卷，外文出版社2020年版，第77页。

坚定，这种对家国的深厚情感，正是执政者明大德的重要体现。

三是践行以人民为中心的价值理念。大德之德，是人民之德。中国共产党自成立以来始终坚持以人民为中心的宗旨，始终秉持立党为公、执政为民的理念。党的十八大以来，面对国内国际严峻的经济发展态势，以习近平同志为核心的党中央坚持"以人民为中心"的发展思想，提出了一系列增进人民福祉的发展措施，把实现人民群众对美好生活的向往作为一切工作的出发点和落脚点。不管是打赢新冠疫情阻击战保障人民的生命安全，还是脱贫攻坚取得全面胜利，都是践行人民至上的理念。习近平总书记指出："以人民为中心的发展思想，不是一个抽象的、玄奥的概念，不能只停留在口头上、止步于思想环节，而要体现在经济社会发展各个环节。"① 坚持以人民为中心的发展思想，要依靠群众推动创新。创新是引领发展的第一动力，人是创新最活跃的因素，推动经济社会的创新发展坚持人民主体地位、尊重人民首创精神。人才是创新的第一资源，新征程上，要"不拘一格降人才"②、"聚天下英才而用之"，依靠人民群众推动创新向纵深发展，同时广大人才要响应国家号召，努力增强自身本领，面向国家所需，推进创新型国家发展。民生是人民幸福之基、社会和谐之本。政府要在教育、就业、医疗、住房、养老等领域持续解决民众急难愁盼问题，不断增强民众的获得感、幸福感、安全感。在教育领域，要持续推进教育公平，加强农村地区、边远地区、落后地区的教育质量。在社会就业领域，各级地方政府要主动为之，多项就业举措同时并举，促进就业。在医疗卫生领域，着力解决群众看病难、看病贵问题。坚持预防为主，提高应对突发重大医疗问题的能力。在住房领域，让老

---

① 《习近平著作选读》第一卷，人民出版社2023年版，第438页。
② 清代的龚自珍的"九州生气恃风雷，万马齐喑究可哀。我劝天公重抖擞，不拘一格降人才"，出自《己亥杂诗·其一百二十五》。

百姓住有所居。探索新的发展模式，推进保障性住房。政策规范房屋买卖市场，满足购房者合理需求。在养老领域，要提高农村养老保险制度，完善城镇职工基本养老，实现老有所养。建党百年以来，中国共产党人正是始终相信人民、依靠人民，取得了革命、建设、改革的胜利，也是中国特色社会主义进入新时代的价值诉求。也唯有明人民的大德，中国特色社会主义事业才能继续从胜利走向胜利。

可见，明大德作为道德建设的重要组成部分，也是治国理政的重要基础。在治国理政的过程中，明大德具有道德引领、提升执政者执政能力的重要作用，也有利于政党获得民众的向心力和凝聚力，营造风清气正的社会风气，是推动国家治理体系和治理能力现代化的前提和基础。

（二）守公德是基础，业无德不成

传统"为政以德"强调道德是治理国家的根本。为政者作为国家治理的主要领导者，其道德品质、行为示范直接影响国家治理效能和社会稳定。执政者守公德会让民众感受到他们为公共利益而努力，从而赢得民心。习近平总书记深刻指出："衡量党性强弱的根本尺子是公、私二字。"[①] "作风问题有的看起来不大，几顿饭，几杯酒，几张卡，但都与公私问题有联系，都与公款、公权有关系。"可见，为政者遵守公德尤为重要。到底"公"是什么？《说文解字》解释为"共同的、大家承认的"。什么是"业"？《说文解字》解释为"从事的工作岗位"。公德的核心精神体现在"公"这个字，新时代背景下，执政者守公德就是强调执政党要用好公权之德、遵守公共道德、恪守工作之德，诠释"公"的根本价值，才能完成好"业"。

一是用好公权之德。古语云："不自重者致辱，不自畏者招祸。"

[①] 《习近平关于全面从严治党论述摘编（2021年版）》，中央文献出版社2021年版，第312页。

（《格言联璧·持躬类》）意指如果不自重，便会自取其辱；如果不心存畏惧，便会招来灾祸。如果执政者对权力失去了敬畏之心，就会丧失底线，走上"不归路"，最终丧失执政地位。习近平总书记深刻指出："在为谁执政、为谁用权、为谁谋利这个根本问题上，我们的头脑要特别清醒、立场要特别坚定。"①可见，用好公权之德是执政者守公德的关键。公权强调的权力并不是某一个人所特有的私权，也不是某一个政党特有的私权，而是人民赋予的，所以执政者在使用公权时要心存敬畏，不得以权谋私，要始终牢记权为民赋、权为民用的权力观。正如习近平总书记强调："要牢固树立正确权力观，保持高尚精神追求，敬畏人民、敬畏组织、敬畏法纪，做到公正用权、依法用权、为民用权、廉洁用权。"②事实上，用好公权的人最终赢得民心，而滥用公权的人被人民深恶痛绝，古往今来亦是如此。正确行使手中权力，是我们党的优良传统。中华人民共和国成立之后，毛泽东的亲戚朋友纷纷给他写信，请求在北京安排工作，毛泽东信中回复最多的就是"不要来北京"；周恩来严格要求亲属，从未利用手中的权力为亲朋好友谋私利，逝世后也未留下任何个人财产，人们十里长街送总理；杨善洲在任时，没为子女办过一件私事，不占公家一点便宜。这些事例体现了共产党人公权姓公、一丝一毫都不能私用的道德品质，也是对新时代党员干部用好公权的告诫。

二是遵守公共道德。"道之以政，齐之以刑，民免而无耻；道之以德，齐之以礼，有耻且格。"（《论语·为政》）自古至今，在中国传统思想中认为执政者要想治理好天下就要强化公民的道德自律，通过一定的社会规范、社会要求引导公众约束自己的行为，作为执政者更要遵守社会公共道德，做到上行下效。何为公共道德？梁启超认为

---

① 《习近平谈治国理政》第四卷，外文出版社2022年版，第32页。
② 《习近平谈治国理政》第二卷，外文出版社2017年版，第44页。

"人人相善其群者谓之公德"(《新民说》),可见,公共道德就是社会大多数成员所共同遵守的道德规范。新时代,执政者守公德就是把自觉遵守与践行社会主义核心价值观作为日常生活的基本要求,做好道德示范。正如毛泽东指出:"共产党人的一切言论行动,必须以合乎最广大人民群众的最大利益,为最广大人民群众所拥护为最高标准。"党章也明确规定,党员要"发扬社会主义新风尚,带头实践社会主义核心价值观和社会主义荣辱观,提倡共产主义道德,弘扬中华民族传统美德"[1]。在现实生活中,公职人员要举止文明、以礼相待,自觉杜绝说脏话、随便猜疑、欺骗他人等恶习。要做到团结友爱,相互关心相互帮助。要自觉遵守法律法规,对不法行为应及时制止,智斗勇斗,见义勇为,维护社会治安。在虚拟空间,要坚持正确的价值导向和舆论导向。面对网上负面信息,公职人员首先辨别信息真伪,同时要积极回应公众的关切,弘扬主旋律。公职人员通过遵守公共道德,引导和推动全社会践行社会主义核心价值观,形成崇德向善、见贤思齐、德行天下的社会氛围。

三是恪守工作之德。顾名思义,工作之德即职业道德,作为公职人员必须遵守职业道德。公职人员能否恪守职业道德,直接关系到他们能否有效执行政府职能,进一步影响到政府公信力以及民众的信任与支持。因此,公务人员恪守职业道德除了遵守基本的职业道德规范,更重要的就是强化责任之心,履行好政府职能。习近平总书记指出,"当领导干部就要有强烈的责任感"[2],"担当就是责任,好干部必须有责任重于泰山的意识"[3]。"实干兴邦,空谈误国。"(《日知录》)责任体现一种精神追求,有责任心

---

[1] 《中国共产党章程》,人民出版社2022年版,第14页。
[2] 《习近平谈治国理政》第二卷,外文出版社2017年版,第153页。
[3] 《习近平关于全面从严治党论述摘编(2021年版)》,中央文献出版社2021年版,第251页。

的人会对事业充满热情，并持之以恒地完成。为此，作为公职人员一定要有兢兢业业的责任心，脚踏实地，真抓实干。要以高度的责任感要求自己。坚持在学习中增长专业知识、在工作中练就专业本领、在问题中加快经验积累，坚持知行合一，获取真知，提升本领。要以高度的责任感磨炼自己。作为公职人员要眼里有活、胸中有谋、用心做事，要在人民群众真正需要的地方磨炼自己，为人民群众排忧解难。要以高度的责任感警醒自己。公职人员要严格按照规章制度办事，不能敷衍了事，要真正做到知责明责、守责尽责。获得"人民楷模""时代楷模"称号的王继才怀着"我答应过组织来守岛，说话要算数"的责任心，与妻子王仕花二人坚持守卫一孤岛32年，其间坚持升国旗、观天象、护航标，日复一日不厌其烦。"七一勋章"获得者艾爱国，秉持"做事情要做到极致、做工人要做到最好"的信念，在焊工的岗位上一干就是半个多世纪，带领团队攻克数百个焊接技术难关。新时代公职人员更要强化责任意识，脚踏实地履行好自己的职责。

综上，在治国理政中，执政者守公德是为政的源泉，是赢得民心的手段，是实现国家长治久安的基础。执政者通过用好公权之德、遵守公共道德、恪守工作之德，一方面有利于提升自身专业能力和职业素养，另一方面也有利于加强国家治理体系和治理能力建设，从而为中国式现代化提供有力的支持和保障。

（三）严私德是关键，人无德不立

"为政以德"思想十分重视为政者的道德修养，强调"政者，正也"（《论语·颜渊》）。同时认为政治统治的重心不是在"治民"，而是在"治官"[1]。把为政者的道德品质提升到国家兴衰存

---

[1] 孔祥安、杨富荣：《儒家"为政以德"的政治哲学思想及其内在理路》，《武陵学刊》2021年第6期。

亡的高度。"在历史的长河中,那些帝国的崩溃、王朝的覆灭、执政党的下台,无不与其当政者不立德、不修德、不践德有关,无不与其当权者作风不正、腐败盛行、丧失人心有关。"①严私德主要是严个人之德、近亲之德、奉公之德。对于党员干部来说,私德是从政之基,既要严以修身,打牢道德根基;又要注重家庭家教,培育良好家风;更要克己奉公,做到廉洁从政。

一是严以修身立德。对党员干部而言,唯有树立正确的道德认知,夯实道德根基,加强道德修养,严守纪律规矩,方能在执政道路上行稳致远。正如《官箴》曰:"吏不畏吾严,而畏吾廉;民不服吾能,而服吾公""公生明,廉生威"。王安石也指出:"修其心治其身,而后可以为政于天下。"(《洪范传》)这些论述都强调为官修德的重要性。严以修身首先要加强党性修养。重视理论学习和党性修养是我党的优良传统。如新民主主义革命时期,由于时代的局限性,大部分党员科学文化水平不高、马克思主义理论水平普遍偏低,党内出现思想混乱、作风不纯、队伍复杂等情况。针对党内的复杂情况,刘少奇同志著有《论共产党人的修养》一书,明确提出通过理论学习来加强党性修养。习近平总书记也强调:"党性教育是共产党人修身养性的必修课,也是共产党人的'心学'。"②严以修身还要慎独慎微。慎独慎微是指个人独处时仍严格遵守道德和行为准则,慎微则是严守小事小节,牢记小事小节中有党性和原则。古代的子罕以廉为宝、公仪休拒鱼养廉、杨震慎独拒金等经典故事体现了中华优秀传统文化中对于慎独慎微的践行。可见,一名优秀的共产党员必须严格约束自己的操守和行为,做到人前人后一个样,台上台下一个样,大事小节一个样。辽沈战役纪念馆英烈馆内,悬挂着一面"仁义之师"锦

---

① 习近平:《之江新语》,浙江人民出版社2007年版,第258页。
② 习近平:《论党的宣传思想工作》,中央文献出版社2020年版,第157页。

旗。这面锦旗背后有这样的故事：辽沈战役时，部队行军至锦州，经过几次战斗的士兵们饥渴难耐，恰巧部队行军的地方苹果熟了，但是士兵们却没有一个摘苹果吃的。究其原因，正是部队纪律严明，士兵们能够严以律己，真正做到了人前人后一个样，不犯百姓丝毫。正如习近平总书记强调："于细微处见精神，于细微处也见品德。小事小节是一面镜子，能够反映人品，反映作风。小事小节中有党性，有原则，有人格。"① 加强党性修养与慎独都从思想层面和实践层面来强化党员严于律己的意识。

二是注重家风建设。孟子云："天下之本在国，国之本在家。"（《孟子·离娄上》）天下治理的根本在于国家，国家治理的根本在于家庭，强调家庭建设对于治国理政的重要性。新时代，党员干部的家风不是个人私事，直接关系到政党作风建设。正如习近平总书记指出："领导干部的家风，不仅关系自己的家庭，而且关系党风政风。"② 家庭是以德治党的重要场所，是党员干部抵御腐败的第一道防线。因此，党员干部必须带头重视家庭，注重家教，营造崇尚廉洁、抵制腐败的良好家风。"在培育良好家风方面，老一辈革命家为我们作出了榜样。"③ 如毛泽东同志6位亲人为革命献身、周恩来同志的"十条家规"、朱德同志为家人树立的"三不准"家规等都彰显了共产党人廉洁治家的优良传统。而当前查处的党员干部违纪违规背后折射出领导干部家风败坏最终导致被"拉下马"，如对"枕边人"缺失管教，纵容默许其谋取私利；或者"身边人"行为不端，打着领导的旗号进行敛财，最终把领导干部"拉下水"，这些事例令人警醒。对待亲情要修党性，党员干部要讲党性，其言行举止直接影响身边的亲人和工作人员，所

---

① 习近平：《之江新语》，浙江人民出版社2007年版，第38页。
② 《习近平谈治国理政》第二卷，外文出版社2017年版，第356页。
③ 《习近平谈治国理政》第二卷，外文出版社2017年版，第165页。

以也要引导家人听党话、跟党走，严格要求亲人廉洁自律，遵纪守法。针对身边人的错误言行，要及时提醒和纠正，要做到不护短。"党员、干部特别是领导干部要清白做人、勤俭齐家、干净做事、廉洁从政，管好自己和家人，涵养新时代共产党人的良好家风。"① 新时代背景下，共产党人必须把好权力关、美色关、亲情观，反对特权思想和特权现象，始终保持高尚的道德情操。

三是做到廉洁奉公。"大臣不廉，无以率下，则小臣必污。小臣不廉，无以治民，则风俗必坏"（《御制人臣儆心录》）强调为政者的道德品行具有上行下效的作用，甚至影响整个社会道德风气。这告诉我们，为政者要加强私德修养，努力做到廉洁奉公。做到廉洁奉公，首先要强化纪律意识，严格约束自己的操守和行为。纪律严明是我们党不断从胜利走向胜利的重要保障。在井冈山革命时期，为了锻造纪律严明的队伍，部队要执行三大纪律六项注意，士兵便写在包袱上以此警戒自己，后来这块布被收藏在国家博物馆。解放战争时期，十五万解放军进驻上海却没有惊动百姓，而是严守铁的纪律，睡在街头的水泥地上，受到上海市民的欢迎，从而赢得民心。正是中国共产党有严格的纪律意识，才能把他律内化为自律，从而守牢纪律底线。其次，要勇于自我革命，增强自身清正廉洁的内生动力。勇于自我革命、从严管党治党，是中国共产党鲜明的政治品格，中国共产党自成立以来，敢于自我革命，不断消除自身存在的问题，永葆了生机活力。党员干部也只有在坚持自我革命中不断筑牢思想堤坝，保持清正廉洁。毛泽东在党的七届二中全会上郑重告诫全党要做到"两个务必"②，"两个务必"

---

① 《习近平关于社会主义精神文明建设论述摘编》，中央文献出版社2022年版，第292页。
② "两个务必"，即"务必使同志们继续地保持谦虚、谨慎、不骄、不躁的作风，务必使同志们继续地保持艰苦奋斗的作风"。

思想的提出是中国共产党总结我国历史治乱兴衰经验、继承优良传统的基础上的深刻认识，也是中国共产党人的传家宝。党的十八大以来，中国共产党继续发扬"两个务必"思想，进一步提出了"三个务必"思想[①]，为新时代继续保持党的先进性和纯洁性提供思想指引。以习近平同志为核心的党中央坚定不移推进全面从严治党，取得了历史性、开创性成就，一体推进不敢腐、不能腐、不想腐取得显著成效，清正廉洁的社会风尚得到大力弘扬。新时代党员干部必须勇于自我革命，从思想上固本培元，涵养浩然正气，增强拒腐防变的政治自觉、思想自觉和行动自觉。

由此可知，"为政之要，惟在得人"（《贞观政要》），党员干部是党和国家事业的中坚力量，强国建设、民族复兴需要一支忠诚干净担当的高素质干部队伍，党员干部必须严守个人之德、近亲之德、奉公之德，才能不断增强党的创造力、凝聚力、引领力和战斗力，在以中国式现代化全面推进中华民族伟大复兴的征程中贡献力量。

"为政以德"蕴含了中国古代传统政治文明的价值理念与执政追求，同时也贯穿在国家政治生活的各个方面，这一思想经千年而历久弥新，虽古老仍生机无限，对新时代巩固党的领导、加强党的建设具有重要的借鉴价值。这也正是中华优秀传统文化的魅力所在。新征程上，我们要坚定历史自信、文化自信，推进中华优秀传统文化的创造性转化创新性发展，让"为政以德"思想绽放出新的时代光彩。

---

① "三个务必"，即"全党同志务必不忘初心、牢记使命，务必谦虚谨慎、艰苦奋斗，务必敢于斗争、善于斗争"。

第四章 "革故鼎新"的创新观

中华优秀传统文化含蕴丰富的"伦理—道德"智慧，是构建21世纪中国化时代化马克思主义的源头活水，也是中国式现代化持续推进的文化力。中华优秀传统文化自成一体，独具特色，既有整体性也凸显开放性，生生不息与革故鼎新构成几千年来中华优秀传统文化不断传承与创新的不竭动力。"坚持和发展马克思主义，必须同中国具体实际相结合、同中华优秀传统文化相结合。"[①] 灿若繁星的中华文化中，习近平总书记在不同场合经常引用《周易》名句，如"天行健，君子以自强不息"[②]、"穷则变，变则通，通则久"[③]、"安不忘危，存不忘亡，治不忘乱"[④] 等，显示出对这一民族经典的熟稔和重视。以21世纪中国化时代化马克思主义与人类文明新形态为坐标，以《周易》乾卦为切入点，重新审视中华文化革故鼎新的理论与实践价值，对中国式现代化的持续推进、中华民族第二个百年奋斗目标实现都具有重要的理论意义与实践

[①] 习近平：《高举中国特色社会主义伟大旗帜　为全面建设社会主义现代化国家而团结奋斗——在中国共产党第二十次全国代表大会上的报告》，人民出版社2022年版，第18页。

[②] 《习近平著作选读》第二卷，人民出版社2023年版，第353页。

[③] 《习近平谈治国理政》第二卷，外文出版社2017年版，第233页。

[④] 《习近平谈治国理政》，外文出版社2014年版，第202页。

价值。

一 "革故鼎新"的哲学根基与历史演进

《周易》以乾坤二卦为枢机，构建起中华文明生生不息的变革哲学。乾卦六爻"潜龙"至"亢龙"的螺旋上升逻辑，揭示了"革故鼎新"在伦理实践中的动态展开：从个体心性修炼到社会范式革命，从量变积累到质变跃迁，最终复归于天道循环的永续革新。这种哲学不仅孕育于《周易》的辩证智慧，更在历史长河中具象化为不同时代的实践探索。从商鞅变法打破世袭桎梏，到王安石"变风俗、立法度"的制度创新；从辛亥革命终结帝制传统，到新时代"守正创新"的全面深化，中华文明始终以"破旧立新"为动力，在哲学与历史的对话中重构自身。理解"革故鼎新"，既要深入《周易》的爻位辩证，亦需透视三千年变革实践的纵深，方能把握其作为文明基因的精神内核与现实张力。

（一）乾卦六爻的伦理进阶与革故鼎新逻辑

乾卦作为《周易》首卦，其六爻演变不仅揭示事物发展的辩证规律，更深层地映射出"革故鼎新"的精神内涵如何在伦理实践中逐级展开。本章结合爻位结构与《文言传》阐释，解析各爻时空方位与伦理意蕴，阐明"革故鼎新"的实践逻辑与精神内核。

初九·潜龙勿用：蛰伏蓄势，奠基革新之基。初九爻位处下卦，象征革新历程的初始蛰伏期。《文言传》"龙德而隐"的定位，凸显主体在量变积累阶段需恪守"不易乎世"的定力。此阶段"革故"的实质在于破除浮躁功利之弊，通过"遁世无闷"的心性修炼与"确乎其不可拔"的自我淬炼，完成对旧有认知框架的超越。其"鼎新"价值则体现为：在时空局限中积蓄潜能，为质变突破奠定本体论基础，形成"隐而待发"的革新预备态。

九二·见龙在田：伦理筑基，涵育革新主体。九二爻居下卦中位，阳爻处阴位的"正中"格局，要求主体在社会化进程中实现伦理自觉。其"革故"任务在于破除孤立封闭的生存状态，通过"庸行之谨"破除行为惯性，"闲邪存其诚"涤除杂念妄心。而"鼎新"指向则在于构建"善世而不伐"的实践理性：既以"德博而化"塑造伦理主体性，又以"天人合德"确立革新价值坐标，为后续突破性实践培育兼具德性与能动性的革新主体。

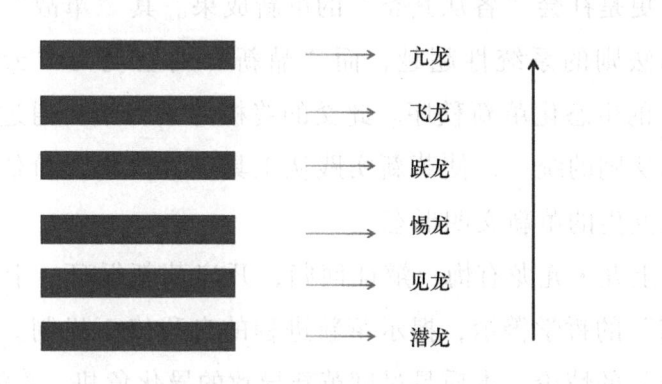

```
━━━━━━━━  →  亢龙      ↑
━━━━━━━━  →  飞龙      │
━━━━━━━━  →  跃龙      │
━━━━━━━━  →  惕龙      │
━━━━━━━━  →  见龙      │
━━━━━━━━  →  潜龙      │
```

九三·终日乾乾：临界突破，激活革新动能。作为下卦终极与上升枢纽，九三爻的"终日乾乾"直指革故鼎新的临界突破。《文言传》"进德修业"的训诫，实质是通过"忠信立诚"打破既有成就的桎梏。其"革故"体现为对"小成即满"心态的超越，以"知至至之"的进取意识突破现状；而"鼎新"则表现为"知终终之"的边界智慧，在德业双修中形成动态平衡的革新方法论。此爻的伦理张力，正是新旧动能转换的枢纽，既需消解旧秩序的惯性，又需孕育新范式的萌芽。

九四·或跃在渊：实践跃迁，实现范式转换。九四爻"乾道乃革"的爻象，标志着革新进程的实质性跃升。阳爻处阴位的位势矛盾，要求主体在"上下无常"中完成实践理性的革命性突破。

《文言传》"欲及时也"的紧迫性,揭示革新绝非被动适应,而是主动创造时势。其"革故"在于破除"路径依赖",以"非为邪也"确保革新方向的正当性;而"鼎新"则通过"进退无恒"的辩证智慧,在破立交织中实现从量变到质变的范式转换。此爻的实践哲学,正是中国革新智慧"守正出新"的典型体现。

九五·飞龙在天:价值圆融,成就革新图景。九五爻"中正之位"的极致状态,标志着革故鼎新的价值实现。《文言传》"同声相应"的和谐图景,既是个体"从心所欲不逾矩"的自由境界,更是社会"各从其类"的革新成果。其"革故"已升华为对陈旧法则的系统性超越,而"鼎新"则呈现为"云从龙,风从虎"的生态化革新秩序。此爻的终极意义在于:通过个体价值与普遍法则的统一,使革新实践从工具理性升华为价值理性,构建天人共生的革新文明形态。

上九·亢龙有悔:辩证回归,开启革新循环。上九爻"亢龙有悔"的哲学警示,揭示革新进程的自我修正机制。爻辞"贵而无位"的悖论,本质是过度革新导致的异化危机。《文言传》"动而有悔"的反思,要求主体在巅峰状态重启"知进退存亡"的辩证思维。其"革故"指向对革新异化的批判,而"鼎新"则通过对"穷之灾"的超越,使革新实践复归于"群龙无首"的天道循环。这种自我否定的智慧,使乾卦革新逻辑突破线性发展观,形成螺旋上升的永续革新模式。

用九·群龙无首:天道循环,永续革新之道。"用九"作为乾卦终极境界,以"群龙无首"消解主客对立,实现革新逻辑的哲学超越。《文言传》"乃见天则"的论断,将六爻辩证运动升华为"太极—无极"的宇宙法则。其"革故"是对既定革新范式的终极解构,而"鼎新"则通过"有归于无"的哲学回归,使革新实践永续融入天道循环。这种"正—反—合"的逻辑结构,既与老子"远曰反"的宇宙观呼应，又与孔子"从心所欲"的人生境界相通，最终形成中国思想中"革故鼎新"的元理论范式：革新非为革新本身，而是参赞化育的天人共进之道。

乾卦六爻的伦理进阶，本质是"革故鼎新"精神从潜能到实现、从个体到宇宙的展开过程。每个爻位既是特定时空中的革新境遇，更是主体突破现状的精神路标：初九奠基革新之基，九二涵育革新主体，九三激活革新动能，九四实现范式跃迁，九五成就革新图景，上九开启革新循环，最终在"用九"境界中达成永续革新。这种将道德修养、实践理性与宇宙法则相贯通的革新哲学，为当代社会的可持续发展提供了深邃的思想资源。

（二）"革故鼎新"的历史纵深与实践展开

如上所论，"革故鼎新"作为中华文明的核心变革思想，其哲学根基可追溯至《周易》。《周易·革卦》提出"汤武革命，顺乎天而应乎人"（《周易·革卦》），以商周鼎革论证政权更替的合法性；《鼎卦》强调"鼎，取新也"（《周易·鼎卦》），将制度创新与文明传承相统一。西周建立礼乐制度，通过"敬天法祖"重构社会秩序，形成"礼乐刑政"四位一体的治理体系。战国时期，法家将理论转化为实践：商鞅在秦国推行"废井田、开阡陌""奖励军功"，打破贵族世袭特权，使秦国"移风易俗，民以殷盛，国以富强"（《史记·李斯列传》）。王安石在《上仁宗皇帝言事书》中提出"变风俗，立法度，最方今之所急"（《临川先生文集》卷三十九），其青苗法、免役法等政策突破传统经济模式；朱熹则通过《大学章句》将"新民"思想纳入儒家体系，主张"言既自明其明德，又当推以及人，使之亦有以去其旧染之污也"（《四书章句集注》），推动社会伦理革新。这些实践虽受限于封建制度，但形成了"破旧立新"的变革范式。

鸦片战争后，魏源在《海国图志·叙》中提出"师夷长技以制夷"（《海国图志》卷首），主张通过军事技术革新抵御外侮。洋务派以此为指导，创办江南制造总局（《清史稿·职官志》）、福州船政局等近代工业，但甲午战败后，李鸿章自陈"我办了一辈子的事，练兵也，海军也，都是纸糊的老虎"（《庚子西狩丛谈》），宣告器物革新失败。康有为著《孔子改制考》，以今文经学重构"托古改制"理论，提出"立宪法、开国会"（《戊戌奏稿》），推动设立京师大学堂（《清德宗实录》卷四二一）、废除八股取士（《光绪朝东华录》），虽百日而终却首次触及制度内核。孙中山以"驱除鞑虏，恢复中华"（《同盟会宣言》）为纲领，通过辛亥革命终结帝制，颁布《中华民国临时约法》确立共和政体，但《建国方略》坦言"革命尚未成功，因于知难行易之说未明也"。新文化运动中，陈独秀在《敬告青年》中呼吁"伦理的觉悟，为吾人最后觉悟之最后觉悟"（《青年杂志》第1卷第1号），李大钊在《新纪元》中提出"劳工阶级要联合他们全世界的同胞，作一个合理的生产者的结合"（《新青年》第5卷第5号），推动马克思主义本土化。中国共产党将马克思主义与中国实际结合，毛泽东在《湖南农民运动考察报告》中提出"打倒土豪劣绅，一切权力归农会"[①]，通过土地革命完成从思想启蒙到社会革命的跨越。

作为马克思主义中国化时代化的精神密码，"革故鼎新"深植于中国共产党领导人民群众实现中华民族伟大复兴的百年基因图谱之中，其破除桎梏、守正创新的实践逻辑，始终贯穿于新民主主义革命道路的开辟、社会主义制度体系的奠基、改革开放体制重构的突破、新时代文明形态的塑造全过程，形成历史主动与社

[①] 《毛泽东选集》第1卷，人民出版社1991年版，第14页。

会变革同频共振的深层机理。

新民主主义革命时期（1921—1949）破旧立新的道路探索。面对半殖民地半封建社会的结构性矛盾，中国共产党以理论原创性突破国际共产主义运动的路径依赖。毛泽东提出"工农武装割据"理论，通过建立农村革命根据地实现战略转进，破解了"城市中心论"的教条束缚。土地革命摧毁封建土地所有制根基，从《井冈山土地法》到《中国土地法大纲》的演进，构建起满足农民根本利益的土地政策体系；抗日民族统一战线创造性调整阶级关系，解放战争时期彻底废除封建剥削制度。延安整风运动破除主观主义、宗派主义思想桎梏，确立"实事求是"的方法论原则，为新民主主义革命理论注入实践品格。这种将马克思主义基本原理与中国实际相结合的创新探索，不仅颠覆了旧中国的政治经济结构，更建立起人民民主专政的新型国家制度，实现了从传统王朝政治向现代国家建构的历史跨越。

社会主义革命和建设时期（1949—1978）的制度奠基与自主创新。中华人民共和国成立后开启制度建设的创造性实践，通过社会主义改造确立公有制主体地位，构建起独立自主的经济体系。在工业化道路上突破对苏联模式的简单模仿，开展大规模工业基地建设，形成涵盖基础工业、国防科技、民生制造的完整产业布局。科技领域坚持自主创新道路，以辩证唯物主义指导技术攻关，在能源开发、尖端科技等方面实现重大突破，奠定国家战略能力根基。外交领域提出"求同存异"原则，开创发展中国家参与国际事务的新范式。尽管经历发展道路的曲折探索，但建立起独立完整的工业体系和国民经济体系，完成从农业文明向工业文明转型的基础构建，为新时期社会主义现代化建设提供了宝贵经验、理论准备、物质基础。

改革开放和社会主义现代化建设时期（1978—2012）的体制

突破与理论创新。通过思想解放运动破除计划经济体制的思维定式，确立社会主义初级阶段理论，为体制改革提供认识论支撑。农村改革突破集体经营桎梏，家庭联产承包责任制释放基层创造力；经济特区建设打破封闭发展模式，土地制度、金融体系等市场化探索为体制改革提供实践样本。对外开放从局部试点到全面接轨，通过参与全球经济治理推动制度创新，构建起社会主义市场经济基本框架。针对我国社会主义市场经济发展中出现的一系列社会问题特别是权力腐败、贫富分化、新的社会阶层不断涌现等，我们党重新思考自身的群众基础和阶级基础问题，提出"三个代表"重要思想。针对发展中遇到的一系列突出问题，如片面追求经济效益，忽视人的发展带来的严重的环境和资源问题，人与自然的关系被破坏，贫富差距、城乡差别、区域发展差距加大以及经济与社会发展不协调更加突出等问题，我们党提出科学发展观。这一时期以"摸着石头过河"的实践智慧，完成从计划经济向市场经济、从封闭保守向开放包容的历史性跨越，创造出经济持续高速增长、社会活力竞相迸发的发展奇迹。

中国特色社会主义新时代（2012年至今）的全面深化与文明重塑。全面从严治党，以党的自我革命引领伟大的社会革命。以国家治理现代化为目标推进全面深化改革，通过供给侧结构性改革优化经济结构，推动传统产业转型升级与现代服务业协同发展。自贸试验区建设形成制度创新集群，"一带一路"倡议构建陆海联动的开放新格局，实现从要素开放向制度型开放的层次跃升。科技创新战略驱动核心技术突破，在深空探测、海洋开发等领域实现重大原创成果，数字技术赋能文化遗产活态传承，推动传统文化创造性转化。全面从严治党重构政治生态，法治与德治协同推进社会治理现代化，形成标本兼治的反腐新机制。这种涵盖经济、政治、文化、社会、生态的全方位变革，既延续中华文明的精神命脉，又塑造数字时代的文明新形态，展现出守正创新的历史自觉，标志着中国现代化进程从追赶型发展向文明范式创新的重大转折。

综上，百年党史的"革故鼎新"实践，始终贯穿着"理论突破—制度创新—文明转型"的演进脉络：革命时期破除封建殖民体系，建立现代国家制度框架；社会主义建设时期构建独立发展根基，完成工业化原始积累；改革开放时期突破体制束缚，创造经济腾飞奇迹；新时代系统推进治理变革，实现文明形态的现代重塑。每个历史阶段的创新实践都包含着对前序经验的辩证扬弃，既坚守马克思主义基本原理，又立足中国具体实际，既延续中华文明基因，又吸收人类文明成果，彰显中国共产党在继承中发展、在守正中创新的政治智慧。这种持续的历史主动精神，为中华民族伟大复兴注入了不竭动力。

二 "革故鼎新"与唯物辩证法的契合

哲学是理性的描述，阐述的是社会存在的客观规律。[①] 马克思主义哲学作为20世纪的显学，充分吸收了前人的研究成果，提出了别具一格的唯物论、辩证法、实践论、认识论思想，展现出独特的理论魅力，具有强大的生命力，展示出与中国传统智慧"革故鼎新"的理论趋同性。

（一）"革故鼎新"与矛盾对立统一规律

在马克思主义的唯物论与辩证法当中，都体现出矛盾的对立

---

① 哲学（Philosophy，希腊语：Φιλοσοφία）本质上是对世界基本和普遍之问题研究的学科，是关于世界观的理论体系。

统一规律。"对立统一规律是宇宙的根本规律。"[①] 而所谓的矛盾的对立统一规律，是指矛盾的双方相互包含、相互渗透与相互转化的辩证统一关系。其中，维持事物发展的肯定性的方面叫作矛盾的同一性，相互渗透与相互转化则称为矛盾的斗争性。矛盾的同一性与矛盾的斗争性之间又构成一对矛盾，彼此间也是相互包含、相互渗透与相互转换的关系。理解矛盾既对立又统一的关系，可以用中国的太极"一阴一阳之为道"（《易传·系辞上》）来表述。众所周知，中国太极包括两个元素：阴与阳。其中阳代表矛盾的一方面，阴又代表矛盾的另一方面。两个方面相互依存、相互包含、相互渗透以及相互转化。一阴一阳的相互依存就构成了太极。启发人们：任何一个事物都是矛盾双方既对立又统一的结果，只讲其中一方而忽视另一方，这都是抽象的形而上学，也是不切实际的幻想。正如前面所讲，量变与质变的关系中，量变积累到一定时候以及次序如果发生一定的改变就肯定会发生质变。肯定、否定、否定之否定也反映了革故鼎新的道理。其中，肯定并不是一成不变，到一定的时候，肯定就会变成否定，而否定到一定时候又变成否定之否定，事物的发展总是体现这种唯物论与辩证法的变化规律。所以革故鼎新体现的就是新事物与旧事物的关系，是矛盾的双方相互包含、相互渗透以及相互转化的关系，表征出马克思主义的唯物论辩证法中矛盾变化的辩证观点与方法。在新和旧之间，它们也是相互包含、相互渗透与相互转化的辩证统一，体现整体性。

（二）"革故鼎新"与质量互变规律

质量互变是马克思主义唯物辩证法的基本规律。所谓量变是

[①] 《毛泽东文集》第7卷，人民出版社1999年版，第213页。

指量的增减,所谓质变,则是指事物发展过程中导致并表征为事物性质发生的变化,当然,也包括次序的改变。如封建社会转变为资本主义社会,资本主义社会转变为社会主义社会,都是性质发生的根本变换,这都是属于质变的范畴。再比如,123与321,都由同样的单个数字构成,但是一旦次序发生改变,两组数字所表达的意义就不同,这就是质变。可见,由量变到质变有多种途径而不只是量的积累。

由事物次序发生改变而导致事物性质发生的变换,田忌赛马的故事能够充分说明问题。齐威王与田忌相约赛马,而田忌每次都输,原因在于齐威王与田忌在比赛过程中,只是用一等马对一等马、二等马对二等马并以此类推。不得不说,齐威王作为国君,其马的质量自然要优于作为大臣的田忌。按照这个模式,自然会输掉比赛。而后,田忌听从了好友孙膑的意见,换了一个比赛的次序,让田忌把二等马对齐威王的一等马并以此类推,在次序发生改变以后,田忌就二胜一负,并最终赢得了比赛。那么,在这个例子当中,由第一种模式改变为第二种模式,就是比赛的次序发生了变化,最后导致结果的质变,这也是量变因为次序改变而导致质变的典型案例。

量变和质变是什么关系呢?在马克思主义的唯物论和辩证法当中,量变必然引起质变。量变是质变的前提,质变是量变的必然结果。无论任何一件事情要想产生质变,前提必然是要一定的量变。这就是量变和质变的唯物论与辩证法原理。所以儒学的代表人物荀子就讲"不积跬步,无以至千里;不积小流,无以成江海"(《荀子·劝学》)。这种例子在老子的著作《道德经》中也有很多表述。这些表述无一例外地表明量变和质变的辩证关系,那就是量变是质变的前提,质变是量变的必然结果。值得一提的是,量变和质变的这种交叉发展,并不是某一个过程,而是无数个过程的连续及组合,无数个量变、质变的交替变化,最终推动事物不断地向前发展与进步。

量变与质变的辩证关系,对解读革故鼎新有什么样的启发?首先,任何一个新事物的产生都是由量变的积累而导致的。当一个事物还处在量变的过程中的时候,它的性质并没有发生改变。而当一个事物由量变走向质变的时候,它的性质就已经发生了改变。所以量变到质变,实际上就是一个事物革故鼎新的变换过程。即如果没有量的"革"也就没有质的"新"。正是无数个革故鼎新的交替变化,显现为事物发展过程中量变与质变的交替变化,最后推动社会的整体发展。

(三)"革故鼎新"与否定之否定规律

在马克思主义的唯物论和辩证法中,还有一个非常重要的规律,就是否定之否定规律。所谓否定之否定规律,就是"肯定—否定—否定之否定"。其中,肯定是事物发展的最初阶段,它所代表的是事物存在的当前样态,也是肯定性的样态。否定是对最初阶段的否定与异化,而否定之否定则是使第二次否定的否定。"肯定—否定—否定之否定"是螺旋式上升,并非一个圆环形的圆圈。螺旋式上升,它代表着发展,是新事物的产生与旧事物的灭亡。而圆环式的圆圈代表的是事物原地踏步。所以动物缺乏意识的反思能力,难以实现种族的发展与提升,而人不一样的地方在于人能够反思自己的行为和思想,所以,人作为类存在一直在发展与进步,这也是人高于其他动物的原因和地方。"人比蜜蜂不同的地方,就是人在建筑房屋之前早在思想中有了房屋的图样。"[①] 所以,经典作家才说:"因为辩证法在对现存事物的肯定的理解中同时包

---

① 习近平:《之江新语》,浙江人民出版社2007年版,第269页。

第四章 "革故鼎新"的创新观

含对现存事物的否定的理解，即对现存事物的必然灭亡的理解。"[1]这是非常高明而且有智慧的判断，具有重要的价值指导意义。从对乾卦的三个阶段分析就可以看到，中华优秀传统文化中的乾卦的三个阶段也是"肯定—否定—否定之否定"的马克思主义的唯物论和辩证法的展示。从初九到九三是下卦，代表的是事物发展的肯定阶段，也代表人在道德水平以及社会行为起步的成就所在。正如上面所分析的那样，如果要想从下卦再进展到上卦，是从一个阶段要上升到另外一个阶段，而且是比较高级的阶段，这里是一次否定，当上卦的亢龙有悔之后，就走向了"用九"，"用九"就是群龙无首，代表的是个别和普遍的合一，所以叫"天则"。由太极的"有"回归于无极的"无"，是否定之否定。可见，在这种理解意义上看，乾卦的三阶段也展现的是"肯定—否定—否定之否定"，所以它也体现了三个不同阶段的革故鼎新的变化道理，具有道理的趋同性。

（四）"革故鼎新"对循环论的扬弃

有科学家指出，恐龙统治地球那么长时间，最终也并没有进化成高等生物。民间的说法是"龙生龙、凤生凤、老鼠的儿子会打洞"[2]。也是在用谚语的方法表明一个道理：作为高级智慧的人与低等生物的动物之间是有区别的。在这一点上，马克思恩格斯在讲意识进化的时候就指出：作为高级生物的人是由低等生物的刺激感应性所进化而来的。但是，人最聪明的地方在于他可以在实践中超越自己、反思自己、提升自己，而动物则不能。马克思对此形象地比喻："蜜蜂建筑蜂房的本领使人间的许多建筑师感到

---

[1] 《马克思恩格斯选集》第 2 卷，人民出版社 2012 年版，第 94 页。
[2] 谚语。比喻什么样的父母生出什么样的儿子，也比喻什么样的师父，教出什么样的弟子。

惭愧。但是，最蹩脚的建筑师从一开始就比最灵巧的蜜蜂高明的地方，是他在用蜂蜡建筑蜂房以前，已经在自己的头脑中把它建成了。"① 人的发展是一种螺旋式的上升的发展，呈现的是一种积极向上的运动的趋势，而动物体现的则是一种循环论的趋势。可见，所谓的循环论就是只有肯定与否定，而并没有否定之否定这第三个环节。显而易见，革故鼎新所体现的是新旧事物的更替。而这种更替并不是像循环论所展示的那样，是一种原地踏步的运动，而更可能的是建立在"肯定—否定—否定之否定"以及量变—质变、新的量变—新的质变的无限循环及发展的过程中。正是从这个意义上认为革故鼎新体现的是发展而不是一种消极的循环，它体现的是新事物的产生与旧事物的灭亡。在马克思主义的唯物论和辩证法当中，新事物是指符合事物发展的客观规律和前进趋势、具有强大生命力和远大前途的事物。而旧事物是指违背事物发展的客观规律、丧失了存在的必然性而日趋灭亡的事物。"新事物取代旧事物，这是事物的本质和主流。"② 也正是在这个意义上，封建社会代替奴隶社会、资本主义社会代替封建社会是新事物取代旧事物，基于这种革故鼎新的理解，共产主义社会一定会取代资本主义社会，也是新事物取代旧事物必然呈现的一种发展规律。

三 创新是引领发展的第一动力

中国特色社会主义开创的中国式现代化道路，在人类文明史上建构了"革故鼎新"的当代范式。这种创新绝非简单嫁接或全盘否定，而是以马克思主义基本原理为魂脉、中华优秀传统文化

---

① 《马克思恩格斯选集》第2卷，人民出版社2012年版，第169—170页。
② 《十二大以来重要文献选编》（中），人民出版社1986年版，第955页。

第四章 "革故鼎新"的创新观

为根脉,在文明演进维度实现的深层范式重构。面对世界百年变局与科技革命浪潮的交织激荡,中国共产党创造性运用马克思主义的批判性、革命性特质,激活中华文明"周虽旧邦,其命维新"的革新基因,构建起独特的文明型创新范式——既突破西方现代化掠夺性扩张的资本逻辑,又超越传统治理的路径依赖,更破解后发国家的发展依附困境。从新发展理念对增长逻辑的重塑到"双循环"格局的战略突围,从数字经济新赛道的开辟到绿色转型的系统变革,中国式现代化始终贯穿着"守正不守旧、尊古不复古"的辩证思维。正如《礼记》所言"苟日新,日日新",中国特色社会主义的创新实践既印证着马克思主义"理论掌握群众"的真理力量,更彰显中华文明与时俱进的革新智慧,为人类现代化提供了植根本土、观照世界的全新选择。

理论创新体现为真理力量与文明智慧的辩证统一。"时代在不断前进、事业在不断发展,理论创新和实践创新一刻也不能停止。"[①] 新时代中国特色社会主义理论创新本质上是马克思主义真理力量与中华文明革新智慧的深层融合,建构了人类现代化理论的全新范式。这一创新突破了近代以来西方中心主义的认知框架,在"两个结合"中实现了对现代化本质的哲学重构。马克思主义的矛盾分析法在中国实践中升华为"社会主要矛盾转化"的理论自觉,将现代化目标从单一物质维度拓展至人的全面发展维度,破解了传统现代化理论中"物质丰裕与精神贫困"的二律背反。新发展理念的提出,既是对马克思主义发展观的时代化阐释,也是对《周易》"穷变通久"思想的创造性转化,形成了涵盖发展动力、结构、方式、路径的完整理论体系。在价值论层面,理论创新重构了现代化的文明坐标:以"人民主体性"取代"资本主

---

① 习近平:《在纪念邓小平同志诞辰120周年座谈会上的讲话》,人民出版社2024年版,第15页。

导性",以"文明共生论"替代"文明冲突论",以"命运共同体"超越"霸权秩序观"。这种创新并非静态的理论构建,而是始终处于"实践—认识—再实践"的螺旋上升过程,从"五位一体"总体布局到"中国式现代化五大特征"的系统阐释,展现出理论体系自我革新的开放特质,为发展中国家突破现代化困境提供了超越依附性发展的理论工具。

实践创新体现为复杂系统演进的方法论革命。中国式现代化的实践创新开创了超大规模文明体转型的辩证方法论,实现了对传统现代化路径的根本性超越。这种创新深植于"守正创新"的哲学智慧,既保持社会主义根本方向的历史定力,又激活体制机制自我革新的实践勇气。在经济领域,"双循环"战略重构了全球化的参与逻辑,通过供给侧结构性改革实现发展动能转换,将市场在资源配置中的决定性作用与更好发挥政府作用辩证统一,打破了新自由主义"市场万能论"的神话。科技创新领域的新型举国体制,有机融合集中力量办大事的制度优势与激发微观主体活力的市场机制,在关键核心技术攻关中形成"非对称超越"的创新范式。生态文明建设通过"绿水青山就是金山银山"的价值重构,将工业文明的掠夺性逻辑转化为生态文明的共生性逻辑,实现了发展观与自然观的哲学统一。基层治理创新则体现在"秩序与活力"的动态平衡艺术中,"枫桥经验"的现代转型与数字治理的技术赋能,共同塑造了社会治理的韧性网络。这些实践探索本质上是对复杂系统演进规律的深刻把握,在多重目标、多元主体、多维空间的协同共进中开辟了现代化新路。

制度创新体现为文明基因与现代治理的创造性转化。"我们要在坚持好、巩固好已经建立起来并经过实践检验的根本制度、基本制度、重要制度的前提下,坚持从我国国情出发,继续加强制度创新。"① 中国特色社会主义制度创新是对人类制度文明的根本性贡献，实现了中华文明治理智慧与马克思主义国家学说的历史性结合。在基本经济制度层面，公有制主体地位与多种所有制共同发展的辩证统一，既超越了资本主导的市场经济固有矛盾，又克服了传统计划经济的僵化弊端，形成了"有效市场与有为政府"协同作用的制度范式。政治领域的"全过程人民民主"制度，将代议制民主、协商民主、基层直接民主有机贯通，使"民惟邦本"的传统政治智慧升华为具体的制度设计，破解了西方选举民主的形式化困境。法治建设中，"德法共治"原则实现了传统礼法合治思想的现代转化，将社会主义核心价值观融入法律体系，构建起具有文化主体性的法治文明形态。干部考核评价体系通过引入多维治理目标，将"知行合一"的实践哲学转化为制度创新的动力机制。这些制度创新具有范式革命意义：社会主义市场经济突破了"政府—市场"二元对立的西方理论窠臼，新型举国体制重塑了国家能力与市场效率的关系逻辑，共建共治共享的社会治理制度重构了国家—社会—个人的互动模式，为现代国家治理开辟了新境界。

　　文化创新体现为文明根脉的创造性激活。"中华文明是革故鼎新、辉光日新的文明，静水深流与波澜壮阔交织。连续不是停滞、更不是僵化，而是以创新为支撑的历史进步过程。"② 新时代中国特色社会主义文化创新本质上是文明基因的现代性转化，在马克思主义"批判继承"方法论指引下，实现了中华优秀传统文化与现代社会价值体系的有机融合。这种创新超越了"复古"与"西化"的二元对立，通过"创造性转化"使"天下为公"升华为人类命运共同体理念，将"自强不息"精神转化为科技自立自强的

---

① 《论坚持人民当家作主》，中央文献出版社2021年版，第278页。
② 习近平：《在文化传承发展座谈会上的讲话》，人民出版社2023年版，第3页。

实践动力，让"天人合一"智慧滋养生态文明建设。在价值建构层面，社会主义核心价值观既接续了"仁义礼智信"的伦理传统，又灌注了自由、平等、公正的现代精神，形成了具有文化主体性的价值坐标。文化传承领域，通过"双创"方法论激活文化遗产的当代价值，使传统艺术形式获得数字化表达的崭新载体，让典籍文献成为滋养现代人文精神的思想资源。文化产业创新则构建起"传统符号—现代技术—产业形态"的融合范式，既避免了文化工业的异化倾向，又创造出具有文明辨识度的文化产品。更深层的创新在于文明对话能力的提升：通过"和而不同"的智慧重构文明交流逻辑，以"美美与共"的胸怀参与价值对话，打破了现代化等于西方化的文化霸权，为人类文明进步提供了多元现代性的中国方案。

这种四位一体的创新体系，既包含《易传》"变易—简易—不易"的辩证智慧，又体现马克思"在批判旧世界中发现新世界"的革命精神，最终凝聚成中国式现代化区别于"古今中外"的独特标识。通过持续激活"两个结合"的创新动能，中国正在为人类文明演进提供具有范式意义的中国方案。

第五章 "任人唯贤"的人才观

一直以来，中国共产党坚持"任人唯贤"的用人原则，注重发挥举直错枉的社会作用，善于采纳识贤用贤的方法策略，也正是根据这一原则培养出了大批优秀的干部人才。党的二十大报告提及"任人唯贤"，这充分反映出新时代中国共产党在干部人事工作方面十分注重对中华优秀传统文化以及党优良工作原则的继承。在中华优秀传统文化中，任人唯贤属于选贤任能的重要政治标识之一。新时代，聚天下英才而用之，在坚持政治标准，涵养风清气正的政治生态，全方位考察干部等领域，"任人唯贤"依然具有十分重要的时代意义。

一 "任人唯贤"：古代治国理政中的重要经验

人是历史发展的主体和决定性因素，在人类社会发展史上，每一个时代都不能离开人才，选人用人十分重要。中国古代，"汤用伊尹，周文王用姜太公，秦始皇用李斯，汉高祖用张良，汉光武帝用邓禹，李渊用房玄龄，赵匡胤用赵普，朱元璋用刘基……"[1]。也正是因为贤才聚集，才呈现了一个又一个"盛世"。在信息技术、

---

[1] 牟广熙：《民间儒者的一颗仁爱之心》，人民出版社2017年版，第89页。

知识经济快速发展的今天，人才的重要性更是不言而喻。党的十八大以来，以习近平同志为核心的党中央将人才工作提到前所未有的高度，从人才大国向人才强国迈进的过程中，高度重视培养高素质、专业型、创造型人才的重要性，强调加快确立人才优先发展的战略布局。由此可见，人人皆可成功、成才，人人尽展其才。无论在什么时期，人才始终是国家、民族、社会发展中的基础性持久性力量。

（一）思想溯源

自古以来，中华民族在长期的生产生活过程中积累了丰富的宇宙观、社会观、道德观。在这些彼此联系的宝贵思想当中，"任人唯贤"就是古代人治国理政的重要思想。尧舜禹时期便已出现了选贤实践，周代则有乡举里选制。从汉代开始，历史上先后出现了三种重要的选举制度，即察举制、九品中正制和科举取士制，这些早期的实践探索为中国历朝历代挖掘、培养了大量人才。这些制度旨在把人培养为圣贤、将德才兼备的人才选拔出来，进而贤者在位，能者在职。

"任人唯贤"这个概念，最早出自战国伊尹《尚书·咸有一德》："……任官惟贤材，左右惟其人……"在这里，"任官惟贤材，左右惟其人"的意思是任命官吏当用贤才，任用左右大臣当用忠良。据此引申出任人唯贤，内容上主要是指选用人才只以德才为标准，而不是将别人跟自己的关系放置在第一位。在这部作品当中，除去"任官惟贤材，左右惟其人"之外，还存在着对其他几个方面的强调。诸如注重"德"，此处的"德"必须是"纯一之德""上天难信，天命无常。经常修德"（《尚书·咸有一德》）等等，甚至，其中对于"纯一之德"的重视，已经上升到"保君位""九有以亡"（《尚书·咸有一德》）的层面。实际上，

第五章 "任人唯贤"的人才观

这里的"贤"就是开导佑助天命的人，就是纯德的君，就是去消皇天不安的人。贤者的工作在于拥有九州的民众，革除虐政，人民归向"纯一之德"的人。此处的"贤""任官"的核心指向就是在于"德纯一"，只有做到人的"德纯一"，才能接受上天的"明教"，这说明上天佑助纯德的人。与此同时，具备了"纯一之德"，就可以实现"吉利的行动"，并且"没有凶险"。在这部作品中，将上天降灾降福的东西归结为"德"，而且此处的"德"是始终如一、不间断的。君上的德始终如一而不间断，大臣协助君上协助下属治理人民的德始终如一而不间断，并且重视慎重、和谐、专一、以善为准，安享先王的福禄。从具体操作上来看，君主没有人民就无人任用，人民没有君主就无处尽力。不可自大而小视人，小视人就不能尽人的力量。平民百姓如果不各尽其力，人君就不可能有人民的帮助去建立功勋。

在《诗经·大雅·文王》中，也有"任人唯贤"方面的记载。先秦时代，古人就在歌咏吟唱着人才的重要性。诸如，《诗经·鹿鸣》几乎就是特地为聚拢人才、招贤纳士而歌："呦呦鹿鸣，食野之蒿。我有嘉宾，德音孔昭。"含义是，自己身边的贤士都品德高尚、声名显耀，有了这样的队伍，事业才能大有可为。《大雅》的首篇，旨在歌颂文王姬昌，此论可谓简明得当。在这一篇著作当中，赞美的语言毫不吝啬地都给了文王，"文王神灵升上天""文王神灵升降天庭"（《诗经·正诂》），在其中还具体赞美了文王的事迹：勤勉进取、深谋远虑、贤良优秀的众多人才、风度庄重而恭敬、行事光明正大又谨慎、修养自身的德行等方面，就涉及了"任人唯贤"的具体方面。"思皇多士，生此王国。王国克生，维周之桢；济济多士，文王以宁"（《诗经·正诂》）。由此可以发现，"任人唯贤"属于文王"神灵升上天""神灵升降天庭"（《诗经·正诂》）的一种具体原因表现。在过去的社会语境下，古人已经将"任人唯贤"看作成为君子圣人的基本组成部分。对于今天的人们而言，先秦这一时期的思想既有可取的地方，也有神秘化、个人崇拜化的朴素倾向，需要结合具体时代做出客观的判断。

在《论语》中，也有诸多关于"任人唯贤"的说法。子路问政，子曰："先之，劳之。"请益，曰："无倦。"仲弓为季氏宰，问政，子曰："先有司，赦小过，举贤才。"（《论语》）在此处，子路问孔子一些管理政事、为政之道的问题。孔子说：先责成手下负责具体事务的官吏，让他们各负其责，赦免他们的小过错，提拔贤能的人。仲弓又问：怎样才能知道哪些人是贤才并把他们选拔出来呢？孔子说：选拔你所知道的，那些你所不知道的，别人难道会埋没他吗？在此处实际上就涉及任人唯贤在具体操作层面上的问题。孔子将"任人唯贤"放置到政治层面来谈，话语当中非常强调"任人唯贤"的次第、顺序的重要性。这就涉及完善的制度、岗位的分配、分工的流程，等等领域。

从孔子的观点来看，要"先有司"（《论语》）。一个团队企业，要先有司，各行其位，自行运转，这才是一个良性发展的前提。每个地方都要根据自身的情况和需求，制定责任、人员，有了这样一套完整系统，然后就会有秩序。比如，在一个学校里面，做教师的有教师的样子，做学生的有学生的样子。在这种情况下，师生才能和睦美满，如果越了位，不懂得做自己位置该做的事情，就会出现一片混乱，没有秩序。"司"这个方面的问题包含了很多的范畴，岗位的制定，人员的分工，等等。正如《中庸》当中所提到的"天地位焉，万物育焉"，意思是天地各遵其位，万物自然生育，自然发育，自然成长，天该刮风的时候刮风，该下雨的时候下雨，该出太阳的时候出太阳，该出月亮的时候出月亮。如果该刮风的时候不刮风，万物不生。如果该下雨的时候不下雨，庄

第五章 "任人唯贤"的人才观

稼就会枯萎。如果该出太阳的时候不出太阳，万物没有光照，也无法生长。如果没有黑夜，没有月亮的出现，一直有光照，人和作物、万物都会变得枯死。所以天地位焉，万物育焉。

同时，孔子认为要"赦小过"（《论语》），这句话主要是强调从政者要懂得赦免小的过错。倘若天天盯着一些小的过错，就不容易服众。实际上，这句话也告诉了人们德与才之间的关系。就比如，一个人的能力问题属于小过，一个人的仁德、仁行属于原则性问题。正一个人的心，修一个人的身，这是大的问题。在"任人唯贤"方面急切渴望以德服人，最重要的就是需要多在意那些重要的原则性方面。新时代加强师德师风建设就体现了对人才的原则性方面的重视和要求。

此外，孔子谈到了"举贤才"（《论语》），即举直错诸枉，能使枉者直。也就是在工作当中举那些贤德的人，举那些中正之人，举那些忠信之人，举那些积极之人，举那些向上之人。这样做的好处是，一些有小过错的人就会跟着去学习效仿。"君子之德风，小人之德草"（《论语》），举贤才，举正直的人，坐在该坐的位置上，有小过的人，自然就会去改正。孔子还提出"举尔所知"（《论语》），当然，在此处的举尔所知并不是现代意义上的"任人唯亲"。实际上，此处的"贤"，首先必须是自己所认可的并已经呈现的贤，也被大多数人所知道的贤。每个人尽自己的本分去推举自己心中的"贤"。这就要求我们要有识人之能，要有识人之智，要有识人的思维，要懂得主动去发现人才。举贤才就是在亲民，在帮助这个人，同时也是在明自己的德。有德行的并有包容之心的执政者，才可能去举贤才，所以懂得修身，就是明德亲民，就是在止于至善。

在《中庸》中有一些概念表述也与"任人唯贤"相关联。诸如，"任人唯贤"的最高信条。"诚者天之道，诚之者人之道"。

在子思看来，无论天道、地道还是人道，归根到底就是一个字，那就是"诚"字。人们常说"天道不欺""天道有成"，就是说，天道的运行遵循"诚"的法则，此处的诚就是德的体现。作为儒家方法论的经典作品，《中庸》当中还有很多关于圣贤的概念表述："唯天下至诚，为能经纶天下之大经，立天下之大本，知天地之化育"，内容上是指只有天下最真诚的人，才能制定治理天下的法则，树立天下的根本，掌握天地养育万物的深刻道理。中庸思想中所说的"诚"，不是简简单单的"诚实"概念，实际上在其中也突出了"贤"的标准。不过，中庸思想所说的"诚"是更加抽象化的"贤"，也是更高境界的"贤"。《中庸》相当于是把"贤"拉到了本体论的高度，提到了万事万物最根本的出发点和最深层的根本性高度，属于站在天地之本、万物之本、做人之本的层面去谈论贤。

此外，孟子也提出关于"任人唯贤"的一些精彩观点："贵德而尊士。贤者在位，能者在职，国家闲暇。及是时，明其政刑。虽大国，必畏之矣"[1]，与这一思想呼应的，孟子还提到了"有德谓之贤""以德为本""德本财末""从善不从众"[2]，等等。在《墨子·尚贤》中有记载："尚贤者，政之本也。"[3]《墨子》有云："国有贤良之士众，则国家之治厚；贤良之士寡，则国家之治薄。"意思是国家拥有贤良的人多了，国家的治理就会坚实，贤良的人少了，国家的治理就会薄弱。在《贞观政要》中也有这样的论述："为政之要，惟在得人，用非其人，必难致治。"[4] 类似的表达也

---

[1] 曾振宇校注：《孟子新注》，人民出版社2012年版，第47页。
[2] 陈昇：《"孟子"讲义》，人民出版社2012年版，第323页。
[3] 郭沫若：《中国史稿》（第二册），人民出版社1979年版，第65页。
[4] 汤俊峰：《中国共产党百年兴盛的活力密码》，人民出版社2021年版，第111页。

出现在《资治通鉴》中："为治之要，莫先于用人，而知人之道，圣贤所能也。"明太祖朱元璋说："构大厦者，必资于众工；治天下者，必赖于群才。"明代张居正说："任官惟贤才，左右惟其人""世不患无才，患无用之之道。"

综上所述，在治理国家的过程中，"贤"实际上是延续和扩大了以"德"为核心的理念，强化了对治理能力方面的要求。这也就意味着在治理国家方面，仅仅依靠高贵的血统、权力、地位是不够的，必须选拔一些有专门学问的能人、贤人。从整体上来分析，在古代治国的过程当中，人们不断强调的是一种"有德"的目标，也在尽量克服"德不足"的短视。这里的贤与德是相融而生的，只有这样，古代社会才能不断实现贤能治国、良政善治。

（二）古代"任人唯贤"的四个进阶

在"贤+""+贤"的词语构成当中，我们可以看到贤人、贤明、贤良、贤能、贤勇、优贤，等等词语组合，从词性上来分析，与"贤"相关的基本上都是褒义词。这说明"贤"理念对于建构一个社会群体的整体价值来讲，是非常重要的。究竟，如何才能做到实现这种任人唯"贤"呢？在传统文化当中，关于"贤"的行为，又往往被具体划分为尊贤、辨贤、让贤、从贤等不同进阶。

首先，任人唯贤要做到"尊贤"，这是古代治国理政中选人用人的第一步。孔子就是尊贤的典型代表，正所谓"文武之政，布在方策；其人存，则其政举；其人亡，则其政息；故为政在于得人。"[1] 这里的尊贤也就是重视贤人、贤士。在历史经典中，有一则著名的尊贤故事，那就是"一沐三捉发，一饭三吐哺"，意思是

---

[1] 宋立林：《孔子家语译注》，上海古籍出版社2022年版，第10页。

要以礼敬和谦虚的态度赢得贤士。在逐鹿天下的三国时期，曹操在《短歌行》中对天下有才之士强调："山不厌高，海不厌深。周公吐哺，天下归心。"《三国志》里还记载着"倒屣相迎"的典故。蔡文姬的父亲蔡邕，有一次听说神童王粲来访，于是赶忙出门热情相迎，乃至来不及穿好鞋子，把鞋倒着匆匆套上就奔出去迎客。这体现出中国古代吏治"野无遗贤"的重要思想。由此可见，朝野上下，闹市僻壤，皆有贤才，就看选用人才者有没有识才慧眼，有没有用贤之诚。

其次，任人唯贤要做到"辨贤"，这是古代治国理政中选人用人的第二步。比如，子路向孔子请教："卫君待子而为政，子将奚先?"孔子在回答子路在治理国政方面的问题上提出"必也正名乎！"（《论语·子路》）。名分不正，说起话来就不顺当合理，说话不顺当合理，事情就办不成。事情办不成，礼乐也就不能兴盛。礼乐不能兴盛，刑罚的执行就不会得当。刑罚不得当，百姓就不知怎么办好。所以，君子一定要定下一个名分，必须能够说得明白，说出来一定能够行得通。君子对于自己的言行，从来就不会马虎对待。"辨贤"在这里强调的是不以言举人，在治国理政过程中要善于观察与分辨出哪些是真正的人才。这是一个非常复杂的工作。究竟什么样的人才算得上是人才、贤者呢？实际上，这也是自古以来治国理政中存在的客观性难题。那么，如何识人、知人，才算"任人唯贤"？对于这一点，古人也早已准备了一些经验与方法。从概念上来看，"贤"与"能"两个概念之间还是存在较大的不同。在古人看来，贤、能之分即德、才之别。由此可以发现，只有德才兼备者，才能干成事、干好事。东汉学者郑玄注解《周礼》："贤，有德行者。能，多才艺者。"贞观十七年，唐太宗为纪念一起打天下、治天下的二十四位功臣，命大画家阎立本在凌烟阁为功臣描绘了画像。善避嫌疑、决断事理的长孙无忌，

第五章 "任人唯贤"的人才观

临难不改节、当官无朋党的高士廉，无所屈挠、犯颜直谏的魏徵，纯朴忠厚、勇武善战的尉迟恭，这些名臣均在其列。在唐太宗看来，贞观盛世的出现，全靠这些人同心同德、竭力为国。《贞观政要》讲："为政之要，惟在得人，用非其才，必难致治。今所任用，必须以德行学识为本。"可见，"德行学识"在唐太宗看来，是治理国家最重要的条件。宋儒朱熹说："贤，有德者；才，有能者。"《资治通鉴·周纪》中说："才者，德之资也；德者，才之帅也。"在此处，我们可以将其理解为贤和能、德与才的认识变迁，既要选拔有贤德之人，又要注重其才干，即在辨贤任能的基础上重用德才兼备之人。

再次，任人唯贤要做到"让贤"，这是古代治国理政中选人用人的第三步。这里强调的是让更加优秀的人才被选拔出来，让毫无私利、不计功名的人才被委以重任，只有营造出一种让贤的风气与制度，社会才能安定、人民才能幸福。正如魏晋《傅子》中就有相关论述："明君必顺善制而后致治，非善制之能独治也，必须良佐有以行之也。"[1] 分析发现，一个贤明的领导者，要实现社会的安定有序，必须有好的制度，但，这又不是唯一，还需要贤能的辅佐，要将让贤成为一种制度。从这个意义上拓展来看，"让贤"就是推崇公心。正如孟子说过："左右皆曰贤，未可也；诸大夫皆曰贤，未可也；国人皆曰贤，然后察之，见贤焉，然后用之。"(《孟子》)这说明选用人才以公，方得贤才；公正选用人才，公在公心。此处的公心，贵在去私。一个人只有有了公心，才能有识人之明、举贤之胆、容才之量，才能做到唯才是举、任人唯贤。在《吕氏春秋》中，晋平公曾问祁奚谁适合任南阳令，他推荐仇人解狐。晋平公又问他谁适合担任军事统帅，他推荐了

---

[1] 刘余莉：《平治天下——〈群书治要〉治国理政思想研究》，人民出版社2019年版，第10页。

自己儿子祁午，结果都证明祁奚荐人得当。晋平公问：你为何既举荐你的仇人，又推荐与你关系密切的人呢？祁奚答道：您问的是何人能胜任，并非问及与我的关系呀！总之，"任人唯贤"主要指向的是"公心"，这是一种贤者产生的标准。同时，此处还否认了指向"私心"的"任人唯亲"。

最后，任人唯贤还要做到"从贤"，这是古代治国中选人用人的第四步。这里强调的是用贤、听从、遵从贤士的意见，从善不从众。东汉王符指出"治世不得真贤，譬犹治疾不得真药也"（《潜夫论·思贤》）。历史上，历朝历代强调"为政之要，惟在得人""育才造士，为国之本"（《贞观政要》）。在中华优秀传统文化中，还有着我劝天公重抖擞，不拘一格降人才，司马光的取才之道是当以德行为先。此外，许多"任人唯贤"的美谈故事——文王渭水访贤①、周公吐哺礼贤②、萧何月下追韩信③、西汉刘敬，等等都有"从贤"的指向性。贤能之士才能够"朝为田舍郎，暮登天子堂"（《琵琶记》）等，说明尚贤爱才、任人唯贤是中国自古以来就有的选拔人才使用人才的传统经验智慧。

---

① 渭水访贤是历史上一个比较有名的典故，周文王决心推翻商纣，通过周易卜卦，前往渭水寻贤。在渭水边上，他遇到了直钩钓鱼的姜子牙。
② 周公吐哺，中国成语，典出《史记》卷三十三《鲁周公世家》。周公礼贤下士，求才心切，进食时多次吐出食物停下来不吃，急于迎客。后遂以"周公吐哺"等指在位者礼贤下士之典实。同源典故还存在着一饭三吐、三哺、三捉发、吐哺周公等。
③ 秦末农民战争中，韩信仗剑投奔项梁，项梁兵败后归附项羽。他曾多次向项羽献计，始终不被采纳，于是离开项羽前去投奔了刘邦。有一天，韩信违反军纪，按规定应当斩首，临刑时看见汉将夏侯婴，就问道："难道汉王不想得到天下吗，为什么要斩杀壮士？"夏侯婴以韩信所说不凡、相貌威武而下令释放，并将韩信推荐给刘邦，但未被重用。后韩信多次与萧何谈论，为萧何所赏识。刘邦至南郑途中，韩信思量自己不容易受到刘邦的重用，中途离去，被萧何发现后追回，这就是小说和戏剧中的"萧何月下追韩信"。这个典故主要是说明人不得志。

综上所述，任人唯贤并不仅仅是一种思想观念，更体现在实际行动上。思想不断引领实践，实践不断升华人的认识，尊贤、辨贤、让贤、从贤的故事才能从古到今一直连绵不断。

（三）古代"任人唯贤"的实践镜鉴

治国理政有"常道"，无论在什么时期，人才都是政治生活中的最大变量。一般而言，在古代所谓的"盛世"中，有一个常见的现象，那就是每一个"盛世"都可以看到圣明的君主、良好的制度、贤良的辅弼之人。然而，在回顾古代治国理政的历史过程当中，我们也能发现一些用人的变数现象，这给了我们很多"任人唯贤"的实践启示。比如，冯唐易老，李广难封，壮志难酬，有识之士不被重用，千军易得，一将难求，皇帝身边多佞臣，千里马常有而伯乐不常有，等等。

一般而言，这些古代治国理政用人上的变数现象往往与一个王朝的覆灭有着直接的关系。比如，秦二世用赵高、唐明皇用杨国忠、宋高宗用秦桧、李自成用牛金星……唐太宗曾感叹："何代无贤？但患遗而不知耳"[①]。可见，在任人唯贤这个问题上，除去贤人自身的培养过程，还存在着一个识贤用贤的实践过程。

在司马光《资治通鉴》的开篇，就谈到了"智瑶之亡"。司马光认为人们很难识别才与德："聪察强毅之谓才，正直中和之谓德。才者，德之资也，德者，才之帅也。"

从这里，我们能够发现，在治国理政的实际用人过程中，才属于德之资，德属于才之帅。德是德行，根基，具有统摄性，就好比一个船的掌舵者。也正是基于这个标准，司马光将人分成四个层次："才德全尽是圣人，才德兼亡是愚人，德胜才者是君子，

---

① 骈宇骞、骈骅：《贞观政要》，中华书局2009年版，第78页。

才胜德者是小人。"具体来看，只有德才兼备的人，才是我们所说的贤者。德与才都不具备，或者只有一个方面，都是不行的。举用人才，如果得不到圣人、君子，与其得到小人，不如得到愚人。这是因为，比起毫无建树的无知愚人，有才干的"小人"将会给国家社会发展带来更大的隐患。

综上所述，以史为鉴，我们可以发现，在古代治国理政的文献与实践中存在着大量的任人唯贤的探索。"举直错诸枉，则民服；举枉错诸直，则民不服。"[①] 任何时代，中国之大，贤才从来并不缺乏，关键是怎样将贤才放置在其应该在的位置上。用当下话语体系来概括，就是一方面要有贤，另一方面就是要"任人唯贤"。我们要有好干部人才，也要有识别好干部人才、敢于用好干部人才的伯乐，只有这样，才能做到所知识别、举荐贤能、所用不疑、善安善终，最终实现贤者在位，能者在职，以德为本，循名责实，选贤任能。

二 中国共产党"任人唯贤"的制度设计

在中华优秀传统文化中，"任人唯贤"一直贯穿于历史上的各个时期，熠熠生辉，属于典藏总汇当中的一种思想，也是文化渊薮的一部分。在中国共产党的历史上，人才资源是第一资源，通过"任人唯贤"，我们能近距离感受到这种经过长时间革命、建设、改革实践所呈现的用人原则性。

马克思恩格斯在《1848年至1850年的法兰西阶级斗争》中就曾经阐述了人才的概念，即"置身于官方反对派的行列或者完全处于选举权享有者的范围之外的有上述阶级的意识形态代表和

---

① 彭富春：《论孔子》，人民出版社2019年版，第232页。

代言人，即它们的学者、律师、医生等等——简言之，就是它们的那些所谓的专门人才"①。这也就意味着，当正确的政治路线和任务目标确定之后，干部人才的使用就是作为一种事业成败的决定性因素而存在。中国共产党一直以来就有"任人唯贤"的优良传统。与德才兼备一起，"任人唯贤"属于中国共产党最重要的干部路线。新时代，在向第二个百年奋斗目标奋进的新征程上，中华民族伟大复兴的事业还需要一代一代人的艰苦奋斗、坚持不懈去完成。识别人才、选拔人才、使用人才就是其中最为关键的根本性话题。

（一）《中国共产党章程》中的"任人唯贤"

《中国共产党章程》是中国共产党为实现党的纲领、开展正规活动、规定党内事务所规定的根本法规，是党赖以建立和活动的法规体系的基础，是党的各级组织和全体党员必须遵守的基本准则和规定，具有最高党法、根本大法的效力。"任人唯贤"在《中国共产党章程》中就存在着两处直接的具体阐述。

第一处"任人唯贤"具体表述是在《中国共产党章程》的总纲里面。"全面贯彻习近平新时代中国特色社会主义思想，以组织体系建设为重点，着力培养忠诚干净担当的高素质干部，着力集聚爱国奉献的各方面优秀人才，坚持德才兼备、以德为先、任人唯贤，为坚持和加强党的全面领导、坚持和发展中国特色社会主义提供坚强组织保证。"②

在理解其中的"任人唯贤"时，我们需要将其与这一段落当中的组织路线、组织体系、组织保证等方面联系起来。比如，在

---

① 《马克思恩格斯选集》第1卷，人民出版社2012年版，第447页。
② 《中国共产党第二十次全国代表大会文件汇编》，人民出版社2022年版，第126页。

红军初创时期，成分复杂，有工人、农民和小资产阶级等，加上环境恶劣，出师艰难，部队的士气受到了很大的影响。士兵、基层军官不知出路何在，就连一些指挥员的思想上也产生了动摇。对此，毛泽东等深入到官兵中间，梳理各种思想问题，亲自做工作，提炼工作经验，使之上升为理论。在《关于纠正党内的错误思想》中，毛泽东指出了当时红军存在的种种错误思想，也给出了纠正错误思想的具体方法。如提高党内政治水平、编制法规、明确任务、加强教育，等等。环境造就人，革命初期，思想上出现了多元化，难免会出现打小算盘的情况。正是在这样的背景下，毛泽东等把众人聚集到"为人民服务"的大旗下，共同为之奋斗，让众人知道在为谁当兵为谁打仗。正如他在《留守兵团政治工作报告》中明确提出：在物质基础上，思想掌握一切，思想改变一切。从这些表述可以看出，毛泽东已经有了注重把思想作为管理人才的根本，将思想教育作为管理部队和人才的基本途径。可见，人的思想工作无疑是最难做的，但如果能做得好，其威力则是无比强大的。

第二处"任人唯贤"的具体表述是在《中国共产党章程》中第六章关于党的干部表述第三十五条："党的干部是党的事业的骨干，是人民的公仆，要做到忠诚干净担当。党按照德才兼备、以德为先的原则选拔干部，坚持五湖四海、任人唯贤，坚持事业为上、公道正派，反对任人唯亲，努力实现干部队伍的革命化、年轻化、知识化、专业化。"[①]

这里的任人唯贤是对党的干部、党的骨干的原则要求。我们能够发现，在《中国共产党章程》中，任人唯贤有着"任人＋唯贤"两层指向性的意思存在。第一个指向性主要是体现在宏观方

---

① 《中国共产党第二十次全国代表大会文件汇编》，人民出版社2022年版，第92页。

第五章 "任人唯贤"的人才观

面的识人、选人、用人领域，属于一种与利益、冲突和权力有关的政治系统。第二个指向性主要是体现在微观方面，体现出了新时代干部选用有关的具体要求。为了适应革命斗争和建设的需要，中国共产党人历来重视党的教育事业，并通过创办学校，科学规范培养人才。

从抗战初期起，中国共产党便高瞻远瞩地意识到知识分子对于革命事业的关键作用，积极向他们发出诚挚邀请，欢迎其奔赴延安，投身于意义非凡的人才培养工作之中。在此期间，中国共产党精心创办并对多所学校进行合理改编，如赫赫有名的抗日军政大学、底蕴深厚的中央党校、理论研究前沿的马列学院等。这些学校犹如革命的摇篮，源源不断地为革命事业培育出大批优秀人才，成为推动革命进程的中流砥柱。毛泽东更是以身作则，以极大的热忱深度参与到学校的各项工作中。他不仅亲自前往学校进行悉心指导，还主动承担授课任务，用自己渊博的知识和深刻的见解为学员们点亮思想的灯塔。同时，他频繁开展演讲，以激昂的话语鼓舞着学员们的斗志，激发他们为革命事业奉献一切的决心。更为重要的是，毛泽东凭借其卓越的领导才能和高瞻远瞩的战略眼光，为这些学校精准制定培养目标，精心规划课程内容，确保教学工作紧密围绕革命实际需求展开，培养出的人才能够迅速适应革命斗争的复杂环境。在践行"任人唯贤"这一重要理念的过程中，中国共产党始终坚定不移地注重理论联系实际，全力推动"训战结合"模式的深入实施。在战火纷飞的战争年代，这一理念体现得淋漓尽致。毛泽东在给前方将领的众多电报和指示中，充分展现了对下属的高度信任和尊重。许多电报中都明确写有"请酌办""望机断行之""请将你们意见电告""请按实情决定""望酌情机断行之"等语句，甚至还专门嘱咐将领们要"临机处置，不要请示"。这绝非简单的放权，而是基于对将领们能力的充分认可和信任，相信他们在面对瞬息万变的战场局势时，能够凭借自身丰富的战斗经验和卓越的军事才能，灵活果断地做出最为恰当的决策，从而把握战机，赢得胜利。这种充分发挥下属主动性和创造性的做法，极大地激发了前方将领们的积极性和责任感，使他们能够在战场上充分施展自己的才华，为革命事业立下赫赫战功。

综上所述，党章作为党的总章程，集中体现了党的性质和宗旨、党的理论和路线方针政策、党的重要主张，规定了党的重要制度和体制机制，是全党必须共同遵守的根本行为规范。"任人唯贤"之所以能够在党章中有两处直接的提及，还在其他方面有诸多间接的涉及，这充分反映出中国共产党在顶层设计上就将"任人唯贤"放置在了非常重要的位置，这是"任人唯贤"理论的精华，也是"任人唯贤"实践的指向。

（二）党的历史文献中的"任人唯贤"

在党的重要会议以及重要历史文献中，"任人唯贤"也是经常出现，这与《中国共产党章程》对"任人唯贤"的重视，遥相呼应、相互印证。我们可以将《中国共产党章程》看作"任人唯贤"的"树的主干"，会议与历史文献中的表述就可以被看作"树的枝叶"。

新民主主义革命时期，在1938年10月14日召开的六届六中全会上，毛泽东作了政治报告《论新阶段》，在第七部分"中国共产党在民族战争中的地位"中提到："有独立的工作能力，积极肯干，不谋私利为标准，这就是任人唯贤的路线。"[①] "必须善于识别干部。不但要看干部的一时一事，而且要看干部的全部历史

---

① 赵云献：《毛泽东建党学说论（上）》，人民出版社2003年版，第692页。

和全部工作，这是识别干部的主要方法。"① 通过这段话，能够感受到毛泽东将任人唯贤作为识别干部、使用干部的路线方法去对待。他旗帜鲜明地提出了我们党应该坚持干部识别与使用的方法论。具体来看，就是坚决地执行党的路线，服从党的纪律，和群众有密切的联系，有独立的工作能力、积极肯干、不谋私利。这与《中国共产党章程》中的具体提法基本一致。

与此同时，毛泽东也点名批评了一种识别干部、使用干部上的任人唯亲路线。正如，他指出："在这个使用干部的问题上，我们民族历史中从来就有两个对立的路线：一个是任人唯贤的路线，一个是任人唯亲的路线。前者是正派的路线，后者是不正派的路线。"② 什么是任人唯亲？根据毛泽东在《中国共产党在民族战争中的地位》中所阐述的内容，我们可以做一个基本的概括：拉拢私党，组织小派别，属于不正派的不公道的。可见，中国共产党在日常就非常注重培养任人唯贤的好传统，将"任人唯贤"作为中国共产党选任党政干部的重要原则。

在改革开放和社会主义现代化建设时期，随着历史发展、时代变化以及党的具体任务变化，"任人唯贤"也逐步被赋予了新的内涵。1977年党的十一大就提出过认真执行无产阶级"任人唯贤"的干部路线。改革开放初期，干部匮乏，再加上实现四个现代化的紧迫任务，1980年12月邓小平在中共中央工作会议上发表《贯彻调整方针，保证安定团结》的讲话中，专门对"德才兼备、选贤任能"的干部标准进行了具体说明，提出"要在坚持社会主义道路的前提下，使我们的干部队伍年轻化、知识化、专业化……提出年轻化、知识化、专业化这三个条件，当然首先是要

---

① 《毛泽东选集》第2卷，人民出版社1991年版，第527页。
② 《毛泽东选集》第2卷，人民出版社1991年版，第527页。

革命化。所以说要以坚持社会主义道路为前提"①。邓小平关于干部选拔和任用的"四化"方针，从"革命化"即政治品德标准和"知识化"即才干标准进一步拓展了"德才兼备、选贤任能"的内涵。进入新世纪以来，随着世情、国情、党情的深刻变化，2009年1月胡锦涛在党的十七届中央纪委三次全会上指出，"我们党的干部标准是德才兼备、以德为先，德的核心是党性，这就将德与才的关系提升为思想上的统一"②。

中国特色社会主义进入新时代，习近平总书记提出"信念坚定、为民服务、勤政务实、敢于担当、清正廉洁"③的20字好干部标准性，同时，对领导干部科学阐述了"三严三实""四有"等党性要求，选拔任用干部强调要坚持德才兼备、以德为先、任人唯贤。由此来看，中国共产党一直以来都是重视任人唯贤的，这也为新时代聚天下英才而用之打下了坚实基础。

（三）《党政领导干部选拔任用工作条例》中的"任人唯贤"

新世纪以来，"任人唯贤"在实践操作层面被赋予了更为具体的内容。2002年实施的《党政领导干部选拔任用工作条例》第二条指出，"在选拔任用党政领导干部中要遵循的几项基本原则：党管干部原则；任人唯贤、德才兼备原则；群众公认、注重实绩原则；公开、平等、竞争、择优原则；民主集中制原则；依法办事原则"。

从中可以发现，任人唯贤是与德才兼备并列提出，两者是高度关联的用人价值导向，属于进入干部队伍的基本准则。

新时代，在2014年修订版的《党政领导干部选拔任用工作条

---

① 《邓小平文选》第2卷，人民出版社1994年版，第361页。
② 《胡锦涛文选》第3卷，人民出版社2016年版，第298页。
③ 张世良：《怎样炼成好干部》，人民出版社2016年版，第200页。

例》中，对干部选用的基本原则进行了一定调整与丰富，新版的基本原则涉及以下几个方面：党管干部；德才兼备、以德为先，五湖四海、任人唯贤；事业为上、人岗相适、人事相宜；公道正派、注重实绩、群众公认；民主集中制；依法依规办事。

在党政领导干部选拔任用的几个原则当中，德才兼备位置提前，凸显出了其在任人唯贤中的地位重要性，与此同时以德为先，五湖四海也被充实其中。在《党政领导干部选拔任用工作条例》的第六条当中，还针对性地对党政领导干部的基本条件进行了较为全面的阐述，涉及马克思主义世界观方法论、理想信念、解放思想，实事求是、事业心责任感、清正廉洁、勤政为民、民主集中制等方面。

整体来看，"任人唯贤"在党政领导干部选拔任用过程中越来越被重视，其中所包含的内容也越来越丰富。在党章、文献、条例之外，"任人唯贤"的相关表述还出现在党的重大文件中。党的二十大报告再次提到了任人唯贤："坚持和发展马克思主义，必须同中华优秀传统文化相结合……，其中蕴含的天下为公、民为邦本、为政以德、革故鼎新、任人唯贤、天人合一、自强不息、厚德载物、讲信修睦、亲仁善邻"[①] 等。

综上所述，无论是在党的章程、党的文献、法律法规还是党的会议文件中，"任人唯贤"这一思想贯穿始终，被放置在非常突出的位置。这显示出了中国共产党在治国理政方面非常重视"任人唯贤"，这一理念与中华优秀传统文化和科学社会主义价值观有着高度的契合。

[①] 习近平：《高举中国特色社会主义伟大旗帜 为全面建设社会主义现代化国家而团结奋斗——在中国共产党第二十次全国代表大会上的报告》，人民出版社2022年版，第19页。

三 "聚天下英才而用之"：新时代"任人唯贤"的实践新篇

人才是"国之重器"，在全面建设社会主义现代化国家，实现中华民族伟大复兴的新征程中，必须"聚天下英才而用之"。[①] 这句话是对孟子"得天下英才而教育之"（《孟子·尽心上》）的化用。当前，世界各国的形势复杂多变，贫困、环境、安全等问题层出不穷，人才因素越发变得重要，任人唯贤日益成为世界共识。新征程上，我国还面临着人才结构失衡，创新能力不强，顶尖人才匮乏，管理体制不顺，机制不够完善，自主创新能力不足，高端人才缺乏，创新环境不优，人才短缺和引进人才困难等诸多问题。那么，如何才能做到海纳百川，留住人才、用好人才呢？新时代，习近平总书记始终着眼于中华民族伟大复兴战略全局和世界百年未有之大变局"两个大局"，对解决人才问题进行了战略性、系统性、科学性的谋篇布局。聚天下英才而用之，逐步成为全社会"任人唯贤"的新共识、新正统、新根基。正如在2013年全国组织工作会议上，习近平总书记就科学阐述了"信念坚定、为民服务、勤政务实、敢于担当、清正廉洁"的好干部标准，赋予了德才兼备、选贤任能以新时代内涵。

（一）聚天下英才而用之"坚定信念"

强国建设，复兴伟业，需要更加坚定的信念。时不我待，催人奋进。2013年6月28日，习近平总书记在全国组织工作会议上发表重要讲话指出："我们党历来高度重视选贤任能，始终把选人

[①] 宋圭武：《聚天下英才而用之》，《光明日报》2022年8月22日第2版。

用人作为关系党和人民事业的关键性、根本性问题来抓。"① 2017年10月18日，习近平总书记在中国共产党第十九次全国代表大会上的报告中进一步指出："要坚持党管人才原则，聚天下英才而用之，加快建设人才强国。"② 这里的"党管干部""党管人才"就是在强调信念、方向的重要性。

信念坚定，这是革命、建设和改革中重大历史经验，也是新时代国家治理的优势所在。"任人唯贤"思想经过长期演进，内容不断丰富。然而无论历史怎样演变，对于中华民族而言，任人唯贤都不能短视其信念因素，都需要始终指向中国特色社会主义的伟大胜利、中华民族的伟大复兴。坚持德才兼备、选贤任能，聚天下英才而用之，培养造就更多更优秀人才，需要我们"以识才的慧眼、爱才的诚意、用才的胆识、容才的雅量、聚才的良方，把党内和党外、国内和国外各方面优秀人才集聚到党和人民的伟大奋斗中来"③。与此同时，我们也要反对用人上的不正之风。众所周知，作风是党的性质、宗旨、纲领和路线，也是最能增强党的凝聚力、战斗力的重要方面。无论做什么，都要有好的作风，用什么人、不用什么人以及怎样用人，对党的作风建设具有重要导向作用。这样来看，任人唯贤，聚天下英才而用之也要有斗争性，要敢于去除那些通过买、跑、骗等方式得到职位的人，只有这样，我们的正气感才能树立起来，党的作风乃至整个社会风气才不会恶化。由此可见，新时代，聚天下英才而用之，任人唯贤，首先需要有一种坚定的信念。

---

① 《习近平著作选读》第一卷，人民出版社2023年版，第129页。
② 《习近平著作选读》第二卷，人民出版社2023年版，第53页。
③ 《习近平著作选读》第二卷，人民出版社2023年版，第53页。

（二）聚天下英才而用之"为民服务"

江山就是人民，人民就是江山。一切为了人民，一切依靠人民，努力让全体人民在共同奋斗中共享改革发展成果。推进中国式现代化，必须坚持以人民为中心。我们要始终牢记党的根本宗旨和国家性质，牢记人民至上，为人民服务，这是任人唯贤的宗旨内涵所在。2013年6月28日，习近平总书记在全国组织工作会议上发表重要讲话指出：我们党历来高度重视选贤任能，始终把选人用人作为关系党和人民事业的关键性、根本性问题来抓。这里的"党和人民事业的关键性、根本性"就体现出了新时代好干部高人才的选用标准。

衙斋卧听萧萧竹，疑是民间疾苦声。些小吾曹州县吏，一枝一叶总关情。不论在什么岗位上，从事什么工作，都要识民情、接地气，身体力行党的宗旨，认真贯彻党的群众路线，着力解决好人民群众最关心最直接最现实的利益问题，都要将人民对美好生活的向往，作为奋斗目标。"才者，德之资也；德者，才之帅也"（《资治通鉴》）。新时代，聚天下英才而用之，既要用之博大，也要用之精深。要实现为人民服务的"任人唯贤"，也就是要又红又专，重德但不能轻才。什么是红呢？这里的红就是要求具有坚定为人民服务的政治方向，坚持四项基本原则；什么是专呢？这里的专就是要学习和掌握现代化强国建设的专业知识，提高为人民服务的能力，成为其中的内行和能手。人才能力层面的专不等于红，但红需要专。我们对"为人民服务"的红一定要有深刻的认识，特别是要警惕那些抬轿子的人；同时，要善于发现有操守之人，不惜登门求贤，专者的红能不能表现出来，往往缘于是否能得到选用领导的知遇。所以，我们需要根据自身事业发展，以重德行、强政治、守忠诚、爱干净、高素质、有担当为标准性，建立能者上、平者让、庸者下、劣者汰的选用人才机制，营造尊重科学、尊重人才、任人唯贤的积极氛围。

(三) 聚天下英才而用之"勤政务实"

撸起袖子加油干，开弓没有回头箭。新时代"任人唯贤"需要勤政务实，就是实事求是，就是真抓实干，这是解决问题、化解矛盾、推动工作的基本方法。"邦之兴，由得人也；邦之亡，由失人也。得其人，失其人，非一朝一夕之故，其所由来者渐矣"（白居易《策林·辨兴亡之由》）。2016年4月19日，习近平总书记在主持网络安全和信息化工作座谈会上指出："人才是第一资源。古往今来，人才都是富国之本、兴邦大计。"[①] 要把我们的事业发展好，就要聚天下英才而用之。要干一番大事业，就要有这种眼界、这种魄力、这种气度。

经过75年的艰苦奋斗，中国式现代化已经展开壮美画卷并呈现无比光明灿烂的前景。同时，前进道路不可能一马平川，必定会有艰难险阻，可能遇到风高浪急甚至惊涛骇浪的重大考验。新时代，要把发展牢牢抓在自己"手"中，喊破嗓子不如甩开膀子。"宰相必起于州部，猛将必发于卒伍"（《韩非子·显学》）。唯有埋头苦干、真抓实干，才能促进美好蓝图如期实现。试玉要烧三日满，辨材须待七年期，识人之智，就是要善于识别干部，不能有遗漏。这是一项非常艰巨的工程，有时需要打破一些常见的思维范式。那么，怎样才能识别干部呢？有一些干部浮、懒、散、粗、怯、吹、虚，以会议落实会议，以文件执行文件，以讲话贯彻讲话，一般而言，我们在选用干部时，不但要看干部的一时一事，而且要看干部的整体表现和工作效果。这就要求我们选用人才时，要对其社会关系、社会经历和工作表现进行较为全面的历

[①] 《习近平讲故事》（第二辑），人民出版社2022年版，第116页。

史的分析，而不能以点掩面、以偏概全，要有经得起实践、人民、历史的检验。我们要真正把那些心思想事、本领干事、目标成事的干部人才用起来，用好。

（四）聚天下英才而用之"敢于担当"

时代在不断前进、事业在不断发展，理论创新和实践创新一刻也不能停止。不断开辟马克思主义中国化时代化新境界，是当代中国共产党人的庄严历史责任。2014年8月18日，习近平总书记主持召开中央财经领导小组第七次会议强调："创新驱动实质上是人才驱动。为了加快形成一支规模宏大、富有创新精神、敢于承担风险的创新型人才队伍，要重点在用好、吸引、培养上下功夫。要用好科学家、科技人员、企业家，激发他们的创新激情。"[①]

新时代新征程上，我们要坚持守正创新，不忘老祖宗，始终走正道、善于闯新路，让理论之树常青、事业之树常青，不断以新的作为、新的成就告慰老一辈革命家。迎难而上，敢抓敢管，敢于碰硬，敢于担当，在大是大非面前敢于亮剑，敢于同歪风邪气坚决斗争，是好干部的基本标准、基本素质、政治品格和精神风貌。尤其是在进一步全面深化改革的过程当中，党的事业更需要事事出于公心，时时摒弃私心的以人为本的好干部。海纳百川，有容乃大，新时代，习近平总书记提出"三个区分开来"[②]，这也

[①] 《以习近平同志为核心的党中央治国理政新理念新思想新战略》，人民出版社2017年版，第58页。

[②] 2016年1月18日，习近平总书记在省部级主要领导干部学习贯彻党的十八届五中全会精神专题研讨班上的讲话中提出"三个区分开来"，即"要把干部在推进改革中因缺乏经验、先行先试出现的失误和错误，同明知故犯的违纪违法行为区分开来；把上级尚无明确限制的探索性试验中的失误和错误，同上级明令禁止后依然我行我素的违纪违法行为区分开来；把为推动发展的无意过失，同为谋取私利的违纪违法行为区分开来"。

为选用"敢于担当"的好干部提出了新的工作要求：要把干部在推进改革中因缺乏经验、先行先试出现的失误和错误，同明知故犯的违纪违法行为区分开来；把上级尚无明确限制的探索性试验中的失误和错误，同上级明令禁止后依然我行我素的违纪违法行为区分开来；把为推动发展的无意过失，同为谋取私利的违纪违法行为区分开来。这足以体现出党员干部困难面前敢于担当作为的政治责任和精神追求，矛盾面前敢闯敢试、积极应对，风险面前敢为人先、敢担责任的时代要求。

（五）聚天下英才而用之"清正廉洁"

要坚定不移推进全面从严治党，锻造更加坚强有力的马克思主义执政党。我们要牢记全面从严治党永远在路上、党的自我革命永远在路上，永葆赶考的清醒和坚定，落实新时代党的建设总要求，深入推进新时代党的建设新的伟大工程。清正廉洁、一身正气是共产党人的做人之本，永恒课题，从政之基，是马克思主义政党建设的基本要求。

在任人唯贤方面，列宁也对廉洁机关有"随时撤换""禁止除薪金之外兼有其他收入"等措施。革命时代中国共产党对反腐败现象高度重视。改革开放后，党坚持一手抓改革开放，一手抓惩治腐败。党的十八大以来，党中央以猛药去疴、重典治乱的决心，以刮骨疗毒、壮士断腕的勇气，坚定不移正风肃纪、反腐除弊，消除了党和国家内部存在的严重隐患，党内政治生态进一步改善，党的形象、威信显著提高。实践证明，只有做到清正廉洁，中国共产党才能永葆先进性、纯洁性，才能得到人民的拥护和支持。

得人则安，失人则危。以中国式现代化全面推进强国建设、民族复兴，是新时代新征程党和国家的中心任务。凝聚人心、汇聚力量，是实现新时代新征程党的中心任务的迫切需要。天下英才纷至沓来、源头活水驱动创新的愿景正逐渐变为现实。致天下之治者在人才，要求贤若渴，要如获至宝，要让人才在中国式现代化进程中各尽所能。

第六章 "天人合一"的宇宙观

"天人合一"理念是中华民族弥足珍贵的思想智慧与崇高追求,成为指导中华民族的一种行为准则。习近平总书记在多个场合谈到"天人合一"思想,2014年5月15日,他在中国人民对外友好协会成立60周年纪念活动上的讲话中指出:"中华文化崇尚和谐,中国'和'文化源远流长,蕴涵着天人合一的宇宙观、协和万邦的国际观、和而不同的社会观、人心和善的道德观。"[①]将"天人合一"作为中华文化的宇宙观。2023年6月2日,他在文化传承发展座谈会上指出:"中华优秀传统文化有很多重要元素,比如,天下为公、天下大同的社会理想,民为邦本、为政以德的治理思想,九州共贯、多元一体的大一统传统,修齐治平、兴亡有责的家国情怀,厚德载物、明德弘道的精神追求,富民厚生、义利兼顾的经济伦理,天人合一、万物并育的生态理念,实事求是、知行合一的哲学思想,执两用中、守中致和的思维方法,讲信修睦、亲仁善邻的交往之道等,共同塑造出中华文明的突出特性。"[②]"天人合一"的宇宙观体现了对人与宇宙的哲学思考,构成了中华优秀传统文化的重要组成部分,这种理念对新时代促

---

① 《习近平关于中国特色大国外交论述摘编》,中央文献出版社2020年版,第124页。
② 习近平:《在文化传承发展座谈会上的讲话》,人民出版社2023年版,第2页。

进人与自然、人与社会、人与人各要素间实现共荣共生具有重要的指导意义。

一 源远流长："天人合一"的历史脉络

"天人合一"宇宙观集中体现着中华民族对整个宇宙以及人与宇宙万物关系的根本看法①。"中国人往往将天地宇宙连用，或者直接用'天'代表宇宙，人与宇宙的关系就成为天人关系。"② 这种对于天人关系的思考历史渊源悠久，大致分为以下几个阶段。

远古时期，先民们早就开始探索自然运行规律，"天人合一"思想主要是与农业生产联系在一起，如炎帝尝百草、嫘祖养蚕缫丝、伏羲制历法创八卦等活动。这一时期将"天"理解为具有意志的神明，主要通过占卜、观察天象来解读神明旨意。这是"天人合一"宇宙观形成的萌芽阶段。"天人合一"的思想最早可追溯到商代的天命观。"先王有服，恪谨天命"（《尚书·盘庚上》）指殷人恪守天命。"殷人尊神，率民以事神。"（《礼记·表记》）是说殷人笃信神灵，把神看作万物的主宰，万事求卜问神。这些实际上就是天人关系的彰显，更多表现为天对人的主宰。这种"主宰之天"也经常表现在人们的日常生活中，"吉人自有天相""对天发誓""老天爷在看着你""举头三尺有神明"等，这些都表明给"天"赋予了某种权力，多做好事、善事就会得到"天"的好处，不能欺骗上天和做坏事，否则就会受到上天的惩罚。

到了西周，对天人关系的认识发生了重大转变，天命的获得明显地被赋予政治属性、道德属性，天人有共通的东西。"天视自

---

① 郭齐勇：《天人合一的内涵与时代价值》，《理论导报》2022年第6期。
② 彭菊花：《天人合一的宇宙观及其时代价值》，《湖北大学学报》（哲学社会科学版）2023年第1期。

我民视，天听自我民听。""天矜于民，民之所欲，天必从之。"（《尚书·泰誓》）都强调民意就是天意的反映，为政者遵从民意就是顺应天命。周公的"以德配天"也强调为政者的权力是"天"授予的，有德者才可承受天命。这一阶段的天人关系主要体现为"天命"与"人事"息息相通，这种认识其实就是"天人合一"思想的一种明确表达。同时，这一时期古人也注重环境保护和可持续发展。《伐崇令》强调："毋坏室，毋填井，毋伐树木，毋动六畜。有不如令者，死无赦。"《礼记·月令》记载："是月也，树木方盛，乃命虞人入山行木，毋有斩伐。"这些思想可以看出古人朴素的生态保护理念。

　　春秋战国时期，天人合一成为儒家、道家等重要学派开创者的共识。儒家学派创始人孔子曾言："天何言哉，四时行焉，百物生焉，天何言哉！"（《论语·阳货》），认为"天"即自然界，人要尊重自然规律。孟子也曾表达过类似的观点，"不违农时，谷不可胜食也；数罟不入洿池，鱼鳖不可胜食也；斧斤以时入山林，材木不可胜用也"（《孟子·梁惠王上》）。荀子也指出："草木荣华滋硕之时，则斧斤不入山林，不夭其生，不绝其长也"（《荀子·王制》），这些思想强调人类为了生存需要向自然界索取，但这种索取不能以牺牲自然为代价，可以看出儒家在处理人与自然的关系上强调"尊重自然、保护生态、取之有度"的生态理念。并且儒家还强调人的道德修养要合乎天道，达到天人合一的境界，孟子的"万物皆备于我矣。反身而诚，乐莫大焉"（《孟子·尽心上》）。世间万物之理皆在我心中，自己很真诚地践行这些道理，就很快乐了。这更加明确地表达了人可以通天，人道与天道的一致。道家学派创始人老子的"人法地，地法天，天法道，道法自然"（《道德经》），认为天、地、人三者密不可分，和谐统一，必须顺应自然规律。庄子指出："天地与我并生，而万物与我为一。"

（《庄子·齐物论》）人与自然万物都是天地的产物，处在一个统一体中，指出人与自然是共生共存的关系。这些思想蕴含了早期思想家思考人如何与自然相处的朴素哲学理念。

秦汉时期，为了维护王朝稳定，进一步发展了"天人合一"思想。西汉儒家学者董仲舒指出："天人之际，合而为一。同而通理，动而相益，顺而相受，谓之德道"（《春秋繁露》），认为人与自然万物是相互呼应、和谐有序的，并且提出"天人相类""天人感应"，强调天意与人事的交感相应，天的喜怒哀乐与人的情感相呼应。《吕氏春秋》吸取道、儒两家学说，提出"因性任物而莫不宜当"，强调要遵循事物的本性，实现天人合一。同时指出"竭泽而渔，岂不获得？而明年无鱼；焚薮而田，岂不获得？而明年无兽"，强调人类发展不能只顾眼前利益。这些理念进一步丰富和发展了"天人合一"的内涵。

宋明时期，"天人合一"思想发展到顶峰。北宋张载指出："儒者则因明致诚，因诚致明，故天人合一。"（《正蒙·乾称》），正式提出"天人合一"理念。强调通过个体勤奋与努力，可以实现天道与人道的贯通，达到圣人的境界。程颢、程颐、朱熹、王阳明等理学家更是从理论上论证这一思想。陆九渊指出"宇宙便是吾心，吾心即是宇宙"（《杂说》），主张通过内心的修炼，体悟宇宙万物的真理。点明了人心与宇宙的关系。程颢明确提出"仁者，与万物为一体"的论断，将天地人贯通为一体。王阳明进一步提出了"天地万物与人原是一体"（《拔本塞源论》），即"万物一体"思想，是中国哲学史上"天人合一"思想集大成者。这种思想认为，世界是一个不可分割的整体，万物皆有联系。人心与万物一体相通是靠"心之仁"联系起来的。可见，他们认为天与人是相通的，通过内心修养可以参悟天道，达到天人合一的境地。"天人合一"宇宙观历经发展演变，至此形成了较为完整的理论体系。

正确处理人与自然的辩证统一关系，是马克思主义政党的不懈追求。中国共产党自成立以来，就传承和发扬了"天人合一"思想的精华，致力于探索出一条不同于西方的现代化发展道路。新民主主义革命时期，在进行土地改革时强调合理利用土地资源，鼓励开垦荒地、兴修水利。社会主义革命与建设时期，毛泽东发出"绿化祖国"的伟大号召，提出"要使我们祖国的河山全部绿化起来，要达到园林化，到处都很美丽，自然面貌要改变过来"[①]。改革开放和社会主义现代化建设时期，通过立法推进生态环境保护，如颁布《中华人民共和国环境保护法》。中国特色社会主义进入新时代，生态文明建设被提到了治国理政前所未有的高度。

"天人合一"宇宙观蕴含丰富的价值理念，中国古代不同思想家对"天人合一"的宇宙观有不同主张，但基本内涵大致相同，具有深刻的理论意蕴。即"天人合一"宇宙观意味着人与自然命运休戚相关，要正确认识和合理利用自然、尊重自然规律、按照自然规律来生产生活、实现人与自然的共生关系。这反映了中华民族处理天和人关系的基本立场以及思想智慧，对当前我国积极推动生态文明建设以及助力人与自然和谐共生的现代化具有重要的指导价值。

二 "天人合一"的哲学内涵

"马克思主义传入中国后，科学社会主义的主张受到中国人民热烈欢迎，并最终扎根中国大地、开花结果，决不是偶然的，而是同我国传承了几千年的优秀历史文化和广大人民日用而不觉的

[①] 《毛泽东论林业》（新编本），中央文献出版社2003年版，第51页。

价值观念融通的。"① "天人合一"也是推进马克思主义中国化时代化的重要思想之一，与马克思主义哲学有着高度的契合性。

（一）"天"：客观规律性是人类活动的前提

马克思主义关于客观性与主观性辩证统一关系的论述，主要体现在对客观规律性与主观能动性关系的理解上。它揭示了人类认识世界和改造世界的正确道路。尊重客观规律性与发挥主观能动性之间是辩证统一的关系。故而，在改造客观世界的过程中，承认自然界的客观性，乃是人能动地应对好人与自然关系的重要基础。青年马克思认为："历史本身是自然史的一个现实部分，即自然界生成为人这一过程的一个现实部分。"② 他又说，"我们连同我们的肉、血和头脑都是属于自然界和存在于自然之中。"③ 马克思这些精辟论述表明，人类是自然界的一部分，人类自身及其赖以生存的物质生活资料，都依赖自然界。脱离了自然界的前提，实际上人类的发展会停滞不前，甚至人本身也无法独立存在。人类的生存发展离不开自然界提供的物质根基。无论是人类赖以为生的物质生活资料，还是人类自身，绝非脱离自然界的特殊客体，而是从属于自然界不可分割的部分。

在"天人合一"理念中，人类在混沌时期就与自然界融为一体，人类是自然界的产物，由于生产力水平低下，无法与自然界抗衡，人类早期始终依附和敬畏自然。在早期原始的生态观中，认为人类是自然界发展到一定阶段的产物，所以人死后要回归自然，这也是最早土葬的寓意。正如"众生必死，死必归土"（《礼记·祭义》）。可以看出，古人认为人最终要回归自然，这也体现

---

① 《习近平著作选读》第二卷，人民出版社2023年版，第278页。
② 《马克思恩格斯文集》第1卷，人民出版社2009年版，第194页。
③ 《马克思恩格斯文集》第9卷，人民出版社2009年版，第560页。

了最原始、朴素的生态观。关于人是自然界的一部分，有很多重要的论述，"有天地，然后有万物；有万物，然后有男女"（《周易·序卦传》）。世间万物皆是天地的产物，人也不例外，自然是人类生存的根基。老子的"天下万物生于有，有生于无"（《老子·道德经·第四十章》）、庄子的"天道运而无所积，故万物成"（《庄子·天道》）等，这里的天是万物的来源，天即自然界，认为万物是自然界历史发展的产物。"天人合一"实质也是在强调人与自然的关系，人类来源于自然，人与自然本质上是一致的，因此人类要想生存得更好必须按照自然规律办事。马克思主义哲学认为，自然界和人类社会是物质的，并且自然界先于人类产生，为人类生存和发展提供了物质前提，人是自然界长期演化的产物。

可见，中国传统的"天人合一"思想与马克思主义哲学关于人与自然关系的认识，都始终认为，自然界孕育了人类，并为人类的生存发展提供了优渥条件。因此，人类在生产实践中必须遵循自然界的规律，按照客观规律规范人们的日常行为。

（二）"人"：主观能动性是人类进步的动力

发挥人的主观能动性是马克思主义认识论中的重要观点。在认识和改造自然的过程中，发挥主观能动性是至关重要的，它是连接认知与实践、促进人与自然和谐共生的关键要素。马克思指明："有意识的生命活动把人同动物的生命活动直接区别开来。"[①]强调人的主观能动性是区别于动物的显著标识。《1844年经济学哲学手稿》中提到："没有自然界，没有感性的外部世界，工人什么也不能创造。"[②] 人类为了获得满足自身生存和发展的物质资料会对外部世界进行改造，形成劳动产品，而正是依托从自然界获

---

① 《马克思恩格斯选集》第1卷，人民出版社2012年版，第56页。
② 《马克思恩格斯文集》第1卷，人民出版社2009年版，第158页。

得的产品，人类才能更好地满足自身生存和繁殖的需要。列宁指出："人的意识不仅反映客观世界，并且创造客观世界。"[1] 揭示了人能够能动地反映和改造客观世界。

自然界是人类的生命之源和永续发展的前提，人类无论如何都不能摆脱自然而存在。但这也并不表明，人类对待自然界无能为力，人类可以发挥主观能动性利用和改造自然，为我所用，同时仍然是在自然界的领域内进行改造。"顺规律兴，逆规律亡"（《易经》），虽然人们意识到不可逆规律而行，但过分迷信规律则会束缚人自身的发展。传统"天人合一"思想既要求尊重天道规律，也看到了人的主观能动性，要求人道与天道相贯通，充分发挥道德主体的主动性，加强道德修养，从而达到天道水平，"人能弘道，非道弘人"[2]。自古以来，古代思想家们都提倡立志要求仁人志士达到人道与天道相贯通。道家用天道说明人道，道家认为，"是以圣人处无为之事，行不言之教，万物作焉而不辞"（《道德经》），世间万物皆由天道而生，人是万物中的一员，人类活动应效法天道，所以人事与天道是同样运行的。孔子认为"知其不可而为之"（《论语·宪问》），发挥人的主观能动性，变不可为而为之，达到仁的境界。孟子的"是故诚者，天之道也；思诚者，人之道也"（《孟子·离娄上》），天道与人道是合一的，只要诚心进行人道的修养就能到达天道。荀子的"制天命而用之"（《荀子·天论》）也是强调，虽然天命不可违，但可以发挥人的主体性，合理地利用天道。可见，"天人合一"中强调发挥人的主观能动性，主张天道与人道相贯通。

从上述分析可见，中华优秀传统文化和马克思主义基本理论都强调在处理人与自然关系上发挥主观能动性。这不仅有助于深

---

[1] 《列宁全集》第55卷，人民出版社2017年版，第182页。
[2] 朱熹：《论语集注》卷8，中华书局1983年版，第167页。

化对自然的认知,还能促进生态恢复与保护,最终塑造一个更加可持续的未来。

(三)"天人合一":主体性与客观规律性相统一

恩格斯在《自然辩证法》中指出:"人也反作用于自然界,改变自然界,为自己创造新的生存条件。"① 这一观点反映了人可以按照自己的意愿改造大自然。但同时又指出:"但是我们不要过分陶醉于我们人类对自然界的胜利。对于每一次这样的胜利,自然界都对我们进行报复。"② 这是揭露在资本逐利性下,人类以自我为中心,无止境地向自然索取,如经过两次工业革命,造成了资源枯竭、水体污染、生态脆弱等现象,甚至引发了人类的各种疾病。正是在对现实的批判与历史的审视的基础上提出了人与自然的共生和谐。所以这也告诫人类在生产实践中主体性必须尊重自然规律,主体性与客观规律性相统一,才能维护自然的生态平衡,促进人类的永续发展。

"天人合一"的宇宙观不仅强调人可以发挥主观能动性去认识和改造自然,也蕴含了必须尊重自然规律的思想,不人为破坏自然规律,达到人与自然的和谐共生。人与自然相处的过程中,人类的实践行为必须遵循自然界的客观规律。老子的"道法自然"、荀子的"天有行常"都认为自然界是有规律可循的,人发挥主观意志要严格地按照自然规律办事才能达到"道"的境界。人与自然相处的过程中,人类对自然资源的索取要适度。这种适度性其实就是蕴含了人类在改造客观世界发挥主观能动性中意识到必须遵从客观规律,达到二者的统一。因为自然界的承载力是有限度的,一旦人类过度索取,最终受害的是人类本身。人类在获取物

---

① 《马克思恩格斯选集》第3卷,人民出版社2012年版,第922页。
② 《马克思恩格斯选集》第3卷,人民出版社2012年版,第998页。

质生产资料时，必须密切关注自然界的动态，克制人类对物质世界的无止境欲望，维护自然界的平衡状态，实现人类的永恒发展。中国传统文化主张勤俭节约，防止向外在世界过度索取。孔子提出"子钓而不纲，弋不射宿"（《论语·述而》）的思想，表达了人与自然要和谐相处，人可以利用自然满足自身需求，但对待自然要取之有度，可持续性地利用物质世界，促进自然界资源可持续发展，同时也促进人类的可持续发展。李商隐发出"历览前贤国与家，成由勤俭破由奢"（《咏史》）的忠告，朱子家训也谆谆告诫"一粥一饭，当思来处不易；半丝半缕，恒念物力维艰"（《朱子治家格言》）。这些都主张人类活动要符合天道，尊重天道规律，最终达到"天人合一"，即达到主体性与客观规律性相统一。

由上可见，"天人合一"理念与马克思主义在处理人与自然的关系上是不谋而合、殊途同归的，都强调主体发挥主观能动性要遵循客观规律性，二者才能达到平衡，实现人与自然的协调发展。

三 走进生态文明："天人合一"的时代呼应

"天人合一"思想是中华优秀传统文化的重要组成部分，其中蕴含的哲学智慧对中华民族的绵延发展起着不可替代的作用。"天人合一"蕴含人与自然和谐共生的理念，这种理念作为一种生态智慧还可以被巧妙地运用在人与人、人与社会的关系中。如"天地不仁，以万物为刍狗"（《老子·道经·第五章》），是指天地看待万物是一样的，天地和圣人都一样，他们是无私的，对待世间万物，都跟对待刍狗一样，没有丝毫偏袒。这种生态价值观用于处理人与人、人与社会的关系，有利于建立更加和谐的人际关系和社会关系，共同创造一个更加美好的未来。正如习近平总书记指出:"中华优秀传统文化是中华民族的精神命脉。要努力从中华民族世世代代形成和积累的优秀传统文化中汲取营养和智慧,延续文化基因,萃取思想精华,展现精神魅力。"① 下面,以生态文明建设为例,谈一下"天人合一"思想的现代意蕴。

(一)生态维度:构建人与自然的和谐共生的生命共同体

认识源于实践。近代西方工业化与城市化的发展使人与自然的矛盾日益凸显,尤其是20世纪出版的《寂静的春天》《增长的极限》等著作,披露了人类发展的弊端,提醒人类必须重视人与自然的关系。当前全球生态环境问题随着现代工业的发展更加显现,人与自然之间的矛盾更加突出,使越来越多的人更加关注如何处理人与自然之间的关系。

追求人与自然和谐共生。如何认识人的自身行为与自然环境之间的关系,是区分以人类为中心还是以生态为中心的显著标志。人类中心论认为一切以人为尺度,自然是满足人类各种欲望的"资源库"。生态中心论则认为物种优先、生态至上,人类为生态服务。"天人合一"理念则采取中立的态度,"民胞物与",主张人与自然共生、人与自然互为依存,构成了宇宙的和谐统一。正如庄子的"天地与我并生,而万物与我为一"(《庄子·齐物论》),强调人与自然、人与世间万物是互相影响、融为一体的,倡导人与自然和谐相处。在处理人与自然的关系上,倡导尊重自然现象,保护生态系统。唐朝就曾颁布动物繁殖季节不得捕杀的法令,韦应物"鲜肥属时禁,蔬果幸见尝"(《郡斋雨中与诸文士燕集》)、白居易"劝君莫打枝头鸟,子在巢中望母归"(《鸟》)等诗句反映了当时保护自然的朴素思想。这彰显了古人对自然的

---

① 《习近平关于社会主义精神文明建设论述摘编》,中央文献出版社2022年版,第117—118页。

敬畏与尊重，追求与自然和谐共生的思想。然而，粗放型经济发展模式带来了严重的生态污染、能源消耗、环境破坏等问题，这些问题的日益严峻使人们逐渐意识到环境问题关乎人民的幸福感、满足感，也深刻认识到优美生态环境的重要性。面临日益严峻的生态问题，中国共产党致力于从"天人合一"理念中汲取生态智慧，反思和扬弃西方传统工业化道路，探寻一条不同于西方异化人与自然关系的现代化新路。习近平总书记指出："要像保护自己的眼睛一样保护生态环境，像对待生命一样对待生态环境。"[①] 美好的生态环境就如明亮的眼睛一样，能够净化人类的心灵。党的二十大报告指出，中国式现代化是人与自然和谐共生的现代化。因此，要遵循人与自然是生命共同体，要尊重自然、保护自然，不能竭泽而渔、杀鸡取卵，要走可持续发展道路，推动构建人与自然和谐共生的发展格局。

构建人与自然和谐共生的生命共同体是新时代统筹推进高质量发展的应有之义。管仲在论述富国之事时说："山泽救于火，草木植成，国之富也"（《管子·立政》），这句话指出山泽救火、草木繁殖、国家富足，体现着良好生态蕴含经济价值。"纤纤不绝林薄成，涓涓不止江河生"（《周五声调曲》），这是在告诫人们，人应当善待自然，对自然资源取之有时、用之有度，过度利用自然资源受伤的是人类自己，强调了自然保护的长期性和重要性。可见，"天人合一"思想体现了人们更早关注到保护与发展的关系。习近平总书记强调："保护生态环境就是保护生产力。"[②] 这段话深刻揭示了经济发展与生态保护之间的辩证关系。二者之间既有互相对立的一面，也可以相互影响、相互转化。改革开放以来，我国取得了举世瞩目的成就，经济总量居世界第二，经济的高速

---

① 《习近平著作选读》第二卷，人民出版社2023年版，第171页。
② 《习近平著作选读》第一卷，人民出版社2023年版，第113页。

第六章 "天人合一"的宇宙观

发展同时也带来了环境的巨大压力。人们逐渐意识到生态的重要性，为了破解发展难题，也进行了一系列保护环境的手段，但效果不佳，要么是保护生态限制了经济增长，要么是仍重视经济发展忽略了生态保护。为了更好地解决发展中的短板问题，习近平总书记提出："既要绿水青山，也要金山银山。宁要绿水青山，不要金山银山，而且绿水青山就是金山银山。"① 这就破解了保护环境资源与实现经济增长的难题，蕴含了丰富的生态智慧。绿水青山是兼具生态价值与经济价值、社会价值的统一体，生态价值即满足人基本的生活条件，经济价值、社会价值即通过发展旅游、生态产品等实现经济和社会效益。所以"保护生态环境就是保护生产力，改善生态环境就是发展生产力"②。经济发展又能够促进技术创新，从而进一步改善生态环境。总之，绿水青山与经济发展是相互促进的，既要充分发挥绿水青山的经济价值与社会生态价值，也要提高经济发展质量更好地维护绿水青山，协同推进经济高质量发展与生态环境高水平保护。

生态文明建设关乎人类未来。生态环境是人类赖以生存和发展的基础。"春三月，山林不登斧，以成草木之长。夏三月，川泽不入网罟，以成鱼鳖之长。"（《逸周书·大聚》）"竭泽而渔，岂不获得，而明年无鱼；焚薮而田，岂不获得？而明年无兽。"（《吕氏春秋·义赏》）这些主张体现了生态环境保护与人类永续发展的关系。而大量的历史教训表明"生态兴则文明兴、生态衰则文明衰"③，如果不处理好人与自然的关系、不处理好经济发展与环境保护的关系，最终人类会承担严重后果。诸如古埃及、古巴比伦发源于水源丰沛、田野肥沃、森林茂盛的地区，但随着人

---

① 习近平：《论坚持人与自然和谐共生》，中央文献出版社2022年版，第40页。
② 习近平：《论坚持人与自然和谐共生》，中央文献出版社2022年版，第63页。
③ 习近平：《论坚持人与自然和谐共生》，中央文献出版社2022年版，第29页。

类无节制对自然的开采，土地荒漠化导致古埃及、古巴比伦衰落。我国历史上的河西走廊、黄土高原、楼兰古城等也由于毁林开荒、乱砍滥伐等生态破坏手段，致使这些地区出现经济衰落、文明衰退。经过两次工业革命，造成了资源枯竭、水体污染、生态脆弱等现象，甚至引发了人类的各种疾病，也告诫人类在生产实践中必须尊重自然规律，维护自然的生态平衡，促进人类的永续发展。这些大量存在的问题要求我国当前必须高度重视生态问题，正确处理人与自然的关系，寻求可持续发展的良方。当今全球气候变暖、生物多样性锐减、资源面临枯竭等情况，更引起了人类对自然的迫切关怀，这种关怀背后更多的是考虑人类的生存环境安不安全。面对人与自然深层次矛盾，习近平总书记语重心长地指出："我们要站在对人类文明负责的高度，尊重自然、顺应自然、保护自然，探索人与自然和谐共生之路，促进经济发展与生态保护协调统一。"①"国际社会应该携手同行，共谋全球生态文明建设之路，牢固树立尊重自然、顺应自然、保护自然的意识，坚持走绿色、低碳、循环、可持续发展之路。"② 这是以习近平同志为核心的党中央传承"天人合一"思想，为应对全球生态环境问题提供的中国智慧和中国方案。

总之，追求人与自然和谐共生、协调好保护与发展的关系以及重视人类未来发展对于构建人与自然的生命共同体至关重要。这不仅关乎人与自然的可持续发展，也直接关系到人类社会的生态福祉，是实现人与自然和谐共生现代化的重要保障。

（二）人际维度：人与人的关系——和谐、平等、友善

"天人合一"是中国古代哲学中的一个重要思想，它不仅强调

---

① 习近平：《论坚持人与自然和谐共生》，中央文献出版社2022年版，第261页。
② 习近平：《论坚持人与自然和谐共生》，中央文献出版社2022年版，第92页。

了人与自然如何和谐共生，同时也蕴含了丰富的处理人与人之间的哲学智慧。这种哲学智慧引申到人伦关系中则折射为和睦共处、平等尊重、友善交往。实现人道与天道的统一，意味着人类社会的发展和进步应当遵循自然规律和社会秩序，这不仅要求人类尊重自然、顺应自然，还要求人类在社会生活中秉持道德、伦理和法律规范，实现人与人之间的和谐共处。

一是和谐。和谐即和睦协调，是万事万物的最高追求。"和也者，天下之达道也。致中和，天地位焉，万物育焉。"（《中庸》）强调"和"是天道的追求，是宇宙万物存在的本源。只有达到适中、和谐的状态，宇宙万物才能各安其分、生长有序。"天人合一"的宇宙观主张人与自然在本质上是相通的，人要尊重自然、顺应自然，达到人与自然和谐共生。而这种理念折射到人际交往中，也是处理人与人关系的基本准则，体现为"以和为贵"。习近平总书记也指出："中华民族传承和追求的是和平和睦和谐理念。"[①] 正如我国琴道讲究琴乐平和、茶道讲究和静怡真、中医讲究阴阳调和，这也体现在中华优秀传统文化中，和谐是皆大欢喜、中庸之道。

人与人的和谐，主要体现在两方面：一是人与自我的和谐，这是实现人与人和谐的基础；二是社会关系的和谐，这是人与人和谐的目标。如何实现自我的和谐？以对内修心、对外修行为主要手段。对内修心，即提升精神境界。《中庸》记载："喜怒哀乐之未发谓之中，发而皆中节谓之和。"强调人的情绪表达要适度，才能称得上"和"。孟子说："尽其心者，知其性也。知其性，则知天矣。"（《孟子·尽心上》）要求通过尽心、养性等途径才能抵御外界的诱惑，达到人内心的宁静和谐。修心养性也是共产党人

---

① 《习近平著作选读》第二卷，人民出版社2023年版，第515页。

的终身课题。新时代，共产党员要立足"两个大局"，经受"四大考验"，克服"四种危险"，确保党不变质、不变色、不变味，适应党和人民事业发展需要。对外修行，即践行道德修养。孔子指出："君子和而不同，小人同而不和。"（《论语·子路》）强调君子在人际交往中要善于兼听不同的声音，与他人保持一种和睦的关系。人与自我的和谐达标后，就要去处理与他人的关系，即实现人与社会的和谐。"人的本质不是单个人所固有的抽象物。在其现实性上，它是一切社会关系的总和。"[1] 人作为社会群体中的一员，必须处理好个体与社会的关系。在与他人交往中，要秉持和谐、宽容、友好的态度。《道德经》记载"上善若水，水善利万物而不争，处众人之所恶，故几于道"。（《老子·第八章》）人应该像水一样崇高，待人宽容、友爱与无私，促进人际关系和谐。"千里家书只为墙，让他三尺又何妨"[2]，这是"六尺巷"故事中家喻户晓的句子。"六尺巷"故事充分体现了中华民族"谦和礼让、知进退、和为贵"的处事态度，对于形成邻里和睦、谦让有序的社会风气具有重要的指导意义。六尺巷承载着中国古人的历史智慧，要弘扬好中华民族传统美德，相互礼让、以和为贵，解决好民生问题，化解好社会矛盾，使我们的社会更加和谐。可见，和谐是中华优秀传统文化中处理人际关系的方法论，对于维持人际交往具有独特的智慧。

二是平等。自人类社会产生以来，平等就成为人们向往的理想价值。"万物并育而不相害，道并行而不相悖，小德川流，大德敦化，此天地之所以为大也。"（《礼记·中庸》）这句话表明天地万物共生共长，彼此之间互不相害，强调生命平等。张载的"民

---

[1] 《马克思恩格斯选集》第1卷，人民出版社2012年版，第139页。
[2] 这是一首源自六尺巷的"让墙诗"，作者是清代文华殿大学士张英。"千里家书只为墙，让他三尺又何妨。万里长城今犹在，不见当年秦始皇。"（《家书》）

吾同胞，物吾与也"（《西铭》），也认为人类与其他物体皆是同胞，应平等对待。这些思想都蕴含着朴素的平等观。这种理念映射在人际关系中体现为人与人之间是平等的，无高低贵贱之分，应相互尊重。

平等是人际交往的前提，是处理人际关系最基本的准则，也是社会和谐与稳定的基石。一是要树立平等的理念。平等意味着尊重每一个人的权利，不论其身份、地位、财富、性别、种族等差异，要以平等的心态与他人交往。"己所不欲，勿施于人"（《论语·颜渊》）强调在人际交往中要相互尊重、平等协商。只有在平等协商的基础上，才能促进不同思想观点交流交融，矛盾才能得到缓和，社会公正才能得到彰显。二是要促进社会公平。社会公平是实现人与人平等的重要基石和保障。事实上，由于人们的身份、地位不同，也会被差别对待。在收入分配、社会保障、就业平等、资源占有、发展机会等方面还是有较大差距的。这种差距一旦过大很大程度会引起人与人之间的矛盾，进而诱发社会矛盾。因此，要通过完善法律制度、推进政治体制改革、促进经济发展、完善教育公平等措施，不断推动社会公平，进而促进人与人之间的平等和社会和谐稳定。习近平总书记指出，中国人民"共同享有人生出彩的机会，共同享有梦想成真的机会，共同享有同祖国和时代一起成长与进步的机会"[1]。可见，只有促进社会公平，才能进一步实现人与人的平等。三是要推进共同富裕。共同富裕为实现人与人之间的平等提供物质和精神条件。扎实推进共同富裕是夯实公平正义的物质基础。正如习近平总书记指出，"实现社会公平正义是由多种因素决定的，最主要的还是经济社会发展水平"[2]。可见，共同富裕要处理好做大蛋糕与分好蛋糕的辩证

---

[1] 《习近平谈治国理政》第一卷，外文出版社2018年版，第40页。
[2] 《习近平著作选读》第一卷，人民出版社2023年版，第185页。

统一。做大蛋糕就是要促进高质量发展，提高生产力；分好蛋糕就是要完善好分配制度，缩小贫富差距。共同富裕还关注精神层面的富裕，为实现人与人之间的平等提供精神动力。为此，要提升人们的文化素养、道德水平、社会责任感，形成正确的世界观、人生观、价值观，正确看待人与人之间的差异，促进人与人之间的平等相处。

三是友善。友善即心存善意，与人为善，是人们友好相处的一种道德行为。友善也是个人的优秀品德，是构建和谐人际关系的重要纽带。在传统"天人合一"理念中，强调宇宙万物所有生命都是有价值的，诚如"天地之大德曰生，生生之谓易"（《易经》）。孔子也从"仁"出发，将"爱人"从人的领域延伸到对宇宙万物的关爱。孟子进一步提出，"亲亲而仁民，仁民而爱物"（《孟子·尽心上》），更是体现了人类对万事万物友爱的道德关系。在人际交往中，同样要秉持善良意志，关爱他人，构筑和谐友爱的人际关系。

友善首先要与己为友。友善不仅是与外部世界的相处之道，也是内部精神世界的重要支撑。"天道无亲，常与善人"（《老子·道德经·第七十九章》）。善是立身之本，是爱人和利人的修为和行动。一个不会与自己为友的人，也不可能处理好与他人的关系。善作为一种强大的精神力量，个体会获得道德上的满足感。与己为友要学会自律，正如"君子慎其独也"（《礼记·中庸》）。一个人独处时要检省自己，规行矩步，使自己的行为符合善的标准。与己为友要自我接纳。人只有在接纳自己的同时，才会推己及人，对别人的缺点宽容，做到与人为善。"无为而治""顺应自然"等理念，其实就是强调个体要顺应自己的本性、接纳自我的不完美，达到内心的自由与和谐。友善其次要与他人为友。"爱人者，人恒爱之；敬人者，人恒敬之"（《孟子·离娄下》）的主张，

第六章 "天人合一"的宇宙观

意指爱别人，别人也会爱他；尊敬别人，别人也会尊敬他。可见，对别人友善，别人也会对你友善。在现实生活中，一要待人真诚。"真"强调真正的友善是发自内心的，怀有对对方的善意。"诚"则强调守信。这是人与人相处的首要前提。"人与人交往在于言而有信，国与国相处讲究诚信为本。"[①] 云南曲靖一位客车司机在开车过程中突发疾病，但他仍在生命的最后一刻停稳客车，守护乘客安全。这种平凡的善举传递着爱与善良。二要自觉地与人为善。"君子莫大乎与人为善。"（《孟子·公孙丑上》）与人为善是君子最高的品行。与人为善是指相处要友好、宽厚、和气。环卫工人马廷文在工作时发现有几个车牌因暴雨掉落水中，便把这些车牌系在身上，等待车主来领。事后还拒绝了车主的感谢，被网友们亲切地称为"牌照大叔"。三要主动地互帮互助。友善不仅是内在的修养，更是外在的实践，是知行合一的根本要求。河南郑州一家小店推出的免费餐食，只要顾客说出"暗号"——"来份单人套餐"为真正需要的人提供帮助。习近平总书记指出："引导人们向往和追求讲道德、尊道德、守道德的生活，形成向上的力量、向善的力量。"[②] 可见，友善在处理人际关系中起着至关重要的作用，它不仅是人对待自然的态度，也是促进人与人之间良好互动的重要品质。

"和谐、平等、友善"这一生态理念，不仅深刻地植根于"天人合一"的哲学思想之中，作为处理人与自然关系的基本原则，而且其作为一种蕴含深远智慧的生态伦理观，同样适用于处理人与人之间的关系，能够指导并优化人的社会交往与关系构建。"和谐、平等、友善"也是社会主义核心价值观主要内容的一部

[①] 《习近平外交演讲集》第一卷，中央文献出版社2022年版，第69页。
[②] 《习近平关于社会主义精神文明建设论述摘编》，中央文献出版社2022年版，第180页。

分。这不仅彰显了中华优秀传统文化的深厚底蕴和时代价值，也展示了社会主义核心价值观的包容性和开放性，为新时代处理人际关系提供了思想智慧和行动指南。

(三) 社会维度：人与社会的关系——实现人的自由全面发展

"天人合一"的宇宙观是中华优秀传统文化的主要内容之一，还蕴含着处理人与社会的关系，人与宇宙是一个不可分割的整体，人的发展应顺应宇宙的规律，与宇宙保持和谐一致。同时人可以发挥主观能动性，认识、把握乃至融入天地宇宙，实现人道与天道的统一。而在这一过程中，人的全面发展成了一个重要的目标。只有全面发展的人才能在遵循自然规律和宇宙秩序的前提下，充分发挥人的潜能和创造力，为社会的发展和进步作出贡献。马克思主义指出，我们要建立这样一个联合体，"在那里，每个人的自由发展是一切人的自由发展的条件"[1]。人发展的最高境界是人的自由全面发展，人的发展不仅是社会发展的内在要求，而且是社会发展的最终体现。正如习近平总书记指出："现代化的本质是人的现代化"[2]。人的现代化实质上是实现人的自由全面发展。

其一，坚持以人民为中心是实现人的自由全面发展的根本保障。坚持以人民为中心与促进人的全面发展是高度统一的。坚持以人民为中心是实现人的自由全面发展的前提和基础。只有坚持以人民为中心的发展思想，才能确保让改革发展成果更多、更公平惠及全体人民，进而为实现人的自由全面发展创造物质条件。实现人的自由全面发展是坚持以人民为中心的发展思想的最终目

---

[1] 《马克思恩格斯文集》第 2 卷，人民出版社 2009 年版，第 53 页。
[2] 《论学习贯彻党的二十大精神——人民日报评论文章合集》，人民出版社 2023 年版，第 154 页。

第六章 "天人合一"的宇宙观

标。人的全面发展涉及思想观念、素质能力的提升,从而带来更高的生产力和更丰富的精神财富,进一步推动社会的全面发展和进步。

自古以来,"天道"观念深深植根于中华文化沃土,"天道"被视为宇宙间最高的法则和规律,人们经常用与天相关的词语来表达天道规律对人生的影响和指引,如"天命""天道酬勤""听天由命""老天爷""天网恢恢"等,把天道作为公正者,天道体现了民众的意志。"天之生民,非为君也;天之立君,以为民也。"(《荀子·大略》)"圣人无常心,以百姓心为心。"(《道德经·第四十九章》)这体现了"天人合一"理念中深刻地涵括了人民至上的观点。"人民的立场是中国共产党的根本政治立场。"[1]毛泽东把工农当作"天"、把人民当作"上帝",强调:"我们也会感动上帝的。这个上帝不是别人,就是全中国的人民大众。"[2]并且强调:"人民,只有人民,才是创造世界历史的动力。"[3]习近平总书记认为"良好的生态环境是最普惠的民生福祉"[4]"人民对美好生活的向往就是我们的奋斗目标"[5]。党的十八大以来,以习近平同志为核心的党中央着力解决好人民群众最关心、最直接、最现实的利益问题。其中,优美的生态环境是人民群众最关心的重要内容之一。因此,要改善生态环境,提供优质生态产品以满足人民优美生态环境需要,始终坚持生态惠民、利民、为民。马克思主义唯物史观认为,社会存在决定社会意识,社会意识反作用社会存在。美好的生态环境作为一种社会存在,

---

[1]《十八大以来重要文献选编》下,中央文献出版社2018年版,第352页。
[2]《毛泽东选集》第3卷,人民出版社1991年版,第1102页。
[3]《毛泽东选集》第3卷,人民出版社1991年版,第1031页。
[4]《习近平著作选读》第一卷,人民出版社2023年版,第113—115页。
[5]《习近平谈治国理政》第一卷,外文出版社2018年版,第3—5页。

能够使人保持心情愉快，愉快的社会心情作为一种社会意识能够让人更有动力创造美好生活；反之，如果环境受到污染，人的心情随之烦躁，进而破坏生态。可见，环境就是民生，人的美好生活离不开优美环境，加强生态文明建设就是保障民生福祉。由上可知，实现人的自由全面发展，必须坚持以人民为中心的发展思想，凝聚起14亿多中国人民的智慧和力量，不断促进人的现代化。

其二，推动物质文明与精神文明相协调是实现人的自由全面发展的重要条件。首先，物质文明与精神文明的协调发展是实现人的自由全面发展的基础。物质文明是满足人们的基本生活需求的基础；精神文明则丰富人的精神世界，为其发展提供精神动力。其次，人的自由全面发展是物质文明与精神文明协调发展的目的和归宿。人在全面发展的过程中，具有更高的文化素养和创新能力，使物质文明和精神文明不断迈向更高的水平。

"天人合一"宇宙观不仅强调重视物质发展，也强调重视追求精神境界和精神自由。庄子主张"齐物论"，认为人应该超越世俗的功名利禄和是非观念。"庄周梦蝶"的故事就体现了一种"心随天放""物我两忘"的自然境界。孔子曾说"七十而从心所欲，不逾矩"（《论语·为政》），体现了追求高度的精神自由。为了实现"天道"，落实到人的自身修养上要求"以德配天""君子以自强不息"，强调注重人内心精神世界的追求、对自身道德行为的修养，从而达到万物一体，达到"无我"的精神境界。一代代的中国共产党人正是在这种"无我"的状态下才领导中国人民取得了今天的成就，不管是战争时期的方志敏英勇就义、建设时期的雷锋同志为人民服务、和平时期两次进藏的孔繁森、新时代甘于奉献的优秀党员黄文秀，都是"无我"境界的表现，也是一种对精神世界的追求。习近平主席也谈到"我将无我，不负人民"①，言简意赅地道出了共产党人的人生追求与人生境界。改革开放四十多年的发展，人民"口袋"硬邦邦，关注力转移到"脑袋"富足，更加注重精神追求。党的十九大报告对当前我国社会面临的主要矛盾做出了新的论断，即"人民日益增长的美好生活需要和不平衡不充分的发展之间的矛盾"②。这种美好生活不仅体现在物质生活层面，也体现在精神生活层面，其中就涉及人民群众期待能有更舒适的居住条件、更优美的环境。党的二十大报告指出："物质富足、精神富有是社会主义现代化的根本要求。物质贫困不是社会主义，精神贫乏也不是社会主义。"③可见，"天人合一"思想蕴含的精神追求为当前实现物质文明与精神文明相协调的现代化提供了思想指引，也为人的全面发展提供价值指引与精神动力。

其三，走和平发展道路的现代化是实现人的自由全面发展的必然选择。习近平总书记在《世界人权宣言》发表70周年座谈会上强调："走符合国情的人权发展道路，奉行以人民为中心的人权理念，把生存权、发展权作为首要的基本人权，协调增进全体人民的经济、政治、社会、文化、环境权利，努力维护社会公平正

---

① 2019年3月21日至26日，习近平主席对意大利、摩纳哥、法国进行国事访问。3月22日下午，在意大利众议院，习近平主席同众议院议长菲科举行会谈。临近结束时，"70后"的菲科突然抛出了这句话。"您当选中国国家主席的时候，是一种什么样的心情？"菲科补充道："因为我本人当选众议长已经很激动了，而中国这么大，您作为世界上如此重要国家的一位领袖，您是怎么想的?"习近平主席的目光沉静而充满力量，他说，这么大一个国家，责任非常重、工作非常艰巨。我将无我，不负人民。我愿意做到一个"无我"的状态，为中国的发展奉献自己。
② 《习近平著作选读》第二卷，人民出版社2023年版，第328页。
③ 《习近平著作选读》第一卷，人民出版社2023年版，第19页。

义，促进人的全面发展。"① 可见，走和平发展道路的现代化与人的自由全面发展之间有着密切的关系。一方面，和平发展环境为全面发展提供稳定的外部前提。在和平稳定的环境下，有助于营造一种宽松、包容的社会氛围，人们有更多的时间和精力去追求自我成长和发展。另一方面，人的自由全面发展是走和平发展道路的现代化的重要目标和价值取向。个体得到充分发展促进社会整体文明素质提升，从而进一步推动和平发展道路的持续前行。

"天人合一"实质是将天、地、人作为一个整体来考虑，强调天人关系的和谐统一。这一理念应用到国际关系领域中，则体现为维护和平稳定的国际秩序就如同维护自然生态平衡，国家间应相互尊重各自选择的发展道路。正如荀子的"万物各得其和以生，各得其养以成"（《天论》）就体现了这一互相尊重的观点。新时代，要传承和发扬"天人合一"思想中的和谐元素，为促进国际关系和谐提供中国智慧和中国方案。一是要坚持相互尊重、合作共赢。习近平总书记指出："不同国家、不同文明要在彼此尊重中共同发展、在求同存异中合作共赢。"② 这为我们走好和平发展道路明确了方向。它要求各国在处理国际事务时，必须尊重各个国家独特的历史、文化和传统，不干涉他国内政，从而维护国际社会的和谐与稳定。面对全球和平赤字、发展赤字、安全赤字、治理赤字加重的挑战，各国还需加强合作、共同应对。二是要推动各国共同走和平发展道路。"亲仁善邻，国之宝也"（《左传·隐公六年》），中华民族历来爱好和平，始终秉持以和为贵的理念，追求社会的和谐与稳定，如"以和为贵""协和万邦""和气生财""家和万事兴"等都蕴含这一理念。党的二十大报告明确指出："我国不走一些国家通过战争、殖民、掠夺等方式实现现代化

---

① 《习近平谈治国理政》第三卷，外文出版社2020年版，第288页。
② 《习近平谈治国理政》第四卷，外文出版社2022年版，第487页。

第六章　"天人合一"的宇宙观

的老路。"①中华民族在长期的历史发展过程中，从未对周边国家以大欺小、恃强凌弱。两千多年前，丝绸之路的开通，推动东西方文明交流。六百多年前，郑和七次下西洋，播撒和平友谊的种子。中华人民共和国成立以来，在对外交往中提出"和平共处五项原则"，并且得到国际社会的广泛赞誉。经过长期不懈努力，中国已成为世界第二大经济体、如期完成脱贫攻坚目标任务、实现第一个百年奋斗目标、取得疫情防控重大决定性胜利等都是中国走和平发展道路的硕果。三是坚持共谋全球生态文明建设。建设清洁美丽的家园是全人类共同的价值追求，全球生态问题不是哪个国家、哪个民族能够解决好的，也不是能够独善其身的，"气候变化是全球性挑战，任何一国都无法置身事外"②，所以要共谋全球生态文明建设。当前，国际社会共同面临全球气候变暖、臭氧层破坏、冰川融化、生物多样性减少等威胁人类生命安全的问题，建设生态文明已成为各国人民的共同价值诉求，国际社会应携手合作，保护好人类赖以生存的家园，推动建设一个"持久和平、普遍安全、共同繁荣、开放包容、清洁美丽的世界"③。

"天人合一"思想注重人与自然的辩证关系，人与自然是相互依存、相互联系的关系，这种关系的变化逐渐使人与自然形成生命共同体。当今随着科学技术的发展，一定程度上造成了人与人、人与社会物质化与功利化。"天人合一"思想蕴含的哲学智慧同样有利于缓解这种矛盾，强调人与自然的和谐共生、促进人际关系和谐、实现人的自由全面发展。这一古老智慧，也是一种更符合全人类共同利益的发展方向。

---

① 《习近平著作选读》第一卷，人民出版社2023年版，第19页。
② 习近平：《论坚持人与自然和谐共生》，中央文献出版社2022年版，第99页。
③ 《习近平谈治国理政》第一卷，外文出版社2020年版，第46页。

第七章 "自强不息"的奋斗观

国家主席习近平在二〇二一年新年贺词中强调:"我为伟大的祖国和人民而骄傲,为自强不息的民族精神而自豪!"这是对"自强不息"这一重要民族精神的高度肯定。远古传说中盘古开天辟地、女娲补天、夸父追日、愚公移山、精卫填海,之所以感人和催人奋进,就是因为渗透着自强不息的文化基因,这种基因世代相传、延绵发展,融入中华民族的思想基因,成为最为推崇的精神品格之一。

一 "自强不息"的精神品格

党的十八大以来,习近平总书记在多个场合多次提及"自强不息"。2014年5月,习近平总书记在考察北京大学时指出,"中华文化强调'天行健,君子以自强不息'……像这样的思想和理念,不论过去还是现在,都有其鲜明的民族特色,都有其永不褪色的时代价值"[①];2017年12月,他在中国共产党与世界政党高层对话会上发表主旨讲话,指出:"中国人民没有向命运屈服,而

[①] 习近平:《青年要自觉践行社会主义核心价值观——在北京大学师生座谈会上的讲话》,人民出版社2014年版,第7页。

是奋起抗争、自强不息,经过长期奋斗,而今走上了实现中华民族伟大复兴的康庄大道。"① 2019年10月印发的《新时代公民道德建设实施纲要》把中华传统美德的主要内容概括为"自强不息、敬业乐群、扶正扬善、扶危济困、见义勇为、孝老爱亲"等。当前,我国正阔步行进在坚定不移推进中国式现代化的康庄大道上。前进的道路上,我们更要赓续自强不息的民族精神,向着强国建设、民族复兴的伟大目标昂扬奋进。

(一)"自强不息"观念的起源发展

"自强不息"典出《周易》,原文:"天行健,君子以自强不息"②,意指宇宙不停运转,人应该效法天地,永远不断地前进。古人认为,天体出于自身的本性而运行,刚健有力,周而复始,一往无前从不停息。君子取法于"天",秉持对自然规律与宇宙秩序的敬畏与领悟,同时亦深知不可消极被动地顺应,而应积极发挥自身的主动性、能动性,勤勉不懈、奋发进取,此二者相辅相成,共同铸就君子之德与行。这是中华民族的先哲参照宇宙运行规律梳理总结出来的人生智慧。"自强不息"与"厚德载物"作为中华民族精神的核心表达,共同构建了中华文明的精神基因。2018年12月18日,习近平总书记在庆祝改革开放40周年大会上的讲话中鲜明强调:"正是这种'天行健,君子以自强不息''地势坤,君子以厚德载物'的变革和开放精神,使中华文明成为人类历史上唯一一个绵延5000多年至今未曾中断的灿烂文明。"③

---

① 习近平:《携手建设更加美好的世界——在中国共产党与世界政党高层对话会上的主旨讲话》,人民出版社2017年版,第3页。
② 黄寿祺、张善文:《周易译注》,上海古籍出版社2016年版,第9页。
③ 习近平:《在庆祝改革开放40周年大会上的讲话》,人民出版社2018年版,第40页。

《周易》相传是西周时期出现的著作，阐述的是宇宙观和人文观，该书将人与事总体归纳成六十四卦，其中第一卦叫"乾"。几百年后，后人对"乾卦"的爻辞进行解读时，出现了"天行健，君子以自强不息"，相传是周文王所作，这是"自强不息"一词的由来。"天行健"说的就是天之运行、四季交替、昼夜更迭，岁岁年年不会停止。"自强不息"是用天道来比喻人道，认为君子也应该效仿天道的刚健品格，发奋拼搏、积极进取、永不懈怠。早在17、18世纪之交，《易经》就流传至西方，被翻译成多种语言，为多个国家的学者所熟悉。西方学者普遍认为，中国人从三千多年前就尝试着去理解万物生成和重生的规则，正是在此过程中，汲取灵感和创造力，不断更新和自我完善。

"自强不息"也可以尝试从"息"字去理解。"息"的上半部分是"自"，"自"最初的意思是"鼻子"，在甲骨卜辞中一般为 𒀱，像人的鼻子，有鼻梁、鼻翼，甲骨文 𒀲 突出鼻骨与鼻弯。金文 𒀳 略有变形，𒀴 突出了两侧鼻翼。金文 𒀵 将两侧鼻翼 𒀶 连写成封闭的 𒀷。篆文 𒀸 承续金文字形。[1] 许慎《说文解字》："自，鼻也，像鼻形。"[2] 下半部分是"心"字，这个"心"在甲骨文中就像是一个人的胸膛，"息"字从字形上看就是气息，从鼻孔进入，通过肺，再由鼻孔呼出，就表示人自然地呼吸，发出气息，后来演变成停息、停止的意思，这属于典型的中国汉字会意的造字方法。所以"天行健，君子以自强不息"，这里的"不息"是生命不止的意思，天之所以刚健，就在于自然日夜不息地运行，正如苏东坡所说的"夫天，岂以刚故能健哉，以不息故健也"（《东坡易传》）。由此可见，履行天的刚健，关键在于"不息"，这样才能真正把天然生命的刚健精神安顿于君子或仁人志士的身心之中，

---

[1] 刘钊、冯克坚编：《甲骨文常用字字典》，中华书局2019年版。
[2] 许慎撰、段玉裁注：《说文解字》，上海古籍出版社2003年版。

成就一番事业。

"自强不息"的"自"是指生命的本然、本性,"强"指的是强大,但是"自强"这个"强"是作为生命本性的自强,强调的是自己作为主体,让自己不断强大。所以,对于个体而言,"自强不息"指的就是追求强大的主观意愿和行为。对于国家而言,由弱变强,由强到更强,就需要全民族有追求强大的主观意志和行为。个人自强也好,国家自强也好,都要有坚定的信念、持之以恒的努力、坚韧不拔的精神,做好自己的事情。大家都知道的有关洪水神话的故事,在很多国家都有不同的传说版本。但它们之间有一个区别,在西方不同起源的各种宗教里,人们遇到大洪水时会建造巨大的方舟躲在其中进行避难,寄希望于上帝的怜悯。但在中国,人们用自己的力量和劳动,去克服自然灾害和阻碍生产生活的不利因素。如大禹治水三过家门而不入,最终找到了战胜天灾的方法。

综上所述,从语义分析来看,"自强"指的是自我努力,不断提升自己;"不息"则意味着永不停息,持续不断。因此,"自强不息"可以被理解为个体或者群体不断地自我激励,勇往直前,追求更卓越的目标。

(二)"自强不息"的丰富内涵

往圣先哲们通过重视立志、自知自慎、坚韧不拔三个方面来诠释并践行"自强不息"的深刻内涵。重视立志是"自强不息"的起点,自知自慎是"自强不息"的重要基石,坚韧不拔是"自强不息"的核心品质。

第一,重视立志。古人认为,一个人只有树立了远大的志向,才能有明确的目标和追求,从而在人生的道路上不断前行。孔子有云:"三军可夺帅也,匹夫不可夺志也。"① 此言掷地有声,道出了立志的千钧之重,立志之于人生,犹如舵手之于航船,不可或缺。孟子也强调自我价值的实现,重视立志。在那样的乱世,他敢于断言:"500年必有王者兴,其间必有名世者。由周而来,七百有余岁矣,以其术,则过矣;以其实考之,则可矣。夫天下未欲治平天下也。如欲治平天下,当今之世,舍我其谁?"② 又说:"君子之守,修其身而天下平。"③ 这一断言,不仅是对历史规律的深刻洞察,更是对自我价值和使命的坚定信念。孟子相信,在每一个历史时期,都会有杰出的人物出现,来引领时代的前进。而自己正是那个时代的"名世者",这份敢于担当,敢于负责,以"舍我其谁"的霸气,表达了自己对于治理天下、实现王道仁政的坚定决心。"君子之守,修其身而天下平"的言论,则进一步阐述了孟子对于自我价值实现的理解。他认为君子应该通过修养自身的品德和能力,来达到治理天下、实现和平的目标。这种思想强调了个人修养与社会责任之间的紧密联系,也体现了孟子对于自我价值和社会价值的统一认识。在诸侯国都忙于富国强兵、图谋称霸时,孟子却以接续孔子之道为当务之急,游走在诸国之间,宣扬王道仁政。这种坚持和勇气,不仅体现了他的自强精神,也展现了他对于时代使命的深刻理解和担当。这种精神在后来的历史演变中被概括为"有志者事竟成",非常贴切地表达了孟子这种自强不息、立志追求的精神。这种精神不仅在当时具有积极意义,激励了人们追求自我价值和时代使命;也自此构筑起中华民族的自强底色,成为后世人们追求梦想、实现自我价值的强大动力。

儒家以外,墨子"非命"思想作为其哲学体系的核心命题之

---

① 杨伯峻:《论语译注》,中华书局2009年版,第93页。
② 杨伯峻:《孟子译注》,中华书局2010年版,第109页。
③ 杨伯峻:《孟子译注》,中华书局2010年版,第376页。

一,深刻体现了墨家学派"主动作为、人定胜天"的实践精神,在中国思想史上独树一帜。《淮南子》言"自人君公卿至于庶人,不自强而功成者,天下未之有也",将自强不息看作取得成功的必要条件。朱熹认为"不能自强则听天所命,修德行仁则天命在我",胡寅说"古之圣贤未尝不以懈惰荒宁为惧,勤励不息自强",都展现出自强有为、不懈奋斗、勇于把握自身命运的刚健品格。

毛泽东不仅仅是伟大的革命家、政治家、军事家,也是伟大的文学家。他的一生,每遇大事,必然以诗文抒怀言志。1910年秋,17岁的毛泽东要离开家乡赴长沙求学。临行密密缝的是他母亲,而他自己,临行匆匆写,将一封书信夹在家中账簿之中:"孩儿立志出乡关,学不成名誓不还。埋骨何须桑梓地,人生无处不青山。"[1] 不过短短四行,却使一个胸怀大志的年轻人跃然纸上。他的一生都在践行17岁时立下的志向。周恩来,12岁年看到国弱民穷受欺凌的现状,辛亥革命爆发后,作为进步少年,他率先剪去代表腐朽清廷的辫子。当校长问及同学们为何读书之时,他立下"为中华之崛起而读书"[2] 的誓言,这一志向在接触马克思主义后,升华为"解放全人类"的宏伟目标。1922年,他在《少年中国学会改组委员会调查表》中明确写道:"我认的主义一定是不变了,并且很坚决地要为他宣传奔走。"无论是17岁的毛泽东抱定"学不成名誓不还"的壮志,还是周恩来12岁即表达"为中华之崛起而读书",都是伟大的人物自年少起刚健有为、永不懈怠的光辉写照。

习近平总书记指出:"青年时代,毛泽东同志就以'自信人生

---

[1] 《毛泽东诗词全集》,中州古籍出版社2002年版,第7页。
[2] 顾波:《"为中华崛起而读书"——周恩来同志在沈阳读书生活片段》,《革命文物》1978年第11期。

二百年，会当水击三千里'的壮志豪情，立下拯救民族于危难的远大志向，投身救国救民的伟大事业。为了找到中国的出路，毛泽东同志'向大本大源处探讨'，在反复比较和鉴别中，毅然选择了马克思列宁主义，选择了为实现共产主义而奋斗的崇高理想，从此一生追寻，矢志不移。"[1] 年少时，立下鸿鹄之志，犹如种子深埋心田，至关重要，而终生践行，永不懈怠，方能让这志向生根发芽，绽放出"自强不息"之精神品格。

第二，自知自慎。自知意味着了解自己的优点和缺点，明确自己的定位和价值；自慎要求我们在行为上保持谨慎，避免盲目行动和冲动决策。自知方能自慎，秉持自慎之心，如同为航船加装了精准的罗盘，确保我们在风雨兼程的行动中不偏不倚，稳健前行。

《道德经》云："知人者智，自知者明；胜人者有力，自胜者强"（《道德经·第三十三章》），意即认识他人是出于理智，认识自己才称得上明智；战胜他人者是有力，战胜自己才算得上真正坚强。这几句话，蕴含着深刻的修身养性道理。不难看出，在先秦时期，老子已经认识到人之患在于不自知，人之弱点在于难自胜。很多人的可悲之处在于不自知。古往今来，不可胜数的伟大人物和杰出人才，基本上都能战胜对手，却因为不能战胜自己的骄傲、野心、贪欲、奢侈而败在自己的手里。所以，从某种程度上说，"自知"和"自慎"更具有决定意义。一个人只有全面、深入地了解自己，精准识别并克服自身的弱点，有效战胜那些阻碍成长的缺点，才能时刻保持清醒的认知状态。在此基础上，通过严格的自律规范行为，以强大的意志力控制欲望，进而采取理智、合理的行动，方能充分展现生命的无限精彩。只有战胜自我、

---

[1] 习近平：《在纪念毛泽东同志诞辰130周年座谈会上的讲话》，人民出版社2023年版，第3页。

第七章 "自强不息"的奋斗观

超越自我，才能走向真正的自强。最非凡的成功，不是超越别人，而是战胜自己；最可贵的坚持，不是久经磨难，而是永葆初心。

以史为鉴可以知兴替。唐朝贞观年间，魏徵呈上《谏太宗十思疏》，指出"诚能见可欲，则思知足以自戒；将有作，则思知止以安人；念高危，则思谦冲而自牧……"[①]意即要懂得知足，不能没有限度。强调"求木之长者，必固其根本；欲流之远者，必浚其泉源"[②]。意思是想要树木生长，一定要稳固它的根系；想要水流得远，一定要疏通它的源泉。唐太宗看了之后，深受触动，写下《答魏徵上〈群书治要〉手诏》，不仅听取意见，"公之所谏，朕闻过矣"，而且"置之几案，事等弦韦"[③]，时时警醒自己，励精图治终于成就贞观之治。唐朝逐渐强盛，到"开元之治"达到顶峰。然而唐玄宗李隆基在统治后期转为昏庸，朝中奸臣当道、贿赂成风，可谓"春宵苦短日高起，从此君王不早朝"（白居易：《长恨歌》），史称"侈心一萌，邪道并进"，失去正视和解决自身问题的能力和勇气，结果酿成安史之乱。回顾唐朝的兴衰，不难看出其之所以衰落，一个关键症结，恰在于统治阶层耽于逸乐、骄奢淫逸、昏聩无能、寡廉鲜耻，官场腐败丛生、权钱交易成风。其自身既缺乏清醒认知，又无自省之念，终致民生凋敝、祸乱四起、王朝倾覆。朱熹有言，君子当效法天道运行之理，需"自强其志"，于日日精进中革故鼎新，谨守"不以私欲侵夺天理之刚健"的准则，使天理长存、生生不息（《周易本义》）。此等修身之道，实为锤炼直面困厄、矢志求真的精神利刃。

《道德经·第六十四章》里"民之从事，常于几成而败之。不慎终也"，说的也是这个道理。欲成就非凡事业，当始终秉持

[①] 刘昫：《旧唐书·魏徵传》，中华书局1975年版，第1688页。
[②] 董诰等：《全唐文》，中华书局1983年版。
[③] 董诰等：《全唐文》，中华书局1983年版。

"兢慎"之志，笃行不息。无论处于顺境或逆境、面临大事或琐务，皆需凝心聚力、恪尽职守，以恒久韧性破浪前行，以坚韧意志披荆斩棘，方能使人生之舟行稳致远。

第三，坚韧不拔。追求目标的过程中，难免会遇到各种困难和挫折，坚韧不拔，强调持之以恒地追求，不为短暂的诱惑而动摇，正所谓矢志不渝地追寻个体之志向与理想，于逆境中彰显锐意进取之魄力，于困厄间淬炼百折不挠之风骨。这种坚定的信念将困境变成动力，是自强不息精神的核心品质。

《周易》言："困而不失其所亨，其惟君子乎?"[①] 意即君子被困境所惑后仍然从容不迫，在困境中不失其本来面目。这是将身处逆境而不丧其志、不失其"道"，作为君子刚健品格的基本特征。生活中的挫折和磨难，给人以打击，给人带来悲伤和痛苦，但也能使人奋起、成熟，变得坚强起来。面对人生中不可避免的挫折时，应迎难而上，战胜挫折。孟子则将挫折逆境看作磨砺精神的机会，认为"故天将降大任于是人也，必先苦其心志，劳其筋骨，饿其体肤，空乏其身，行拂乱其所为，所以动心忍性，曾益其所不能"[②]。天将要把重大使命降落到一个人身上，一定要先用苦难磨炼他的意志，用劳累使他的筋骨得到锻炼，使他的身体忍受饥饿，使他备受穷困之苦，让他做事受到阻碍而不得顺利。用这样的方法让他的心灵受到震撼，让他的性格变得坚韧，让他的才能得到增长。孟子这段话，意在说明一个道理：苦难和逆境，常常既是人才的试金石，也是成长的催化剂。为了说明这个道理，孟子列举了大量历史上受到种种苦难和逆境之后成长起来的杰出人物，比如舜、傅说、胶鬲、管仲、孙叔敖等。孟子因为文章篇幅的原因，对这些人物的苦难经历都是一带而过，几乎没有任何

---

① 黄寿祺、张善文：《周易译注》，上海古籍出版社2016年版，第484页。
② 杨伯峻：《孟子译注》，中华书局2010年版，第298页。

说明。其实，文中所举的每一个人物，其在成名前所受到的磨难，都足够写成一部曲折跌宕的传奇。当然，历史上这样的人物远不止这些，发现这个道理的人也远不止孟子。司马迁在《报任安书》中就有这样一段话，举出了很多这样的人物，他们都有一个共同的特点，就是在逆境中不消沉，历磨难而愈进。原文如下："盖文王拘而演《周易》；仲尼厄而作《春秋》；屈原放逐，乃赋《离骚》；左丘失明，厥有《国语》；孙子膑脚，《兵法》修列；不韦迁蜀，世传《吕览》；韩非囚秦，《说难》《孤愤》；《诗》三百篇，大底圣贤发愤之所为作也"（《汉书·司马迁传》），意即昔西伯姬昌，因于羑里，乃演《周易》之玄机；孔子厄于陈蔡，弦歌不绝，遂作《春秋》之宏编，纪王道之兴衰；屈原放逐于江潭，行吟泽畔，乃赋《离骚》之华章，抒忠贞之浩气；左丘明目盲于暮年，发愤著述，遂成《国语》之鸿文，载列国之遗事；孙膑遭膑刑之酷，隐忍图强，乃撰《兵法》之精要，传韬略之秘奥；吕不韦谪居蜀地，集思广益，乃编《吕览》之奇书，汇百家之精义；韩非囚于秦狱，孤愤难平，乃作《说难》《孤愤》之篇，陈法术之要旨。至于《诗》三百篇，皆圣贤发愤之所为作也，或忧国忧民，或抒怀寄志，其辞激切，其情深挚，足为后世之楷模。从司马迁的这番话里，人们甚至还总结出了一个规律，就是有名的"发愤著书说"。

孔子云："譬如为山，未成一篑，止吾止也；譬如平地，虽覆一篑，进，吾往也。"（《论语·子罕》）他鼓励自己和学生们无论在学问还是道德上，都应该坚持不懈。孟子曰："有为者辟若掘井，掘井九仞而不及泉，犹为弃井也。"（《孟子·尽心上》）他认为成功与否，就在于能否以坚苦忍耐之力坚持到底。荀子在《劝学》中说："锲而舍之，朽木不折；锲而不舍，金石可镂。"可见，往圣先哲重目标之恒追、笃信仰之坚凝、尚毅力之不屈，这些精神历千载而弥彰，是跨越时空的宝贵财富。这种精神在现代社会依然熠熠生辉，具有不可替代的价值。

（三）"自强不息"的历史实践

在历史洪流里，"自强不息"之精神如潺潺清泉，润泽着华夏儿女的心灵沃土，既内化为深植于心的信念之种，又外显为砥砺前行的奋进之姿，它贯穿于历史演进的实践脉络，成为吾辈跨越万难、勇毅向前的磅礴力量。

面对困苦匮乏，展现磐石般的坚韧特质。中国历史上涌现出无数自立自强、百折不挠的仁人志士，他们的光辉事迹照亮华夏文明的天空。春秋时，孔子周游列国，欲以周公之道救世安民，面对穷乏困苦乃至"绝粮"的穷途，"不怨天，不尤人"（《论语·宪问》），不为富贵利达改变初心，践行了"君子谋道不谋食"（《论语·卫灵公》）、"不义而富且贵，于我如浮云"（《论语·述而》）的君子品格。遥想越王勾践，彼时身负亡国之辱，毅然选择卧薪尝胆，于俭朴生活中砥砺意志。"食不重味，衣不重采，吊死问疾"（《史记·吴太伯世家》），摒弃奢华、心系百姓，以质朴之态直面苦难，凝聚起越国上下一心，终得以一雪前耻。司马迁身受腐刑，身心遭受重创。"身残处秽，动而见尤"（司马迁：《报任安书》），于污浊之境中，却以钢铁般的意志，忍辱负重，将满腔悲愤化作笔下文字，发愤著史，为后世留下了宝贵的历史财富。再看苏武，奉命出使匈奴，却不幸遭到扣押。面对匈奴的威逼利诱，他坚守气节，拒不投降，被发配到那荒无人烟的北海之地，冰天雪地，环境恶劣，可他手中始终紧握着代表大汉国威的节杖，在19年的漫长岁月里，孤独、饥饿、寒冷如影随形，却从未动摇过对大汉的忠诚。最终带着满身的沧桑与荣耀，回归故土。其坚强不屈、自强不息、忠贞不渝的精神，如同一座不朽的丰碑，千载传颂，激励着一代又一代中华儿女为了理想与信念，奋勇前行。这些古人的精神在后世激起了无尽的涟漪。孔夫子的君子之道，成了后世文人墨客追求的典范，教导我们要坚守道义，不为世俗所动；越王勾践的忍辱负重、奋发图强，激励了一代又一代人在逆境中崛起，勇于面对挑战，追求民族复兴；司马迁的坚韧不拔、发愤著史，让我们明白了历史的重量，学会了在困境中坚持理想，用文字记录真实；苏武的忠贞不渝、自强不息，则成了中华民族气节的象征，教导我们要坚守信仰，为国家和民族的尊严而奋斗。

面对天灾人祸，如钢铁般顽强。帝尧之际，洪水肆虐，生灵涂炭，大禹临危受命，投身于与洪水的艰苦鏖战之中。开凿壅塞，如劈开混沌之锁；疏通大河，似疏通天地脉络；导水入海，仿若为洪水寻得归宿。大禹精神，自此成为中华民族在面对自然灾害时勇往直前、不屈不挠的典范。南宋时期，山河破碎，岳飞以"精忠报国"为信念，率领岳家军纵横沙场，一路势如破竹。中原人民闻风而动，群起响应，一时间，光复北方的有利态势初现曙光。南宋理学家张栻，虽身处朝堂，却心系天下安危。面对金军的进犯，他屡次上疏朝廷，慷慨陈词，"誓不言和，专务自强，虽折不挠"。他以笔为剑，以理为盾，成为威武不屈、自强不息精神的又一代表。及至清朝后期，西方列强的坚船利炮轰开了中国的大门，英国对华倾销鸦片，妄图以毒品腐蚀中国人民的意志，掠夺中国的财富，国家陷入"渐成病国之忧"的困境。在这危急存亡之秋，林则徐受命于广东，查缴鸦片、驱逐趸船，请定洋商夹带鸦片之罪。他采取虎门销烟的坚决措施，点燃了中国人民反抗侵略的怒火。他屡次击败英国殖民者的武装挑衅，以敢于斗争、敢于胜利的精神，向世界宣告了中国人民不屈的意志和反抗的决心，揭开近代中国救亡图存的历史序幕。

面对政治衰败，寻出路求振兴。"穷则变，变则通，通则久。"面对政治衰败、国家危亡的严峻局势，历代王朝一次次试图冲破困境的枷锁。秦孝公任用商鞅推行变法，明法令、行县制、开阡陌、奖耕战，秦国实现了"国富兵强，长雄诸侯"的辉煌局面。安史之乱后，为扭转藩镇割据的颓势，唐代统治者先后任用刘晏、杨炎等人进行财政改革，保守势力声言"旧制不可轻改"，但唐德宗"行之不疑"，使"轻重之权归始于朝廷"，有效提升了中央的财政实力，一度创造了藩镇"尽遵朝廷约束"的有利局面。北宋时期，范仲淹、王安石先后主持变法，他们怀揣着"变风俗，立法度"的宏大理想，追求富国强兵，以适应时代的变化，在一定程度上增强了北宋的国力，延缓了国家的衰落。明代中期，政治腐败如同毒瘤般蔓延，宦官权相迭兴，南倭北虏为患。张居正以"一条鞭法"为核心，"尊主权、课吏职、信赏罚、一号令"，一定程度上改变了纪纲紊乱、国力不振的颓势。近代以来，面对咄咄逼人的西方列强，一批官员学者提出"治国之道，在于自强"，积极译介西方知识，开办新式学校，建立近代企业，编练新式军队，力求变法图强，挽救民族危亡。这些改革努力，有的在政治、经济、军事等多个领域产生了深远而积极的影响；而另一些则由于各种复杂的原因，以失败告终。但无论成败，它们所体现出的自立自强、勇于变革的精神，始终如一，在历史的发展进程中熠熠生辉。这些历史实例都证明了"穷则变，变则通，通则久"的哲理。在面对政治衰败、国家危亡的紧要关头，只有勇于变革、自立自强，才能找到出路，实现国家的振兴和繁荣。

在漫长的历史长河中，无数中华儿女以自强不息的精神面貌面对各种挑战和困难。"自强不息"的历史实践不仅体现在国家层面的政治、经济、文化等方面的改革和进步上，也体现在个人层面的不断奋斗和拼搏中。这种精神是推动中华民族不断前进、不断超越的重要动力源泉。

二 中国共产党对"自强不息"传承与发扬

2013年9月26日,习近平总书记在会见第四届全国道德模范及提名奖获得者时强调,中华文明源远流长,孕育了中华民族的宝贵精神品格,培育了中国人民的崇高价值追求。自强不息、厚德载物的思想,作为中华民族精神谱系中的核心要义,为中华民族的生生不息、薪火相传提供了坚实的思想支撑,时至今日依然是我们推进改革开放和社会主义现代化建设的强大精神动力。在全面建设社会主义现代化国家的新征程上,我们更要坚持独立自主、自力更生,以"踏平坎坷成大道,斗罢艰险又出发"的顽强意志,以自强不息的奋斗姿态,知难而进、迎难而上,不信邪、不怕鬼、不怕压,依靠顽强斗争打开事业发展新天地。

古人所追求的自强是独立不倚、坚忍不拔的意志和品格,强调的是与客观条件互相塑造的强大,包括个体的人格力量和处世能力的强大。孔子曾经说:"君子和而不流,强哉矫,中立而不倚,强哉矫。"(《中庸·第十章》)意即真正的强者不会去随波逐流,而是强调个体思想和立场的坚定与强大。老子也说:"胜人者有力,自胜者强。"(《道德经·第三十三章》)意即个人力量的真谛在于战胜自我、超越自我。这种自强不息的精神,在几千年的传承中已经成为中国人的主要精神品格,成为国家和民族的精神特质。

回顾过往,自强不息是中华民族生生不息的精神力量,尤其在面对民族危亡的时候表现得更为突出与强烈。习近平总书记曾在"七一"重要讲话中用"国家蒙辱、人民蒙难、文明蒙尘"三个词来形容中华民族近代以来遭受的前所未有的劫难。为了挽救民族危亡，中国人民奋起反抗，仁人志士奔走呐喊。太平天国运动、戊戌变法、义和团运动、辛亥革命接连而起，各种救国方案轮番出台，但都以失败而告终。马克思列宁主义给正在苦苦探求救国救民道路的中国先进分子指明了方向，中国共产党在这一背景下应运而生。中国共产党自诞生之日起，始终坚定共产主义必胜的信念，将为中国人民谋幸福、为中华民族谋复兴确立为自己的初心使命。

(一)"浴血奋战、百折不挠"的品质

党的十八大以来，习近平总书记多次来到红色革命圣地，重温历史、缅怀先烈，在不同场合就长征及长征精神作出一系列重要论述。他指出："长征的胜利靠的是共产党人压倒一切敌人，而不被任何敌人所压倒，征服一切困难而不被任何困难所征服的英雄气概和革命精神。"①

1934年10月的赣南苏区，中央红军主力8.6万余名英勇无畏的战士，毅然踏上了漫漫长征路。这一波澜壮阔、气吞山河、震惊世界的伟大壮举，宛如一座不朽的精神丰碑，孕育出了伟大的长征精神。美国著名记者埃德加·斯诺在《红星照耀中国》中，用一组组震撼人心的数字，为我们勾勒出了20世纪30年代中国红军长征的艰难险阻与伟大征程：在那长达368天的长征途中，红军战士们有235天是在白天的烈日下艰难行军，18天是在夜晚的黑暗中摸索前进。5000英里的漫漫征途，平均每114英里才能有一次宝贵的休息机会。他们翻过了18座高耸入云、险峻陡峭的山脉，每一步都充满了未知的危险；渡过了24条波涛汹涌、暗流涌动的河流；经过了12个省份，足迹遍布了大半个中国；占领过

---

① 习近平：《在纪念红军长征胜利80周年大会上的讲话》，《人民日报》2016年10月22日第2版。

62 座大小城市，在战火中书写着革命的传奇；突破了 10 个地方军阀军队的严密包围，以顽强的意志和无畏的勇气，冲破了重重封锁。这些数字，不仅仅是简单的统计，更是红军战士们用热血和生命铸就的壮丽史诗，是长征精神最生动的诠释。它们见证了红军战士们在极端恶劣的环境下，不屈不挠、勇往直前的英雄气概；见证了他们在面对重重困难和生死考验时，坚定信念、团结一心的伟大精神。1934 年底的湘江战役，是红军长征出发以来最壮烈的一仗，也是关系红军生死存亡的关键一仗。血战湘江突破敌人的第四道封锁线，红军付出了极其惨重的代价，中央红军由长征出发时的 8.6 万余人，减少到 3 万余人。在这场气壮山河、惊天动地的战役中，数万红军将士浴血奋战、百折不挠，以损失过半的沉重代价，掩护党中央和中央红军主力渡过湘江，为红军保存了骨干力量和珍贵火种。

整个新民主主义革命时期，中国人自强不息的民族精神体现为"浴血奋战、百折不挠"的品质，形成了以伟大建党精神为源头的中国共产党人的精神谱系，包括井冈山精神、延安精神、长征精神、西柏坡精神等，推动中国革命胜利发展，成为强大的精神力量。

（二）"自力更生、发愤图强"的品质

2024 年是中国第一颗原子弹爆炸 60 周年，也是"两弹一星"精神提出 25 周年。习近平总书记指出："'两弹一星'精神激励和鼓舞了几代人，是中华民族的宝贵精神财富。"[1]

"两弹一星"事业起步阶段，毛泽东和党中央就明确了"自力更生为主，争取外援为辅"的方针，坚持不搞合作、不搞共有、

---

[1] 《习近平讲党史故事》，人民出版社 2021 年版，186 页。

不受制于人。1959年6月，有外国人幸灾乐祸地断言：中国"二十年也搞不出原子弹来"。在此危急关头，毛泽东果断决定："自己动手，从头做起来，准备用八年时间，拿出自己的原子弹。"从1964年原子弹爆炸成功，到1966年装有核弹头的地地导弹飞行爆炸成功，再到1967年氢弹爆炸成功，以及1970年"东方红一号"人造地球卫星发射成功，这一系列重大成就，不仅让中国拥有了保卫国家、捍卫和平的强大力量，也让中国在国际舞台上赢得了应有的尊重和地位。面对国外的技术封锁和重重困难，"两弹一星"的研制者们并未退缩，而是通过自身的努力和智慧，成功突破了多个关键技术难关，使中国的科研能力实现了质的飞跃。"两弹一星"事业是中国现代科技史上的重要里程碑，它不仅标志着中国国防实力的显著提升，更体现了中华民族在面对困难和挑战时所展现出的坚韧不拔和自力更生的精神。毛泽东和党中央在事业起步阶段就明确了"自力更生为主，争取外援为辅"的方针，这一决策不仅体现了对国家安全的深刻洞察，也彰显了对民族自尊、自信的坚定维护。

半个多世纪过去了，当年的"两弹一星"精神已凝结成一种自强不息的民族品格，激发亿万中华儿女战胜了一个又一个艰难险阻，跨越了一座又一座的科技高峰。习近平总书记指出："不管条件如何变化，自力更生、艰苦奋斗的志气不能丢。新时代的航天工作者要以老一代航天人为榜样，大力弘扬'两弹一星'精神，敢于战胜一切艰难险阻，勇于攀登航天科技高峰，让中国人探索太空的脚步迈得更稳更远，早日实现建设航天强国的伟大梦想。"[1]

（三）"解放思想、锐意进取"的品质

在庆祝中国共产党成立100周年大会上，习近平总书记指出：

---

[1]《习近平书信选集》第一卷，中央文献出版社2022年版，第271页。

第七章 "自强不息"的奋斗观

"中国共产党和中国人民以英勇顽强的奋斗向世界庄严宣告，改革开放是决定当代中国前途命运的关键一招，中国大踏步赶上了时代！"

改革开放和社会主义现代化建设时期，中国社会和党的工作重心面临着巨大的转变，需要打破旧有的思维定式和路径依赖，探索新的发展道路。解放思想是推动这一转变的重要前提。通过解放思想，人们能够摆脱传统观念的束缚，勇于尝试新事物。这一思想解放的过程，不仅推动了社会的快速发展，也为中国特色社会主义道路的开辟奠定了思想基础。锐意进取也是这一时期的重要特征。中国共产党领导人民坚定地走改革开放之路，不畏艰难困苦，勇往直前。在面对各种挑战和困难时，党和人民始终保持着坚定的信念和决心，不断深化改革，在很多关键时刻推动一系列重要事件的构成，最终形成改革开放的壮丽篇章。深圳特区与蛇口工业区的崛起是中国改革开放的生动缩影，它们共同见证了中国从计划经济向市场经济转变的历程。1979年，广东省委向中央提议设立经济特区，邓小平对此表示支持，并鼓励广东"杀出一条血路"。1980年8月26日，全国人大常委会批准设立深圳等四个经济特区，深圳特区正式诞生。深圳特区充分利用中央给予的特殊政策和灵活措施，大胆探索、改革创新。在短短几十年间，深圳从一个只有3万人的小渔村发展成为人口过千万的国际化大都市，GDP从1979年的1.79亿元增长到2023年的3.46万亿元，创造了世界经济发展史上的奇迹。1979年1月31日，党中央同意在蛇口建立工业区，同年7月8日，蛇口工业区基础工程正式破土动工，打响了中国改革开放的第一炮。蛇口工业区率先引进国外的资金、技术进行大规模开发建设。在袁庚等领导人的带领下，蛇口工业区进行了经济体制和行政管理体制的改革创新，形成了著名的"蛇口模式"。蛇口工业区通过招商引资、发展外向型经济等措施，迅速崛起为中国改革开放的样板和窗口，孕育了招商银行、中集集团、平安保险、华为等一批知名企业。

这一时期，中国人自强不息的民族精神体现为"解放思想、锐意进取"的品质，这一品质不仅塑造了中国的过去，也将继续引领中国的未来。今天，我们仍然需要继承和发扬这种精神，不断推动社会的进步和发展。正如习近平主席所强调的："一个时代有一个时代的问题，一代人有一代人的使命。虽然我们已走过万水千山，但仍需要不断跋山涉水。在新时代，中国人民将继续自强不息、自我革新，坚定不移全面深化改革，逢山开路，遇水架桥，敢于向顽瘴痼疾开刀，勇于突破利益固化藩篱，将改革进行到底。"①

（四）"自信自强、守正创新"的品质

习近平总书记在庆祝中国共产党成立100周年大会上的重要讲话中指出："中国共产党团结带领中国人民，自信自强、守正创新，统揽伟大斗争、伟大工程、伟大事业、伟大梦想，创造了新时代中国特色社会主义的伟大成就。"② 自信自强、守正创新，作为我们党在长期奋斗历程中积累的宝贵精神财富，是成功跨越艰难险阻、铸就历史辉煌伟业的关键因素，更是激励我们在新征程中奋勇前行、夺取新的更大胜利的强大精神引擎。

2018年11月，在上海召开的首届中国国际进口博览会上，习近平主席邀请外国领导人登上复兴号高铁的模拟驾驶台。当时速达到350公里时，在场的嘉宾不由得连声赞叹。40多年前，也曾有类似的一幕。1978年10月，正在日本访问的邓小平，生动地形容乘坐新干线的感受，他说："就感觉到快，有催人跑的意思，

---

① 《习近平谈治国理政》第三卷，外文出版社2020年版，第193页。
② 《习近平谈治国理政》第四卷，外文出版社2022年版，第6页。

我们现在正适合坐这样的车。"① 同样一个"快"字，不同的时空，不同的意味。中国高铁从引进到吸收，从创新到输出，实现了从"追赶"到"领跑"的历史性跨越。回望过去，中国高铁在关键技术上不断取得突破，如自主研发的复兴号高速动车组，采用的254项重要标准中，中国标准占到84%，能够适应高原、高寒、湿热、风沙等多种运行环境需求。复兴号家族已形成系列化产品，展示了中国高铁的硬实力。中国高铁还不断刷新世界纪录，例如，自主研发的世界领先新型复兴号高速综合检测列车创造了明线相对交会时速870公里的世界纪录，展现了中国高铁在技术创新方面的领先地位。截至2024年，中国高铁总里程已超过4.5万公里，位居世界第一。高铁网络覆盖全国主要城市，极大地方便了人们的出行，为经济社会发展提供了强有力的支撑。同时，铁路部门在交通欠发达地区常态化地开行公益性"慢火车"，降低了沿线百姓"走出去"的门槛，为沿线人民追寻美好的生活注入源源不断的活力和动力。中国高铁的成功，不仅是中国科技实力的体现，更是中华民族"自信自强、守正创新"品质的展现。

世界百年未有之大变局进入加速演变期，"东升西降"的发展态势对我国有利。我们要看清国际形势纷繁复杂现象下的本质，充分估计困难，善于主动求变，不断推动国际力量对比向着有利于我国的方向发展。自信自强、守正创新是应对时代之变的根本之策。实践证明，中国的发展、民族的复兴，立足点在于走好自己的路，关键在于办好自己的事。我们要紧跟时代步伐，顺应实践发展，坚持把国家和民族发展放在自己力量的基点上，坚持把中国发展进步的命运牢牢掌握在自己手中。自信自强、守正创新是应对历史之变的根本之计。我们党之所以能团结带领人民书写

---

① 《邓小平年谱（一九七五——一九九七）》（上），中央文献出版社2004年版，第413页。

中华民族几千年历史上最恢宏的史诗，一个重要原因就是坚持自信自立。新时代新征程，我们要坚定历史自信，增强历史主动，谱写新时代中国特色社会主义更加绚丽的华章。

当前，世界之变、时代之变、历史之变正以前所未有的方式展开。新征程上，中国发展的关键点在于坚持自信自强、守正创新，依靠顽强斗争打开事业发展新天地。

三　立志气壮骨气强底气："自强不息"的新时代实践

中华民族自强不息的精神始终秉持自我革新的意志，这一精神内涵成为中国共产党不断砥砺前行的内在精神支撑。特别是自党的十八大召开后，党和国家事业在多个领域取得了历史性成就，社会面貌发生了历史性变革。中国式现代化能够成功推进和拓展，一个关键因素在于我们坚持自强不息的精神理念，持续增强志气、骨气、底气，从而凝聚起强大的精神力量，助力我们在实现国家发展的道路上不断前行、克服困难。正如习近平总书记所强调，要"增强全党全国各族人民的志气、骨气、底气，不信邪、不怕鬼、不怕压，知难而进、迎难而上"[①]。

（一）立自强不息之志气

"志气"是一个多维度的概念，它融合了积极上进的态度、对理想的执着追求，以及深厚的家国情怀。中国人自强不息的志气更展现在对国家和民族未来的深切关怀中。中华民族自古以来就是有志气的民族。"匹夫不可夺志也。"（《论语·子罕》）有志气，

---

① 《习近平著作选读》第一卷，人民出版社2023年版，第23页。

就能为了理想信念和宏伟目标而百折不挠地努力奋斗。从古至今，无数先辈以他们的行动诠释了这种志气：从屈原"路漫漫其修远兮，吾将上下而求索"的坚定，到岳飞"精忠报国"的豪情；从孙中山先生"天下为公"的理想，到毛泽东等老一辈革命家为新中国奋斗终生的决心，都是中国人志气的生动写照。在新时代，这种志气依然熠熠生辉。从科研工作者夜以继日地攻克技术难关，到运动员在国际赛场上奋力拼搏，再到普通劳动者在各自岗位上默默奉献，每一个中国人都以自己的方式，展现着自强不息、勇于拼搏的精神风貌。

中华民族世代传递着飞天的梦想，这一千年梦想在新时代衍化为"敢上九天揽月"的凌云壮志和凯歌奋进的必胜信念。探月工程作为我国重大科技专项的标志性工程，2004年正式立项，2007年嫦娥一号实现首次月球环绕探测，2010年嫦娥二号完成月球探测继而开启行星际探测，2013年嫦娥三号实现月球软着陆，2018年嫦娥四号实现人类探测器首次造访月球背面，2020年嫦娥五号首次实现我国地外天体采样返回，2024年6月嫦娥六号完成人类历史上首次月球背面采样，突破多项关键技术，成为我国探月工程新的重要里程碑。实施20年来，汇聚起全国数千家单位、数万名科技工作者，相继突破关键技术，推动器件、材料、工艺等领域的技术创新，开创我国航天事业的里程碑。探月工程一系列标志性成果，凝结了勇于探索、敢为人先的决心和胆识，也昭示了坚韧不拔、自主创新的发展道路。探月精神既体现了追逐梦想的自信、坚定，又体现了成就梦想的勇毅、坚韧，充分展现了中国人的志气，再一次印证了中华民族以自强不息的顽强奋斗自立于世界民族之林的决心和能力。

探月工程只是一个缩影，在中国共产党团结带领亿万人民建设社会主义现代化的奋斗历程中，必然有无数要完成的工程，要践行的承诺,要达到的目标。正是在这个意义上,尤其要树立顽强拼搏、刻苦攻关的志气。距离实现民族复兴的目标越近,遇到的挑战考验就会越复杂,要坚持道不变、志不改,向着全面建成社会主义现代化强国的目标砥砺前行。中华民族是有创新胆识、进取精神的民族,不但能在苦难挫折中求索、在风雨飘摇中前进,更能在时代召唤下挺身而出,为复兴梦想而奋斗。

(二) 壮自强不息之骨气

"骨气"是个人成长的重要动力,它激励着人们不断追求进步,勇于面对挑战,实现自我价值。中国人的骨气也是国家形象的重要组成部分,它展示了中国人民的坚强、勇敢和自信,增强了国家的软实力和国际影响力,使世界更加尊重和认可中国,促进了中国与国际社会的友好合作和交流。这种精神在国家和民族面临困难时尤为显著。

2019年,庆祝中华人民共和国成立70周年之际,我国首次集中评选国家勋章和国家荣誉称号,通过最高规格褒奖功勋模范人物,弘扬民族精神和时代精神。黄旭华等8位同志获得"共和国勋章"。1959年,毛泽东以掷地有声之态说出那振奋人心的话语:"核潜艇,一万年也要搞出来!"如平地惊雷炸响,新中国核潜艇研制事业的大幕轰然拉开,黄旭华的人生轨迹自此与核潜艇紧紧缠绕。实际操作过程中,重重困难远超人们的想象。黄旭华初时以为核潜艇不过是常规动力潜艇装上一个核反应堆这般简单。但随着研究的逐步深入,核潜艇的规模吨位究竟几何?下潜极限深度能达到多少?水下自持力有多强?航速又是怎样的水平?这一连串关键问题和核心参数,在当时宛如无解之谜。面对如此困境,黄旭华和科研人员们并未退缩,而是从最基础的调查研究工作入手,经过漫长而艰辛的资料分析、整理过程,他们才终于对核潜艇有了初步的、轮廓性的认识，进而形成了一套尚显稚嫩的初步研制方案。然而，这份东拼西凑出来的报告，就像一座根基不稳的空中楼阁，其信息的可信度究竟几何？就在众人一筹莫展、陷入绝望深渊之际，转机悄然降临。同事历尽千辛万苦，辗转多方，终于拿到了两艘核潜艇模型。对于多年投身核潜艇研究却从未见过"真家伙"的黄旭华等设计人员来说，这无疑是黑暗中的一道曙光。他们瞬间心花怒放，如获至宝。随即，他们小心翼翼地将玩具模型大卸八块，开始了细致入微的测量、记录、绘图工作，并反复进行拆装操作，与他们之前的设计方案进行逐一对比、深入分析。经过无数个日夜的不懈努力，一个令人振奋的结果终于揭晓——模型与他们的设计方案高度相符！这一结果，如同给他们的研究工作注入了一剂强心针，有力地证明了他们之前的研究方向是正确的。在这片几乎空白的土地上，黄旭华和同事们凭借着顽强的意志和为国奉献的崇高精神，从最微小的细节做起，一步一个脚印，稳扎稳打，逐步奠定了核潜艇研制的各种技术基础，营造了良好的环境条件。

如今，放眼我国，新时代以来的基础研究和原始创新不断加强，一些关键核心技术实现突破，战略性新兴产业发展壮大，我国进入创新型国家行列。这辉煌成就的背后，离不开像黄旭华这样的科研先辈们，在艰苦岁月中筚路蓝缕、披荆斩棘的开创精神，他们为我国的科技发展奠定了坚实基础，激励着一代又一代科研工作者不断奋勇前行。

人民是共和国的坚实根基，是中国式现代化的主体。不止于科研工作者，这份骨气也是中国人民内在精神风貌和价值追求的集中反映，展现了中华民族在新时代背景下的自信、坚韧与创新。征途漫漫，只要激发敢于超越前人、敢于引领时代、敢于创造世界奇迹的骨气，投身中国式现代化的火热实践，我们必将迎来中华民族伟大复兴。

（三）强自强不息之底气

"底气"通常指的是一个人在面对挑战和困难时所表现出的自信、坚定和从容。国家的底气则是一个多维的概念，涉及国家的综合实力、国际地位、文化自信、人民支持等多个方面。

新时代推进中国式现代化，何其艰巨又何其伟大必然会遇到各种可以预料和难以预料的风险挑战、艰难险阻甚至惊涛骇浪。面对中华民族伟大复兴战略全局和世界百年未有之大变局，底气越足，越有利于形成攻难关、防风险、迎挑战、抗打压的强大合力，战胜前进路上的"拦路虎""绊脚石"，跨越复兴途中的"娄山关""腊子口"。在众多困难之中，摆脱贫困是重中之重。党的十八大召开后，经过八年的精准扶贫、五年的脱贫攻坚，如期高质量打赢脱贫攻坚战。到2020年年底，9899万农村贫困人口全部脱贫，832个贫困县全部摘帽，12.8万个贫困村全部出列，解决了区域性整体贫困，完成了消除绝对贫困的艰巨任务。按照现行标准测算，改革开放以来，我国农村贫困人口减少7.7亿，提前10年实现《联合国2030年可持续发展议程》减贫目标，创造了减贫治理的中国样本，为全球减贫事业作出历史性贡献，也是中国在世界之林"强起来"的底气所在。

2021年2月25日，习近平总书记在全国脱贫攻坚总结表彰大会上发表重要讲话指出，脱贫攻坚伟大斗争，锻造形成了伟大脱贫攻坚精神。遍布全国各地的300多万名第一书记、驻村干部以及广大乡村干部，让贫困地区变了样的同时，也播撒下自强不息的火种。壮族姑娘黄文秀2016年从北京师范大学硕士毕业，毅然放弃了都市的繁华，选择回到家乡，投身老区的建设热潮之中。"我出身于贫困山区，那里有我割舍不下的乡亲，我要回去，把希望的火种播撒给更多的父老乡亲,为改变家乡贫穷落后的面貌贡献自己的全部力量。"黄文秀的决心,如磐石般坚定,如火焰般炽热。回到百色市委宣传部工作不久,黄文秀便主动请缨,渴望到基层这片广阔天地中历练成长。2018年年初,她来到百坭村,担任驻村第一书记。彼时的百坭村,山路崎岖难行,交通极为不便,产业发展更是滞后不前,村集体经济几乎处于"空壳"状态。全村尚有103户473人未脱贫,贫困发生率高达22.88%,脱贫攻坚的任务艰巨得如同攀登一座陡峭的山峰。然而,对于黄文秀来说,百坭村却是一个可以让她施展才华、建设家乡的绝佳舞台。村里的贫困户分散居住在11个自然屯,多数距离村委会都在10公里以上。为了全面了解贫困户的情况,黄文秀采用了最"土"却也最有效的方法——挨家挨户登门拜访。在无数个日夜的走访调研中,黄文秀敏锐地找到了百坭村发展的关键路径:产业。她与村两委干部并肩作战,带领群众因地制宜地发展砂糖橘、八角、杉木等特色产业,为脱贫致富注入了源源不断的"造血"动力。从此,黄文秀的身影便忙碌在城乡之间,穿梭于村屯之中。她用担当和努力,换来了百坭村的巨大变化:屯内1.5公里的道路实现了硬化,4个蓄水池拔地而起,17盏路灯照亮了乡村的夜晚,集体经济收入增加了6万多元,有88户418人成功脱贫,贫困发生率从22.88%大幅下降到2.71%。然而,命运却如此残酷。当百坭村的发展势头正劲之时,2019年6月17日凌晨,黄文秀在返村工作的途中遭遇了突如其来的山洪,不幸牺牲。她用自己美好的青春,书写了新时代青年的担当与奉献。正如她在2019年3月驻百坭村满一周年时,看到汽车里程表恰好增加了两万五千公里,满怀感慨地写下感言:"我心中的长征,驻村一周年愉快。"黄文秀同志扎根基层、一心为民,她身上所具备的自强不息精神,是"时代新人"不可或缺的精神品质。广大青年群体应当以她为榜样，坚定理想信念，以积极进取的态度追求人生目标，保持开拓创新的精神，做社会进步的奋进者、国家富强的开拓者、民族复兴的奉献者，在实现中华民族伟大复兴的征程中绽放青春光彩。

"宝剑锋从磨砺出，梅花香自苦寒来。"这句古诗深刻地揭示了磨砺与成功之间的内在联系，也恰如其分地描绘了中华民族从积贫积弱走向繁荣发展的历程。这一历程，是数代人顽强拼搏、自强不息的奋斗史，是中华民族不屈不挠、勇于挑战的精神写照。长征途中，红军将士面临着极为严峻的挑战。他们不仅缺乏物资保障和后方支持，还需要在超越生命极限的恶劣自然环境中前行，他们夺关隘、渡险川、爬雪山、过草地，栉风沐雨，饮苦若饴。这种自强不息的奋斗姿态，不仅印刻在"风雨侵衣骨更硬，野菜充饥志越坚"的红军将士身上，也映照在"杀出一条血路来"的改革开拓者身上，定格在"人生能有几回搏"的新时代科技工作者身上，展示在"一代人有一代人的担当"的新时代青年身上。

总之，中华民族自强不息精神不是无本之木、无源之水，其孕育到生成发展经历了漫长的历史积淀，有着深厚的理论基础。习近平总书记指出，"一个民族之所以伟大，根本就在于在任何困难和风险面前都从来不放弃、不退缩、不止步，百折不挠为自己的前途命运而奋斗"[①]，一个国家和民族若是缺失自强不息精神，就会失去精神坐标和前进动力。新时代传承和弘扬"自强不息"的精神，要坚持同马克思主义基本原理相结合，同中国式现代化实践相结合。在新时代面对具有新的历史特点的伟大斗争中，自强不息精神必将发挥其更持久、更坚韧的精神力量！

---

① 习近平：《在全国抗击新冠肺炎疫情表彰大会上的讲话》，人民出版社2020年版，第26页。

第八章 "厚德载物"的道德观

文化与社会发展交相呼应。社会发展积淀为一定时期的文化，文化也会成为一种力量，赋能一定时空的社会发展。"所谓文化经济是对文化经济化和经济文化化的统称，其实质是文化与经济的交融互动、融合发展。"[1] 中华文化从价值层面深刻影响与制约着人们的一言一行。"要认真汲取中华优秀传统文化的思想精华和道德精髓，大力弘扬以爱国主义为核心的民族精神和以改革创新为核心的时代精神，深入挖掘和阐发中华优秀传统文化讲仁爱、重民本、守诚信、崇正义、尚和合、求大同的时代价值，使中华优秀传统文化成为涵养社会主义核心价值观的重要源泉。要处理好继承和创造性发展的关系，重点做好创造性转化和创新性发展。"[2] 以中国式现代化全面推进中华民族伟大复兴为坐标，从中华文明的基本精神深入阐释"厚德载物"的义理、内涵及意义，以文化伟力推动中国社会发展，具有重要理论意义与现实价值。

一　"厚德载物"的义理生成与历时展开

"厚德载物"作为中华文明的核心价值理念，其蕴含的"生

---

[1] 习近平：《之江新语》，浙江人民出版社2007年版，第232页。
[2] 《习近平谈治国理政》，外文出版社2014年版，第164页。

而不有，为而不恃，长而不宰"（《道德经》第十章）的伦理智慧，既根植于《易经》阴阳相济的宇宙观，又贯穿于中国社会五千年的道德实践史。从"衣养万物而不为主"（《道德经》第三十四章）的生态伦理，到儒家"民胞物与"（张载：《西铭》）的政治哲学；从乾嘉学派"实事求是"的学术精神，到中国共产党"为人民服务"的根本宗旨，这一理念始终展现着动态发展的理论品格。在当代马克思主义与中华优秀传统文化的结合中，"厚德载物"更升华为贯通天人关系、统摄历史主动性与客观规律性的文明范式。它不仅诠释着"道法自然"的东方智慧，更在构建人类命运共同体的全球实践中焕发新机，彰显出传统道德理念创造性转化与创新性发展的永恒魅力。

（一）生而不有，为而不恃，长而不宰："厚德载物"的义理阐释

基于语义学分析，"厚德"在先，而"载物"在后，二者是先后递进的伦理道德关系，二者相互包含、相互渗透又相互转换。由此，可以认为，"厚德"是前提，"载物"是结果，唯有"厚德"方能"载物"。

厚德载物原本是《易经》坤卦的卦辞，"地势坤，君子以厚德载物"。要想明确厚德载物的含义，就必须将这句话放在《易经》乾坤两卦的体系中去考察。《易经》的乾卦卦辞是"天行健，君子以自强不息"。"天行健"是对客观自然法则的描述，表示乾卦是代表宇宙运行的客观规律，"终日乾乾"而无所懈怠。君子要效法天道的这种坚韧、勤劳的道德品质，自强不息。作为乾卦的错卦，坤卦象征大地，其伦理道德本性是"顺"，"顺"什么？顺从客观存在的自然规律。所以，乾卦在卦辞上是"元亨利贞"，而坤卦在卦辞上则是"元亨，利牝马之贞"，因为马是柔顺的象征，

第八章 "厚德载物"的道德观

而且"牝马"指的是母马，其意义是阴，这也是乾卦代表阳、坤卦代表阴的意义所在。所以，从卦辞意义看，乾卦代表生生不息的阳，无往而不胜，而坤卦则代表柔顺的阴，既柔又顺，也就是生而不有，为而不恃，长而不宰，其意义在于要顺承乾卦的阳，阴阳交错进而相得益彰。

从义理角度考察，坤卦要"承天而时行"。因为宇宙有其自在的客观法则，这种法则不以人的意志为转移，也正因为如此，马克思主义哲学也从物质与意识的辩证统一角度对此进行了阐述。什么是物质？物质是不以人的意志为转移，但能被人的意识所反映的客观实在。"世界是为我们的意识所反映的这个客观实在的运动。和表象、知觉等等的运动相符合的是我们之外的物质的运动。"[①] 所以物质决定意识，意识反映并反作用于物质。在马克思主义的物质与意识的辩证法中，似乎也从另一种视角论证了乾、坤两卦的辩证意义。作为义理而言，乾、坤两卦是阴阳交错的，君子应当顺从天道，顺势而为，而不可妄为。"不知常，妄作凶。"（《道德经》第十六章）而是要求在天人之间保持合理的张力与平衡，顺势而成，这种"顺"则是厚德载物的伦理道德意义所在。

易学乾坤两卦的背景与义理在老子的《道德经》中有广泛而且深刻的阐发。在《道德经》第五章中，就有"天地不仁以万物为刍狗，圣人不仁以百姓为刍狗"的说法，关于这段话很多人并没有形成正确的认知。不少人想当然地认为，第一句话意即大自然是不讲仁义道德的，对待万物好比对待狗一样。而第二句话很多人理解得则更离谱，不少人由此臆测为，圣人是指在日常生活中按照道生活的人，普遍指的是执政者，有道的执政者对待老百姓也如同对待狗一样。这样的理解就是差之毫厘，谬以千里。从

---

① 《列宁选集》第2卷，人民出版社1972年版，第273页。

哲理来看，这句话所反映的是天道阴阳变化的自在与客观性，不以人的意志为转移。所以比较合理的理解应当是：大自然是客观自在的，不以人的意志为转移，对待万物就像对待人们祭祀祖先的草狗一样，而有道的执政者对待百姓也应当顺从天道的这种规则，对待老百姓应该一律平等而不应该有所区别。① 所以这句话所强调的意思是：一是大自然是客观自在的，不以人的意志为转移；在大自然面前人人是平等的，万物也是平等的，没有亲疏远近的说法，其中蕴含了人与自然和谐相处的重要思想。人脱胎于自然，人与自然唯有和平相处，而不能超越自然，更不能僭越自然，这就是现在经常提及的生态文明意识。"天地之间，其犹橐籥乎？虚而不屈，动而愈出。"大自然就像一个风箱，看似无物，实则充盈。以适当的方式推动，就能获得能量无穷的动力。相反，如果用力过猛或者不用力，都会适得其反。因而，"动而愈出"寓意万事不能操之过急，只要顺势而为则必有所成。"多言数穷，不如守中"则是指过犹不及，物极必反，为人处世只要恪守天道，恰到好处就行。从这一章去理解厚德载物就是恪守自然规则，不僭越规则，顺势而为则无所不为，这也是以"无为"诠释"厚德"的意义。

　　以"顺天道"为标志，以"无为"为特征，即厚德载物的价值主旨所在。而这种"德"在《道德经》多处有所描述，"生而不有，为而不恃，功成而弗居。夫唯弗居，是以不去"（第二章）。"生之、畜之，生而不有，为而不恃，长而不宰，是谓玄德。"（第十章）生养万物而不占有万物，作了贡献而不居功自

---

① "刍狗"是一个汉语词语，典故名，典出通行本老子《道德经》第五章，郭店简本《老子》无此句。郭店简本仅有本章中"天地之间，其犹橐籥乎？虚而不屈，动而愈出"。文义与通行本同。刍狗，古代祭祀时用草扎成的狗，在祭祀之前是很受人们重视的祭品，但用过以后即被丢弃。后引用以喻微贱无用的事物或言论。

第八章 "厚德载物"的道德观

傲,这就是"厚德"的内容,所以在第三十四章就有"衣养万物而不为主。常无欲,可名于小;万物归焉而不为主,可名为大"。此处一大一小所要表达的就是一种顺势而为而不妄为的人生境界。"无为而又有为"正是厚德载物的价值主旨。

由此可见,厚德载物所承载的是"无为而无不为"的精神,一是要认识、利用、顺承大自然的客观法则,达到客观规律性与主观能动性的统一。二是人的历史主动性应当有一个伦理道德界限,而不能妄为。三是"厚德"之"德"是无为之德,就是"生而不有,为而不恃,长而不宰"的包容精神。这种"道法自然"所蕴含的自然而然,体现出人与自然和解的生态智慧,因为"无为"而"无所不为",这就是"厚德"所以能"载物"的原因,体现出人的主观能动性与客观规律性的伦理道德一体精神。"厚德"才能"载物","载物"体现"厚德",二者相得益彰。

体会厚德载物的伦理意蕴,更要省思其中的文明智慧。古人在阐述"德"的时候,总是说"德者,得也"(《管子·心术上第三十六》)。那么,"德"所"得"是什么呢?就是"得道"。这里的"道"自然是天道。因而,作为主观性的"德"离不开客观性的"道","道"是"德"的根本,"德"是"道"的分享。"道"是普遍性,而"德"则是特殊性。"德"向"道"的回归是一个无限的进程,人之德是不断增"厚"的过程,又无限趋近于普遍性的"道"。同时,厚德载物是有为的过程。厚德载物的核心是"生而不有,为而不恃,长而不宰"的玄德。但是前提是"生、为、长"。因而,厚德载物前提在于要"有为",有为是无为的前提。老子由此指出:"为学日益,为道日损。损之又损,以至于无为。"(《道德经》第四十八章)"为学日益"就是要做功,做功也就是由少积多的过程。而做功到一定的时候就要为道,为道的核心在于要"损",损就是要克制,也就是"无欲",当然是

"无过欲",还要"损之又损",要时刻把握阴阳变换的度。另外,有为必须有赖于无为。有为与无为此消彼长,有为如果不节制就会导致"亢龙有悔"①。因而,有为之有是以无为保障与前提。要真正做到有所为一定要能无为,无为才是有为的前提,这也是无中生有的意义。可见,在厚德载物的伦理道德设计中,所厚之德既是有为之进取之德,也是以无为为担保的有为之德。因而,只有在有为与无为的辩证统一中,才能达到载物的效果。可见,厚德载物体现了"一阴一阳之为道"的辩证过程,是系统性的伦理道德设计,具有逻辑自洽性与理论合理性。

(二)"厚德载物"的历史脉络与时代内涵

在中国古代,"厚德载物"内涵随儒学发展不断深化,并不断在各个时期的治国理念中得到体现。春秋时期孔子提出"仁者爱人",立"为政以德,譬如北辰,居其所而众星共之"(《论语·为政》)的政治伦理;孟子以"民为贵"拓展其政治维度,树"得天下有道,得其民,斯得天下矣"(《孟子·离娄上》)的执政根基;西汉董仲舒构建"天人感应"体系,立"天人之际,合而为一"(《春秋繁露》)的德政天道;宋明理学更将之升华为"为天地立心"的宇宙伦理观,倡"仁者浑然与物同体"(《二程遗书》)的终极关怀。这一概念始终强调道德修为与社会责任的统一,形成"自明明德而新民,自诚意正心而平天下"(《大学章句》)的完整逻辑链,最终达成"圣人之心,以天地万物为一体"(王阳明:《传习录》)的德治境界。

近代以来,"厚德载物"呈现为救亡图存中的精神重构。鸦片战争后,张之洞等洋务派以"中体西用"重构传统道德,立"旧

---

① "亢龙有悔"是乾卦的上九爻辞,表示盛极而衰、物极必反的意思。

学为体，新学为用，不使偏废"（《荀子·劝学》）的调适之道；康有为托古改制将"厚德"与维新思想结合，倡"孔子改制，六经皆孔子改制所作"（《孔子改制考》）的变革逻辑。新文化运动时期，李大钊创造性转化"厚德载物"为"劳工神圣"的平民伦理，呼"须知今后的世界，变成劳工的世界"（《庶民的胜利》）的时代新声；蔡元培在北京大学确立"兼容并包"的现代教育理念，主"大学者，囊括大典，网罗众家之学府也"（《〈北京大学月刊〉发刊词》）的开放胸襟。这种嬗变折射出传统道德向现代民族精神的转型，形成"守先待后，返本开新"（冯友兰：《新理学》）的文化自觉，为传统文化注入"苟利国家生死以"（林则徐：《赴戍登程口占示家人》）的救亡图存使命。

现代以后，"厚德载物"展示出丰富的马克思主义内涵。新文化运动后期，早期共产党人开始用唯物史观重新诠释传统道德。瞿秋白提出"无产阶级的新道德"，艾思奇在《大众哲学》中论证传统美德与革命伦理的契合性。这种理论探索为马克思主义伦理观的中国化开辟道路，使"厚德载物"从士大夫伦理升华为人民本位的革命道德。尤其是中国共产党成立以后，对"厚德载物"的传承与发展，在很大程度上促进了中国社会的进步。

新民主主义革命时期（1921—1949）革命道德的塑造。毛泽东在《为人民服务》中确立"完全彻底为人民服务"的革命伦理，将传统"厚德"转化为阶级立场。延安整风运动通过"惩前毖后，治病救人"方针，构建起批评与自我批评的道德实践范式。土地改革中"耕者有其田"政策体现物质解放与道德解放的统一；《三大纪律八项注意》将传统"仁义之师"理念制度化；解放区开展扫盲运动，使5000万农民获得文化翻身。白求恩精神彰显"毫不利己专门利人"的国际主义道德，朝鲜战争中志愿军以"爱护朝鲜一山一水"践行道义担当，都从不同侧面彰显出"厚德载物"的不同侧面内涵。

　　社会主义革命与建设时期（1949—1978）集体主义道德的确立。在理论创新层面，刘少奇在《论共产党员的修养》中系统论述无产阶级道德修养论；雷锋典型树立起"螺丝钉精神"的集体主义标杆；大庆油田"三老四严"作风将传统诚信观融入工业化建设。在社会治理层面，单位制通过"先进生产者运动"构建道德激励体系；爱国卫生运动将"修身"拓展为公共卫生道德。在外交实践层面，周恩来提出和平共处五项原则，万隆会议上"求同存异"方针展现东方智慧；对第三世界国家援建坦赞铁路等工程，践行"达则兼善天下"的国际责任。

　　改革开放与社会主义现代化建设时期（1978—2012）道德建设的系统化。从理论突破看，邓小平提出"两手抓，两手都要硬"，将精神文明建设纳入现代化总体布局；《公民道德建设实施纲要》确立20字基本规范；社会主义荣辱观实现传统义利观的现代转化。从实践创新看，文明城市创建活动将道德建设指标化；抗击非典中"白衣天使"精神重塑职业伦理；汶川地震救灾展现"一方有难八方支援"的民族凝聚力。从全球视野看，加入WTO时承诺遵守国际规则体现大国诚信；应对金融危机时坚持"同舟共济"，举办中非合作论坛践行共同发展理念。

　　中国特色社会主义新时代（2012年至今）人类命运共同体的道德升华。习近平总书记将"明大德、守公德、严私德"纳入全面从严治党；社会主义核心价值观24字提炼传统美德精髓；"人类命运共同体"理念赋予"厚德载物"全球伦理价值。脱贫攻坚战中300多万驻村干部践行"民胞物与"情怀；抗疫斗争彰显"生命至上"的人本伦理；"一带一路"建设通过共商共建共享体现和合之道。敦煌文保工程展现文明传承担当；亚洲文明对话大会倡导"各美其美"；碳达峰碳中和承诺彰显生态伦理责任。2023年全球文明倡议提出"四个共同倡导",确立新时代国际交往道德准则。

综上,中国共产党百年历程中,"厚德载物"经历了从革命道德到建设伦理、从民族精神到人类价值的升华,其发展脉络呈现三大规律:始终立足具体历史条件,将传统道德转化为解决时代课题的精神力量;道德范畴从个人修养扩展到政党伦理、国家治理直至全球治理;通过马克思主义基本原理同中华优秀传统文化相结合,实现伦理范式的创造性转化。当前全面建设社会主义现代化国家新征程中,"厚德载物"继续为破解资本逻辑弊端、构建新型国际关系、推进人与自然和谐共生提供价值指引,彰显中华文明的时代生命力。

二 相契之道:"厚德载物"的唯物辩证法理解

"地势坤,君子以厚德载物。""地势坤"讲客观性的天道,"君子以厚德载物"讲主观性的人道;前一半讲究事物的客观性,而后一半又讲究人的主体性。因而,"地势坤,君子以厚德载物"实际上讲的客观性与主观性的关系,强调主体性与客观性的合一,与唯物论、辩证法及认识论有高度契合性。

一是主体性与客观性的辩证统一。马克思主义认为,物质决定意识,意识反映并反作用于物质。这就要求人的活动要发挥主体性,但是主体性的发挥要尊重客观规律性。主体性与客观性的辩证统一贯穿整个马克思主义哲学的始终,体现为马克思主义的唯物论、辩证法、实践论及认识论,也就是辩证唯物主义与历史唯物主义,也贯穿马克思主义的政治经济学与马克思主义的科学社会主义理论。

"地势坤,君子以厚德载物。""德"是"道"的分享与遵循,"德"是一个昭示主体性的范畴,不同的人因为对"道"的分享不同，所以"德"的水平是不同的。在日常生活中，我们常常讲某人的道德水平怎么样，就是说明道德是一个永远有待完成的过程，不同的个体有不同的道德，而道德的多样性是源于作为主体的人对客观性道的分享与遵循。在"地势坤，君子以厚德载物"中，君子厚德载物的德性与德行源于哪里呢？自然是乾卦的"天行健"，"时乘六龙以御天"，指的就是乾卦的阳刚之气，《易经》中的乾卦象征着宇宙法则，生生不息，因而象征天；而坤卦则是象征地，在某种意义上，又可以比喻为乾卦是太阳，坤卦是月亮，乾卦是男人，坤卦是女人，等等。总之，一个是至刚至阳的客观性，而另一个则是至顺至柔的主体性，乾卦好比"道"，坤卦好比"德"，"地势坤"就是对"天行健"的分享。如前文所析，"天行健"的道德本性是"天地不仁以万物为刍狗"，没有亲疏远近的区别，也暗藏公平的自然性质。那么落实与体现为"地势坤"的时候，就是顺其自然、无为而成的厚德载物，亦即上面所提的"生而不有，为而不恃，长而不宰"之玄德。因而，从马克思主义角度看乾坤两卦变换，实际上就是"天行健"与"地势坤"的辩证，也是客观性与主体性的交互、交织的关系。

二是矛盾的对立统一规律。"辩证法的核心是对立统一规律。"[①]任何一个事物都生活在矛盾的双方当中，矛盾无时不在，无处不有；时时有矛盾，事事有矛盾。一切事物都处在矛盾当中。这是矛盾的普遍性原理。当然，矛盾也有特殊性。不同的事物有不同的矛盾，同一矛盾在同一事物的不同阶段也不同，这就是矛盾的特殊性原理。当然矛盾的普遍性与矛盾的特殊性也是一对矛盾，它们之间相互包含，相互渗透，相互转化。总之，矛盾的分析方法是强调矛盾的双方既对立又统一的关系。其中，矛盾双方统一性就表示为矛

[①]《毛泽东文集》第8卷，人民出版社1999年版，第326页。

第八章 "厚德载物"的道德观

盾双方相互包含，相互渗透，相互转化。而矛盾的对立性就是指矛盾双方各有各的特点，体现为个别性和个体性。在中国哲学里面，这一点是用"一阴一阳之为道"的原理来阐述的。也就是说任何事物包含阴阳两面。所以《道德经》里面有一句话，"万物负阴而抱阳，冲气以为和"（《道德经》第四十二章）。也就是说，万事万物是矛盾的构成体，它体现为阴和阳的对立面。而矛盾双方相互包含，相互渗透，相互转化，就是"冲气以为和"的道理，也是新事物诞生的原理。总之，矛盾的既对立又统一，是构成世间万事万物的前提与存在的样态。任何人与事都离不开矛盾，没有矛盾，也就没有任何事物，也就更不存在发展，矛盾的对立统一规律是核心规律。

"地势坤，君子以厚德载物"怎么体现唯物论辩证法中矛盾的对立统一呢？首先"厚德"和"载物"就是一对矛盾。"厚德"讲究的是人的品性、思想与行为，"载物"是人的道德外化。因此，"厚德"与"载物"是矛盾中的双方，没有"厚德"也就不会有"载物"。当然，如果没有"载物"也不会有"厚德"。因此，二者之间彼此渗透、相互转换。同时，"厚德"体现的是"一阴一阳之为道"的原理。根据前文分析，"厚德"里面包含两个词语，一个是有为，一个是无为。具体来说就是"生而不有，为而不恃，长而不宰"的玄德。先有"有"才有"无"，然后才有"载物"。君子厚德，就是"一阴一阳之为道"的体现，重点体现为个体应该怎么去处理有为和无为的关系。就如《道德经》第四十章所说：反者道之动，弱者道之用。万事万物都是相反相成的，没有一成不变的事物。这告诉我们，物极必反是存在的。那么，如何保持一个"有"的状态呢？就应该"弱者道之用"。所以，"反者道之动"是客观性天道的表述，而"弱者道之用"是主体性人道的表述，"反者道之动，弱者道之用"体现的是天人合一的关系。"天下万物生于有，有生于无。"什么叫"天下万物生于有"呢？那就是万事万物，首先是有一个"有"的过程，所谓"有的过程"是指人或者事物有一个做功的过程，但是，当"有"达到一定程度的时候，就要控制一个度，因为"反者道之动"。如果不控制一个度，就会走向事物的反面。因而，"弱者道之用"，人们应该在坚持"有为"的前提下保持一种合理的状态，两者所体现的就是有为和无为的关系。有为和无为的关系，既对立又统一，它就是唯物辩证法矛盾的对立统一性。正如前面所分析，"厚德载物"体现的是"天行健，君子以自强不息"与"地势坤，君子以厚德载物"之间的辩证关系。"天行健"所代表的是天道，是宇宙的客观规律，而"地势坤"所体现的是人道。所以"天行健，君子以自强不息"与"地势坤，君子以厚德载物"体现的是乾卦与坤卦的辩证关系。乾卦代表天，坤卦代表地。乾卦代表客观性，坤卦代表主体性。乾坤两卦相互包含，相互渗透又相互转化、相互对立，体现了矛盾的对立统一，二者具有理论的契合性。

三是质、量、度的关系。马克思主义的唯物辩证法中存在质、量、度的辩证关系。其中，"质"是指一个事物之所以是某一个事物的性质；"量"是指一个事物之所以是当前某个事物，而"度"则是事物保持自己的质的范围和限度。如果"量"的积累到一定时候，突破了中间的"度"的数值，就会发生质变，这就是量变和质变的关系。"量变引起质变。"①

在马克思主义基本原理中，量变就是一个事物量的积累，是质变之前事物之所以是某个事物的属性。当某一个事物处在量变的时候，呈现的就是那个事物。但是，当量的积累到了一定的时候就会走向质变。所以，量变是质变的前提，持续的量变就会走向质变。

---

① 《马克思恩格斯选集》第3卷，人民出版社2012年版，第904页。

第八章 "厚德载物"的道德观

而质变又会产生新的量变，所以事物的发展就总是体现为量变、质变、量变、质变……过程。在量变走向质变的过程中，存在一个度，突破了那个度，事物的性质就会发生变化。比方说，我们用马克思主义基本原理来分析社会革命事件的时候，为什么说戊戌变法是改良主义，而不是革命事件？那是因为戊戌六君子所进行的改良活动是为了维护封建社会的专制统治，因而所进行的活动只是在以往制度的基础上的补补修修，事物的性质并没有发生根本性的改变。因而，戊戌六君子所进行的"百日维新"是一个没有发生性质改变的社会改良运动，它只是在封建社会内部的一个量变过程。再比方说，水由液态水变为水蒸气，它是量变。因为水蒸气它只是水分子、水颗粒在空中的悬浮状态，它的本质依然是水，因而它依然在量变的过程当中没有发生质变。可见，量变是某一个事物处在一定阶段过程当中的数量的变化，而质变则是量的积累导致事物的性质突破了一个度，继而导致事物性质发生改变，所以叫质变。马克思主义的量变和质变的关系原理告诉我们：在日常生活当中，要想保持一个事物的性质，就一定要保证不要突破度的临界点，让事物保持在原有的状态之内。要促成某个事物发生改变，那就要使它进行量的积累，然后使它的性质发生改变。所以中间这个度是特别难以把控的一个事物，由此也显示出它是一个特别有意义，尤其要防范的事物与过程。

"地势坤，君子以厚德载物"如何是一个量变和质变的关系问题呢？正如刚才所分析的那样，"君子以厚德载物"，君子的"厚德"就是"生而不有，为而不恃，长而不宰"的玄德。那么，其中的内核就是有为和无为的关系。所以，君子要效仿天和地的关系，尤其是"地势坤"的关系。生养了万物，但是从来不占有、主宰万物。这也是道家所讲的"不妄为"与无欲的原理。但是，从没有意志、没有意识的"地"来说，天地遵循客观规律，生养万物而并没

217

有意识,从不主宰、占有万物。那么,这就是无为和无欲的关系。君子讲仁德,个体要效仿天地这种无为的关系首先要做到有为,要做功,要有一个"有"的过程。比方说,去教导学生、辅导小孩、财富的创造,等等,这都是有为的过程。但是,"天行健"和"地势坤"的天人合一道理告诉我们:反者道之动。万物"负阴抱阳",事物都蕴含阴阳变化,任何一个事物突破了自身的"度"就会走向反面。既然"地势坤,君子以厚德载物"讲的是人德,所以人也要效仿"地",自然而然地无为。也就是说,在做完功以后不能邀功、骄傲,如果出现这个问题就又会走向反面,就突破了"度"的原理与原则。所以,在《道德经》第九章这么描述:"持而盈之,不如其已。"一个水杯已经很满了,如果再加水就一定会溢出来。"揣而锐之,不可常保。"一支很尖的铅笔,再削则断。"金玉满堂,莫之能守。"拥有很多财富,但是依然不能抑制贪婪之心,就一定会走向反面。"富贵而骄,自遗其咎。"倘若又富又贵,心态骄傲自满,最后的结果就是自遗其咎。道家用这种对立统一的观点来阐述"反者道之动"的原理。这些原理,尤其是"天行健""地势坤"天人合一的观点一再警示人们:在日常生活中,绝对不能够突破事物发展的度。可以有为,但是一定要做到有为中的无为与无为中的有为,二者既统一又对立。个体只有有为才会有事业的成功,但是个体如果只能有为,而不能做到无为,就难以有事业的成功。这就是老子说的"为学日益,为道日损,损之又损,以至于无为,无为而无不为"(《道德经》第四十八章)的大道理。所以"地势坤,君子以厚德载物"体现了质变、量变和度的辩证关系原理,并启迪我们:做任何事情一定要在无为的基础上去有为,只有合理把握"度",让事物在发生与发展过程中保持平衡张力,才能保持事物的和谐状态,才能保证"有"的情形。

"地势坤,君子以厚德载物"的哲学智慧,历经千年仍焕发着

第八章 "厚德载物"的道德观

跨越时空的生命力。在新时代的语境下,"厚德载物"已从传统的道德修养命题,升华为一种关乎人类文明存续与全球治理的实践方法论。当今世界正经历百年未有之大变局,气候变化、贫富分化、技术伦理等全球性挑战,无不需要以"厚德"为根基的包容性发展观。中国共产党提出的人类命运共同体理念,正是"厚德载物"的当代演绎——以"共生共荣"取代"零和博弈",以"普惠共享"超越"单边主义",在生态文明建设中践行"生而不有"的治理智慧,在脱贫攻坚中体现"为而不恃"的奉献精神,这正是马克思主义关于人的自由全面发展理论与中国传统治理智慧的创造性融合。

"厚德载物"在马克思主义视域中揭示出精神文明对物质基础具有能动的建构性力量。这里的"德"并非抽象的道德说教,而是社会意识对社会存在辩证反作用的集中体现,是生产关系在伦理维度的对象化表达。历史唯物主义突破经济决定论的机械理解,强调上层建筑具有相对独立性,当"德"作为社会价值共识的结晶,其内涵必然随着生产方式变革而演进:农耕文明的"仁德"对应着宗法伦理秩序,工业时代的"公德"映射契约社会需求,而社会主义的"大德"则指向"人的自由全面发展"这一终极价值取向。这种精神文明的形塑过程,实质是物质生产活动的伦理抽象与价值升华,当生产关系与先进道德规范形成共振时,"德"便转化为推动生产力解放的精神动能。马克思揭示的"物质生活的生产方式制约着整个社会生活、政治生活和精神生活的过程"的经典论断,在此获得辩证补充——凝结着"德"的精神文明通过重构劳动价值认知、优化生产要素配置、激发主体创造性,反向作用于物质生产领域,形成螺旋上升的历史辩证法。

"德"的现代性转化本质上是对资本逻辑物化统治的哲学超越。在资本主义生产关系中,"德"被异化为维护私有产权的工具理性,而在社会主义条件下,"厚德载物"升华为调节社会关系的价值枢纽。马克思主义批判继承费尔巴哈"类本质"思想，将"德"从抽象人性论提升至社会实践层面：作为意识形态的"德"，既是对经济基础矛盾的价值回应，更是通过集体理性引导物质文明走向的导航系统。当"德"的内涵真正体现"自由人联合体"的伦理追求时，便能催生破除拜物教的新型生产关系——生产资料的社会化占有需要集体主义道德支撑，按劳分配向按需分配过渡需要共产主义觉悟引领，生态文明建设需要天人合一的生态伦理奠基。这种"德"的创造性转化，使精神文明不再被动反映物质存在，而是通过塑造劳动价值共识、重构财富创造逻辑、优化资源配置原则，成为物质文明跃升的深层动力，最终实现《资本论》预言的"必然王国"向"自由王国"的历史跨越。

"厚德载物"的新时代内涵，更在于重构发展的价值坐标系。当资本逻辑的扩张遭遇生态红线，当效率至上的思维碰撞公平诉求，我们更需要以"载物"的胸怀平衡多元价值：在经济发展中厚植生态伦理，在科技创新中注入人文关怀，在城市建设中保留文化根脉。浙江省"千村示范、万村整治"工程的二十年接续奋斗，塞罕坝三代人将荒漠变林海的绿色奇迹，正是"厚德"精神在时空维度上的生动诠释——既要有"功成必定有我"的历史担当，更需涵养"功成不必在我"的精神境界。

三 "功成不必在我"："厚德载物"的当代价值

"厚德载物"彰显的历史唯物主义伦理观，在当代社会发展中呈现为"功成不必在我"的主体性价值自觉。面对百年未有之大变局的时空场域，中华民族伟大复兴进程正展现出历史必然性与实践能动性的辩证统一。新时代分阶段战略目标的确立，本质上要求构建与之匹配的文明价值体系。当前文化建设的深层使命，在于通过

第八章 "厚德载物"的道德观

传统伦理智慧的现代性转化，为中国式现代化提供具有文明根性的价值供给与文明范式支撑。这需要系统推进中华优秀传统文化的范式重构：在马克思主义基本原理指导下，将"厚德载物"蕴含的代际责任伦理，升华为社会主义现代化建设的实践方法论；使"功成不必在我"的价值共识转化为制度创新的深层动力，贯穿新发展理念实践全过程。通过伦理秩序与现代治理体系的深度融合，形塑超越工具理性的发展观，为全面建成社会主义现代化强国奠定文明根基，实现中华文明从传统德性伦理向现代治理文明的创造性跨越。

一是厚德载物与政治文明。"领导干部要讲政德。政德是整个社会道德建设的风向标。"[①] 厚德载物的伦理道德意义主要在于"德"和"载"，核心就在"德"的内涵。所谓"载"物，就是成就事物。而成就事物有很多种方式，有直接的成就，也有间接的成就，还有其他方式的成就。而在厚德载物这个成语中，这个"德"更多的是无为之德，也就是上文在探讨过程当中所提出来的"生而不有，为而不恃，长而不宰"的玄德。这就要求执政者在执政过程中，既要有所为又要有所不为。所谓"有所为"就是要把国家、民族、人民的利益摆在首位。无论是政策的制定、实施还是践行，都要始终围绕人民群众的利益来谋划，真正做到以人民为中心。当然，无为是以有为为前提，与当下流行的"躺平"有本质的区别。"躺平"的价值观是抽象的价值观，是把个体孤立于整体之外的逃避，也是一种不切实际的幻想。当然，道家包括易学所提出的无为，是先讲有为，也就是前面所讨论的"为学日益"，然后在这个基础上为了保持或维护所取得的成果，要做到有为中又有无为，就是要损之又损。所以，无为在系统中尤其是在阴阳变化整体中保持乐观和紧张的技巧，目标是有为。相比较而言，躺平是没有有为的

---

① 《习近平关于全面从严治党论述摘编》，中央文献出版社2021年版，第342页。

无为，是切切实实的无所作为。在权力的实施过程当中，执政者尤其要形成公权力的道德信仰，要始终把权力代表公共利益的一面贯彻到自己的日常生活当中。既不回避权力，也不崇拜权力，而是要敬畏权力。敬畏的本质就是要把自我的利益和国家民族的利益尤其是人民群众的利益摆在一起，真正做到"权为民所用，情为民所系，利为民所谋"。要把该做的做好，而不能越规矩。任何个人都不能借公权力的机会去谋求个人私利，这一点对执政者的道德品质有极高的要求。"马克思、恩格斯说过：一切公职人员必须'在公众监督之下进行工作'，这样'能可靠地防止人们去追求升官发财'和'追求自己的特殊利益'。从查处的腐败案件看，权力不论大小，只要不受制约和监督，都可能被滥用。要强化制约，合理分解权力，科学配置权力，不同性质的权力由不同部门、单位、个人行使，形成科学的权力结构和运行机制。"[1] 在日常的生活中，要始终以一名优秀的中国共产党党员的标准严格要求自己、规范行为，真正做到自我的利益与国家、民族、人民的利益融为一体，"小我"与"大我"达到辩证统一。当自我利益与整体利益发生冲突时，应该无条件地服从整体利益。尤其要杜绝以权谋私的行径，因为，这些不道德的行为不仅是对自身职业精神的违背，甚至会侵犯公共利益，会危害到人民群众的切身利益，最终走向权力的异化。综上所述，厚德载物在政治上的文明价值，就是要真正做到以人民为中心，也就是中华文化提倡的"知至至之，可与言几也；知终终之，可与存义也"（《易传》）的价值标准和价值目标，以"功成不必在我"的理想抱负在强国建设、民族复兴的征程中实现自我价值。

二是厚德载物与经济文明。道德与经济永远是一对孪生儿。作为一种价值取向，道德以向善为价值追求，经济以谋利为价值目

---

[1] 《习近平关于党风廉政建设和反腐败斗争论述摘编》，中国方正出版社2015年版，第128页。

第八章 "厚德载物"的道德观

标。"引导人们向往和追求讲道德、尊道德、守道德的生活，形成向上的力量，向善的力量。"① 正是因为这种意义，道德与经济相生相克，如影随形。中华优秀传统文化中的厚德载物，倡导无为而无所不为，要求人们在日常经济生活当中要从四个方面建设好经济和道德的关系。第一是人与人的关系。在社会生活当中，经济与道德的存在都是以人和人的存在为前提的。如果世界上没有人或者人和人之间不构成一种关系，则无所谓构建经济关系与道德意义。在人和人的关系当中，尤其不能因为经济牟利冲动而损害人和人之间的公共性存在的意义和价值。人们生活在一个共同体中，共同体是个体存在价值属性。如果人们只为了经济的牟利而忽视了个体作为公共存在的意义，最终会导致个体与公共存在的两败俱伤。所以在经济活动中，人和人的关系要有底线。这种底线就是人和人之间应该恪守的道德底线，要有所为而有所不为。第二是人与自然的关系。如果从宇宙论来看，人和自然的关系是对等的，也是平等的，更是共生的。人和自然应该相互尊重、和平共处。但是人高于自然的地方就在于人有思维、有意识，能够反思自己，能够反思和自然的关系。也正是因为这种意义，马克思才说"蜜蜂建筑蜂房的本领使许多建筑师相形见绌。但是，最蹩脚的建筑师从一开始就比最灵巧的蜜蜂高明的地方，是他在蜂箱里建筑蜂房以前，已经在自己的头脑中把它建成了"②。最聪明的蜜蜂，可能会搭建最华美的蜂房，但比最笨的人还差的地方就在于人还没有建造房之前，就已把构建房子的图纸构建好，这就是人和动物之间最本质的区别。正是因为人拥有这种智商，所以很容易在和自然的相处中破坏自然、践踏自然，肆意地从大自然捞取好处为自己牟利服务。实际上，人和自然也是

---

① 《习近平关于社会主义精神文明建设论述摘编》，中央文献出版社 2022 年版，第 180 页。
② 《马克思恩格斯全集》第 43 卷，人民出版社 2016 年版，第 180 页。

公共存在的，没有自然也就没有人。如果只有人也不会有自然，人和自然是以彼此的存在为前提的。当然，为了一己私利去破坏大自然的时候，也一定会受到大自然的报复。所以厚德载物告诉我们，在人和自然关系的相处当中，人尤其不能因为一时的私利，而僭越大自然。人与大自然以及人和其他生物的存在，都是相生相克的。当你有所得之后就一定有所失，世界都是保持在一个整体性的生态系统当中的。"必须牢固树立和践行绿水青山就是金山银山的理念，站在人与自然和谐共生的高度谋划发展。"① 第三是人和社会的关系。社会是由人构成的。所以社会存在的最基本要求是人们要拥有共同的价值取向。如果在一个社会的共同体当中，每一个人都只从自己的利益出发。人人为自己，上帝为大家，不是一个伦理的社会，而是一个原子化的社会。用黑格尔的说法，就是一个教化的社会。在这种社会当中，人的存在不能凸显作为公共人的意义。所以厚德载物告诉我们：人和社会的关系要相互关照。人应该以公共价值面目出现，维护社会中他人的利益，社会也应该回报个体，在人和社会的相互关系当中，达到和解。人尤其不能因为个人谋取利益而过度地去践踏社会利益，破坏社会的共同体。第四是人与自身的关系。人与自身也构成一对矛盾。不仅是思维和肉体的关系，也体现为在意识中自我和自我的关系。人的肉体是人存在的前提。一个人如过分追求自己的欲望，超过一定的底线，就会以损害自身的身体为代价。每个人所要达到的目标不同，每个人所拥有的能力不同。人们做人做事一定要因人而异，因事而异，因时而异。要妥善处理自己的理想和自己的能力以及自己所处的条件的关系，各种不同的要素之间达成和解。绝对不能为了一时的利益诉求而损害自己的身体乃至于生命健康。"君子喻于义，小人喻于利"（《论语·里

---

① 《习近平著作选读》第一卷，人民出版社2023年版，第41页。

第八章 "厚德载物"的道德观

仁》）说的也是这个意思，就是要以"功成不在我"处理人与人、自然、社会的关系。

三是厚德载物的文化意义。文化是一个国家求真、向善、向美的力量。"没有先进文化的积极引领，没有人民精神世界的极大丰富，没有民族精神力量的不断增强，一个国家、一个民族不可能屹立于世界民族之林。"[1] 一个国家，一个民族，如果没有文化的积淀，没有文化作为价值的支撑，这个民族的事业甚至于这个民族的发展将会成为一个巨大的问题。文化与文明是两个不同的概念。文化虽然有普遍性特征，但是更多呈现的是多样化。而文明与文化比较起来，有更深层次的普遍性特征，所以我们说世界上有四大文明古国，而没有说是四大文化古国。总之，文化趋向多样性，而文明趋向普遍性。文化是文明的表现，文明是文化的底蕴。厚德载物倡导有所为的同时要有所不为。这个理念对构建中国特色社会主义文化有重要的启示意义。1917年十月革命一声炮响，给中国送来了马克思列宁主义。马克思主义作为一种先进的文化，与本土文化开始了融合之旅。当前，我们正在开展伟大的中国特色社会主义实践，需要强有力的文化提供精神滋养。习近平新时代中国特色社会主义思想是当代中国马克思主义、二十一世纪马克思主义，是中华文化和中国精神的时代精华。在全面建设中国特色社会主义新征程中，构建中国特色社会主义文化，首先要坚持以马克思主义为指导。20世纪前后，中国人民为什么选择了马克思主义？不仅仅是因为马克思主义的理论具有哲学、经济学以及国家学说等科学的立场、观点与方法，最重要的是马克思主义理论将人民立场作为马克思主义政党的根本政治立场。相比而言，中国几千年的封建专制文化构建了一个"三纲五常"，以仁义礼智信为核心价值的意识形态理论，但

---

[1]《习近平关于社会主义精神文明建设论述摘编》，中央文献出版社2022年版，第19页。

是它所代表的是地主阶级的利益，与农民阶级形成对立的剥削关系。而西方的自由主义虽然倡导自由，也只是一种狭义的自由，因为只代表的是资本家的自由，代表的是生产资料私有制的自由，广大的工人阶级、农民阶级依然被资本家剥削。马克思主义相比西方自由主义以及中国的封建专制文化具有无可比拟的优越性。在新的历史条件下，我们始终要坚持守正创新，高举中国特色社会主义伟大旗帜，洋为中用、古为今用。要充分吸收一切人类文明成果。以厚德载物的理念滋养新时代文化建设，尤其要注意几个方面的要求。一是要坚持马克思主义作为意识形态文化的价值底色。对待中国传统文化，要去粗取精、去伪存真、兼收并蓄，尊古不复古，返本开新，实现中华优秀传统文化的创造性转化与创新性发展，"要在马克思主义指导下真正做到古为今用、洋为中用、辩证取舍、推陈出新，实现传统与现代的有机衔接"[①]。二是抵制文化庸俗化、低俗化和媚俗化。文化求真、向善、向美，文化的价值内涵与市场牟利是相对而行的。在市场经济比较发达的今天，人们绝对不能因为牟利的需求与利益的需要而降低文化的品格，使文化成为物质的奴婢，最后导致文化庸俗化、低俗化和媚俗化。总之，厚德载物告诉我们，在建构中国特色社会主义文化体系中，始终要坚持以马克思主义为指导，形成具有中国特色、中国气派、中国风格的文化理论。在这个问题上，厚德载物提供了方法论支撑，就是要有所为去构建，但是不能过度。比方说文化市场化，并不是说文化不能用于市场宣传，而是说不能因为过度的市场化而使文化褪去本色；吸收传统文化，也没有说不能去吸收与运用，而是说不能在引用吸收的过程中无条件复古，无法做到合理化扬弃。"坚持古为今用、推陈出新，把马克思主义思想精髓同中华优秀传统文化精华贯通起来、

---

① 习近平：《在文化传承发展座谈会上的讲话》，人民出版社2023年版，第11页。

第八章 "厚德载物"的道德观

同人民群众日用而不觉的共同价值观念融通起来。"① 厚德载物提倡"有所为而有所不为"的世界观与方法论，对建设中国特色社会主义文化意义重大。

因为在厚德载物的经济文明意义这一部分的讨论中，已经初步涉及人与社会的关系、人与自然的关系以及人与人的关系。在某种意义上已经关切到厚德载物作为一种传统资源对社会建设、生态文明建设的指导意义。社会建设倡导人们之间的共同体价值，而生态文明建设提出人与自然要和谐相处，在这个问题上不再一一赘述。总之，"天行健，君子以自强不息"强调宇宙观的客观性；"地势坤，君子以厚德载物"突出的是坤卦对乾卦的顺从，这种顺从尤其体现在"君子以厚德载物"的人道思想。这里的"德"就是要有所为而有所不为，其实质是"生而不有，为而不恃，长而不宰"的玄德。在"两个结合"的维度上体现出与马克思主义的唯物论、辩证法以及认识论的高度契合性。其隐喻的意义是：阴阳辩证，物极必反，"反者道之动，弱者道之用"（《道德经》第四十章），要在遵循规律客观性的前提下诉求天人合一。人的历史主动性发挥唯有做到"有所为而有所不为"，妥善处理人与人、人与自然、人与社会以及人与自身的关系，在价值取向上诉求"功成不必在我"，社会就会不断地趋向个体至善与社会至善的和谐与进步。

---

① 《习近平著作选读》第一卷，人民出版社2023年版，第15页。

第九章 "讲信修睦"的交往观

"讲信修睦"是中华优秀传统文化中的重要理念之一，它强调诚信与和睦的重要性，是君子处世之道、国家执政之基。党的二十大报告指出"弘扬诚信文化，健全诚信建设长效机制"[①]。诚信是实施公民道德建设，提升整个社会文明程度的重要一环。中国人自古以信为本、以诚相待、以和为贵、崇尚和睦，这既是中国由来已久的历史传承，更是中华民族代代相守的美德圭臬。"讲信修睦"是党带领人民群众坚持和发展新时代中国特色社会主义的重要文化思想资源。

一 "讲信修睦"的语义内涵

"讲信修睦"最早语出《礼记》："大道之行也，天下为公。选贤与能，讲信修睦。"（《礼记·礼运》）在这段经典表述里，"讲信修睦"所传达的是人与人之间应秉持诚信原则，进而实现和睦共处的美好愿景。《礼记》将"讲信修睦"视作大同世界的理想境界，其所崇尚的民胞物与、协和万邦、天下一家的价值观，彰显出泱泱大国海纳百川的宽广胸襟，也深刻展现了古人对和谐社会矢志不渝的执着追求。

---

① 《中国共产党第二十次全国代表大会文件汇编》，人民出版社2022年版，第37页。

第九章 "讲信修睦"的交往观

(一)"讲信修睦"的首要内涵是"诚信"

《说文解字》云:"诚,信也""信,诚也"①。段玉裁在《说文解字注》中进一步阐释:"信,诚也。人言而无不信者,故从人言"②,意思是通过自身的实际行动赢得他人的信赖,从而使"信"的本义得以延伸,具体表现为恪守诺言、言行一致。正如《左传》中所言:"志以发言,言以出信,信以立志。"(《左传·襄公二十七年》)从"信"的本义出发进行引申,"信"表示忠诚无欺,遵守信用。"信"字由"人"与"言"构成,专指人说话的真实性,言行一致、心口如一。所谓"讲信",即坚守信用,做到讲信义、守承诺、重然诺,不做言行相悖之事。"诚"与"信"犹如一体两面、互为印证,故而构成合成词"诚信"。

若深入探究,"诚"与"信"在含义上实则存在细微差别。"诚"的内涵在于真实无妄,侧重于观念层面的真实或内在的真实;而"信"更侧重于行为方面,强调在行事过程中忠诚守信。具体而言,"诚"是内在本质,"信"是外在的体现,而所谓"诚信",反映的正是内与外、体与用、思想与伦理上的高度统一。中国传统文化中诸子百家互鉴共存,他们虽然对于个人的穷通荣辱、国家的治乱兴衰怀持着不同的思想和心态,但在倡导以诚实修身律己的观念上却是高度一致的,始终将诚信奉为社会生活中必须遵循的道德规范。

诚信是一种品格,一言既出,驷马难追;诚信也是一份责任,言出必行,行必有果。一个人以诚实为本,既能立身社会,亦能创造事业。中华民族一直推崇"诚外无物"(《礼记·中庸》),强

---

① (汉)许慎:《说文解字》,中华书局1978年版,第52页。
② (汉)许慎著,(清)段玉裁注:《说文解字段注》,成都古籍书店1981年版,第97页。

调"君子养心,莫善于诚"(《荀子·不苟》)。对诚信的坚守与执着,早已深深融入中华民族的精神血脉之中,成为中华传统美德中不可或缺的文化基因。在中国悠久的历史长河中,众多诚信的典范人物涌现,为后世传颂着无数诚信佳话与道德美谈。春秋时期,晋文公以"退避三舍"展现其礼让与重信守诺的高尚品质;战国末期,商鞅在秦穆公的支持下,通过"徙木立信"[①]的行动,力推新政,赢得了秦国人民的敬爱与支持,使新法得以顺利高效实施,成为以信誉治国理政的生动案例。楚国的季布,以"一诺千金"的美誉,诠释了诚信的极致价值。司马迁在《史记》中高度评价:"得黄金百斤,不如得季布一诺。"(《史记·季布栾布列传》)另外,重信讲义的关羽、守信求责的皇甫绩等,他们也都以自己讲信修睦的高贵品行和崇高操守,垂范后人、砥砺今人。以诚待人、以信办事,不仅能树立个人良好的形象和声誉,累积长期的信用红利,更会让自身获得更多认同与发展机会。

(二)"讲信修睦"的另一重要内涵是"睦"

"睦",作为一个形声字,《说文解字》释义为"目顺也"[②],即互相看着顺眼与舒服,由此引申出敦睦与和平之意。《六书故》:"睦,目谐也。凡人喜愠,必形于面目,故和为睦。"由此可见,

---

[①] "徙木立信"说的是商鞅在秦国主持变法时,为了推行新政策法令,设法取信于民的故事。为了变法强秦,商鞅提出了废井田、重农桑、奖军功等一系列改革措施。但法令制定好后,商鞅未马上公布,担心百姓不相信新法效力而使变法流产。于是商鞅心生一计,将一根三丈长的木杆立在国都市场南门外,召集百姓说:"谁能将此木移到北门的给十镒黄金。"百姓们对这种轻而易举就能获得重赏的好事,纷纷称奇,却无人信以为真去搬移木杆。商鞅见状又再下令:"谁能将此木移到北门的给五十镒黄金。"这时,有一名胆大之人出列,一口气将此木移至北门,商鞅果真兑现承诺,当众赏赐了这人五十镒黄金。随后颁布了新法令。

[②] (汉)许慎:《说文解字》,中华书局1978年版,第52页。

第九章 "讲信修睦"的交往观

"睦"常与"和"同义，表达和谐、和顺、友善。中华民族温文尔雅、亲密友爱的特质，正是"睦"的理念在民族性格上的生动体现。

《尚书》记载"九族既睦，平章百姓。"（《尚书·尧典》）强调家族内部和睦是治理百姓的基础；《颜氏家训》提出"兄弟不睦，则子侄不爱。"（《颜氏家训·兄弟第三》）道出了兄弟和睦对子侄辈关系的重要影响。两处表述中的"睦"，都体现了人与人之间应追求和睦融洽的关系。《内训》说："内和而外和，一家和而一国和，一国和而天地和矣。"（《内训·睦亲章》）则进一步阐释了"和睦"的目的与特点：从自身的和乐，到与他人和谐相处，再到与社会融合，直至与天地同德，即实现己和、家和、国和、天地和的理想境界。

"修睦"需要注重四方面的协调，分别是身心之和、人际之和、社会之和以及自然环境之和。这一从自身内心和谐出发，逐步向外扩展至人际关系、社会环境乃至自然环境的和谐过程，与中华传统文化中"修身齐家治国平天下"（《礼记·大学》）的目标高度契合。墨子主张"兼爱""非攻"，强调国与国、人与人之间"兼相爱，交相利"。"是故诸侯相爱，则不野战；家主相爱，则不相篡；人与人相爱，则不相贼；君臣相爱，则惠忠；父子相爱，则慈孝；兄弟相爱，则和调。"（《墨子·兼爱中》）只有人和人，国与国之间互爱互利，才能够和睦平等相处。

从语法结构来看，"讲信修睦"是联合式成语，它巧妙地将"信"与"睦"融合，构建起全新的现实逻辑。"讲信"为人们处理社会关系确立了行为准则，而"修睦"既是"讲信"的实践目标，也是对"讲信"的积极回馈。从二者的相互关联而言，"讲信"是"修睦"的前提与基础，"修睦"则是"讲信"的目的和追求，和睦的关系反过来又能促进诚信的践行。"讲信修睦"倡导人与人以及国与国之间在讲求信义的基础上，建立融洽和睦的交往关系。在日常的社会生活实践中，通过讲求诚实信用，构建相互信任、相互联系和普遍认同的共同价值，这为营造和谐、安定、和睦、健康有序的社会生活环境奠定坚实基础，而这样的社会生活环境，恰恰是人们能够更好存在和发展的必要条件。

中华民族向来崇尚"中庸和平"。儒家倡导"仁"，强调"仁者爱人"（《孟子·离娄下》），主张在道德与情感层面，人们应该相互尊重、彼此关怀。讲"中庸""中和"，将人的生理和道德理性融为一体。道家强调"不争之德"与中道思想，提出要顺应自然，避免过度的竞争。墨家强调"兼相爱，交相利"（《墨子·兼爱下》），主张国与国之间、人与人之间相互关爱，互惠互利。这些思想虽然论述侧重点不同，但都强调和谐和睦的重要性，共同塑造了中国人的性格特点。在生活实践中，人们始终重视和睦对稳固社会的重要作用，常言"家和万事兴"，不仅夫妻、长幼之间要和睦相处，好友、同窗、同事乃至陌生人之间也应秉持和睦之道，万事以"和为贵"。

中国古代崇尚"睦乃四邻"（《尚书·蔡仲之命》），反对"以邻为壑"（《孟子·告子下》），追求"讲信修睦""富以其邻"（《周易·小畜卦》）的外交格局。春秋时期，齐桓公推行"尊王攘夷"的外交策略，团结并安抚周边的诸侯国，共同抵御外敌入侵，维护了中原地区的和平与稳定。这一策略体现了"睦乃四邻"的外交理念。明朝朱元璋吸取了元朝穷兵黩武的教训，制定了"与遐迩相安于无事，以共享太平之福"（《明太祖实录》）的睦邻外交政策，强调与周边国家和平相处，避免无谓的战争，为明朝的繁荣稳定创造了良好的外部环境。古代中国通过丝绸之路与西亚、中亚、欧洲等地区进行了广泛的贸易往来。这些贸易活动不仅促进了商品的流通和文化的交流，还带动了沿途国家和地区的经济发展，以实际行动诠释了"富以其邻"的外交理念，实现了互利共赢。

(三)"讲信修睦"第三层核心要义是"和合"

讲信修睦的实现离不开"和合"理念的引领。诚信氛围的营造与和睦关系的构建，皆需要在"和合"的温润土壤中孕育生长。只有各方都能够秉持和合的态度，以包容、友善之心相处，才能真正实现讲信修睦的美好愿景。反之，"和合"的落地生根同样离不开讲信修睦的有力支撑。缺失诚信与和睦作为根基，"和合"便只是空中楼阁，沦为一种难以在现实中落地生根的空洞理念。

"和合"一词，最早见于先秦时期，《国语·郑语》记载："夏禹能单平水土，以品处庶类者也。商契能和合五教，以保于百姓者也。"这里所提及的"和合"，具体指的是商契能够调和父义、母慈、兄友、弟恭、子孝这五种关系，使百姓能够安定和谐地相处与生活。从这一原始记载不难看出，"和合"最初聚焦于人际关系的和谐与协调。然而，其内涵绝非如此狭隘。在《说文解字》中"咊，相应也。从口，禾声"，"和"被解释为"声音相应和谐"[1]，"合"则指上下唇之合拢。由这两个字的本义进行延伸推导，"和合"涵盖了和谐、和平、祥和，以及结合、融合、合作等更为丰富多元的含义。学者张立文指出："所谓和合，是指自然、社会、人际、心灵、文明中诸多形相、无形相相互冲突、融合，与在冲突、融合的动态变化过程中诸多形相、无形相和合为新结构方式、新事物、新生命的总和。"[2]

儒家学派创始人孔子，对"和合"理念有着深刻的见解。他强调"礼之用，和为贵"(《论语·学而》)，认为在处理人际关系

---

[1] (汉)许慎：《说文解字》，中华书局1978年版，第32页。
[2] 张立文：《中国和合文化导论》，中共中央党校出版社2001年版，第26—27页。

时，和谐是最重要的准则。在孔子看来，和谐的人际关系不仅能够带来心灵的愉悦，更是社会稳定与发展的基石。同时，他还提出"君子和而不同，小人同而不和"（《论语·子路》），深刻揭示了君子与小人在为人处世方面的本质区别。真正的君子能够在坚守自身原则与立场的同时，尊重他人的差异，与他人和谐共处；而小人则往往盲目追求表面的一致，实则缺乏真正的和谐精神。孟子也对"和合"理念给予了高度重视，他提出"天时不如地利，地利不如人和"（《孟子·公孙丑下》），突出了人和在战争胜负以及国家治理过程中的关键作用。在孟子眼中，人心所向、团结和睦的力量远远超过了天时与地利的优势。荀子则进一步发展了"和合"的思想，他提出"天地合而万物生，阴阳接而变化起，性伪合而天下治。"（《荀子·礼论》）认为天地万物的和谐共生是宇宙的基本法则，也是社会长治久安的理想状态。这些古代先哲的智慧观点，无一不深刻体现了"和合"在中华传统文化中重要的价值地位。

在源远流长的中华传统文化中，"和合"被赋予了很高的地位，它既是个人修身养性所追求的人生境界，也是社会和谐、国家长治久安的坚实基石。在人际关系的范畴中，"和合"体现为相互尊重、理解、包容和合作。古人讲"睦乃四邻"，倡导邻里之间要和睦相处，在日常生活中说话做事都应设身处地为他人着想。这种以和为贵、与人为善的价值理念，在中华传统文化中得到了广泛的传承和发扬。儒家经典《礼记》篇描述了一个令人向往的大同世界，其中"讲信修睦"被视作实现这一理想社会的重要途径。在这个理想社会蓝图里，"人不独亲其亲，不独子其子。使老有所终，壮有所用，幼有所长，矜寡、孤独、废疾者，皆有所养"（《礼记·礼运》）。这种社会和谐与秩序的实现，离不开"和合"精神的指引。

第九章　"讲信修睦"的交往观

在古代社会治理实践中，"和合"理念被广泛应用于政治、经济、文化等多个领域。例如，在政治领域，君主需以身作则，推行仁政，以和谐、恰当的方式处理君臣、官民之间的关系，赢得民心；在经济领域，商人应当遵循诚信经营的原则，以和谐的方式处理买卖双方的利益关系，实现互利共赢，促进商业的繁荣和发展；在文化领域，学者们需积极倡导和谐共处的理念，推动不同文化之间的交流、碰撞与融合，促进文化的多元共生与创新发展。

在国家与国家之间的交往层面，"和合"体现为和平共处、合作共赢的外交理念，旨在"建构体现、代表全人类和合共生利益的新主体"[1]。中华传统文化始终倡导国家之间应该相互尊重、平等相待、和平共处、合作共赢。这一理念在古代外交实践有着诸多生动体现。例如，春秋战国时期，尽管各国之间战争不断，但仍有一些国家通过外交手段实现了和平共处。如"柯邑之盟"便是其中的典范。在柯邑之盟中，齐桓公与鲁庄公通过沟通与和平的协商，成功解决了两国之间长期存在的争端，为两国的和平稳定以及地区和平秩序的构建奠定了基础。

总而言之，讲信修睦的实践有助于推动和合文化的传播和发展。当人们在日常生活中践行诚信与和睦的原则时，就会逐渐形成一种以和合为价值取向的社会风气。同时，"和合"文化的传播和发展也为讲信修睦的实践提供了更加广阔的空间和更加深厚的土壤。在和合文化的熏陶下，人们更加容易接受和践行讲信修睦的理念，有助于中国传统"和合"智慧融入当代社会的各个领域和层面，增加整个社会的凝聚力，推动构建一个更加和谐美好的世界。

---

[1] 张立文：《王霸之道与和合天下》，《人民论坛·学术前沿》2016年第20期。

二 "讲信修睦"的价值维度

"讲信修睦"作为中华民族的传统美德，蕴含着丰富的价值维度，具有深远的社会意义。它不仅与个人的道德修养、人际关系的和谐紧密相关，更对社会的整体进步与稳定有着重要影响。传承和弘扬"讲信修睦"的文化传统，能够为社会的和谐稳定、国家的繁荣发展贡献宝贵的思想力量。

（一）"讲信修睦"是公民立身之本

古人云："人无信不立。"（《论语·颜渊》）对于个人而言，诚信是其安身立命不可或缺的道德品质。"信"作为儒家"五常"之一，在中国传统道德体系中被视作"立人之道"。它要求人们真实无妄、行为统一、忠诚不欺。孔子主张"信则人任焉"（《论语·阳货》），倡导"与朋友交，言而有信"（《论语·学而》），将"信"作为人的根本。儒家把君子推崇为个人修养与道德追求的理想典范，而讲"信"正是君子的核心要义之一。孔子曾感慨："人而无信，不知其可也。大车无輗，小车无軏，其何以行之哉？"（《论语·为政》）他将诚实守信的品德比作车子上关键的輗軏，形象地指出，一个人倘若缺乏诚信，就如同车子失去了輗軏，在社会中难以立足前行。孔子还说："言忠信，行笃敬，虽蛮貊之邦，行矣。言不忠信，行不笃敬，虽州里，行乎哉？"（《论语·卫灵公》）由此可见，讲信用是一个人在社会立身发展的关键因素，而不讲信用之人，在社会中将寸步难行。

儒家对于诚信的论述众多，如"诚者，天之道也；思诚者，人之道也"（《孟子·离娄上》），"主忠信，无友不如己者，过则勿惮改"（《论语·学而》）"吾日三省吾身……与朋友交而不信乎?"(《论语·学而》)都是强调要把诚信当成一个人在社会中为人处世的基本品德。曾子认为真正的君子"可以托六尺之孤,可以寄百里之命,临大节而不可夺也"(《论语·泰伯》),正是因为君子具备诚信、果敢的品质,彰显出大丈夫的胸怀。君子与小人的关键区别在于是否能够遵守道义,这背后反映的是天理人欲之别。君子胸怀坦荡、大公无私,小人则沉溺一己之私,这正是人心诚和不诚的体现。

  诚信不仅是一种道德要求,更是切实的行动准则。讲诚信既要注意遵守信用,又要做到知行合一。如前文所述,季布在与人交往中,始终秉持着诚实守信的原则。无论面对多大的困难或挑战,他都会竭尽全力去履行自己的承诺。这种高尚的品质让他在楚地赢得了极高的声誉和尊重,因为季布诚实守信。孔子认为:"君子义以为质,礼以行之,孙以出之,信以成之。君子哉!"(《论语·卫灵公》)诚实是君子的行为方式,是评价君子的行为准则,更是我们立身社会的道义基石。孔子常讲"言必信,行必果",强调人必须遵守自身的承诺。"言必信"就是指对自己说出的话一定要恪守信用;"行必果",即对于自己的承诺一定要果敢遵守,决不能只说不做,拖泥带水。此外,还有"君子耻其言而过其行"(《论语·宪问》)、"敏于事而慎于言"(《论语·学而》)"先行其言而后从之"(《论语·为政》)等论述,这些都说明了,在生活中对于自己所知道的事情说知道是很容易的事,而对于自己所不知道的事情说不清楚,承认自己的认知局限,并肯定自己的不足之处并非一个简单的事情。也正是由于不简单,人们才需要努力做到心口如一、诚实守信。从个人品德的视角来看,如果一个人不懂装懂、故弄玄虚,这种人就会流于肤浅,学问和品德都不扎实。不自欺欺人,是对自我的诚,也是对别人的真。倘若人人都不诚实,人与人之间就永远无法建立信任,只剩冷漠与相互猜忌，整个社会也就难以构建良性的人际关系。

　　修睦是构建良好人际关系的关键。在生活中，积极地营造和睦氛围，能极大地帮助我们与他人缔结深厚的友谊。以校园生活为例，主动与同学分享学习经验，热情帮助同学解决困难，这些看似平凡的友善之举，却能如同桥梁一般，拉近彼此心灵的距离，最终收获真诚的情谊。

　　而在家庭环境中，"修睦"更是维系亲情的核心所在。南宋袁采在《袁氏世范》中深刻指出："若悉悟此理，为父兄者通情于子弟，而不责子弟之同于己；为子弟者，仰承于父兄，而不望父兄惟己之听，则处事之际，必相和协，无乖争之患。"（《袁氏世范·睦亲》）这段话着重强调家庭成员之间应相互包容、相互理解。当出现分歧时，要心平气和地沟通，切不可让矛盾进一步激化。比如夫妻之间，能够充分体谅对方工作的压力，给予彼此关心与支持；亲子之间，尊重彼此的想法，以平等的姿态相处。如此和睦温馨的家庭氛围，会让每一位家庭成员都深切感受到温暖和幸福。当一个人善于修睦，秉持讲究和合的理念，那么他与周围人的关系就会变得和谐、融洽。

　　唐朝名将郭子仪便是修睦的典范。郭子仪功高权重，却从不居功自傲，始终保持着谦逊与平和。有一次，郭子仪得知家中的祖坟被人恶意破坏，这一行为不仅是对祖先的严重不敬，更是对郭子仪本人的公然挑衅。消息传开，朝野上下议论纷纷，多数人都猜测这是与郭子仪素有嫌隙的宦官鱼朝恩所为。然而，面对这样的污辱，郭子仪不仅没有立刻与鱼朝恩针锋相对，而是选择以和为贵的处理方式。在皇帝面前，郭子仪不仅没有借机诋毁鱼朝恩，反而主动为他开脱，称这或许只是手下人无意间造成的误会。郭子仪的这番言语，让在场众人无不为之动容，这番话很快传到了鱼朝恩的耳中。鱼朝恩本以为郭子仪会借此机会对自己发难，却没想到他竟如此大度。这份宽容与理解，让鱼朝恩深感敬佩，也让他对自己的行为进行了深刻的反思。从此，鱼朝恩不再与郭子仪作对，反而对他敬重有加。郭子仪以和为贵的胸怀，成功化解了一场可能爆发的激烈争斗，更为朝堂上下营造出了和谐融洽的良好氛围。这个故事生动地告诉我们，以和为贵，凭借宽容和理解，往往能够化解矛盾，营造出和谐美好的氛围。

综上所述，讲信修睦是公民立身之本。诚信要求人的行为统一、忠诚不欺，它是人与人之间建立信任的基础，也是社会和谐稳定的保障。修睦则能够建立良好的人际关系，促进人与人之间的相互理解、包容和协作，为个人的成长和发展创造和谐的环境。讲信修睦不仅是个人道德品质的体现，更是个人在社会中安身立命、生存发展的根本所在。

（二）"讲信修睦"是社会和谐的基石

"讲信修睦"是社会和谐的重要支撑，它引导人们在交往中秉承尊重、理解、宽容和合作的态度，努力消除隔阂与冲突，共同营造一个和谐的社会环境。其价值在于促进人际间的相互信任与理解，减少社会摩擦，为社会的稳定与繁荣奠定坚实基础。六尺巷的故事，犹如一段动人的乐章，生动地诠释了"讲信修睦"的精神内涵，历经岁月洗礼，依然余音绕梁，为我们带来宝贵的启示。

清朝康熙年间，桐城城内，张英官至文华殿大学士兼礼部尚书，他家与吴家相邻。两家因宅基地边界问题起了争执，互不相让，矛盾逐步激化。张家人遂写信给远在京城的张英，盼他凭权势为自家人出头。但张英收到家书后，并未偏袒家人，而是回诗一首："千里家书只为墙，让他三尺又何妨。万里长城今犹在，不见当年秦始皇。"①张家人领悟到了张英的深意，主动退让三尺。吴家见状，深受触动，也主动将自家的院墙向后退了三尺。于是，两家之间便形成了一条六尺宽的巷子，"六尺巷"由此得名。

在六尺巷的故事里，充分彰显了中国传统美德与智慧。一方面，张英与吴家在处理宅基地纠纷时，都展现出对彼此的尊重。张英理解邻居对土地的看重，没有凭借权势压制吴家诉求，而是以退让三尺表达对吴家的尊重和包容。吴家也同样感受到张英的善意，同样做出让步。这种相互尊重的态度，让双方能够换位思考，化解矛盾，实现和谐共处。在现代社会，相互尊重更是构建和谐人际关系的关键。不管是在家庭、社区还是职场，都应该尊重他人的权利、意见和感受，尊重不同的文化背景和价值观，只有这样才能建立起良好的人际关系，促进社会的和谐发展。

另一方面，六尺巷的故事体现了"和为贵"的价值观。张英深知邻里和睦的重要性，他以"让他三尺又何妨"的豁达胸怀，倡导以和为贵的理念，通过退让化解了矛盾，使两家化干戈为玉帛，不仅解决了眼前的纠纷，更赢得了邻里之间长久的和睦与友谊。这种"和为贵"的精神，强调在处理矛盾和冲突时，要以和谐为目标，采取"让"的方式，寻求双方都能接受的解决方案。正如习近平总书记在参观六尺巷时指出的，六尺巷承载着中国古人的历史智慧，要弘扬好中华民族传统美德，相互礼让、以和为贵，解决好民生问题，化解好社会矛盾，使我们的社会更加和谐。②

"讲信修睦"还能增进社会信任，为营造和谐的人际关系奠定基础。儒家以"信"作为人际关系的首要准则，促进了社会成员

---

① 姚永朴：《旧闻随笔》，黄山书社1989年版，第183页。
② 习近平：《发挥多重国家发展战略叠加优势 奋力谱写中国式现代化安徽篇章》，《人民日报》，2024年10月19日第1版。

之间相互合作与信任的良性互动。一个有序、平等的社会，必须以人与人之间的交流和协作为基础，"信"是建立这种社会关系的基础。以"信"为基础，社会成员之间遵循道义原则，相互支持和协助，整个社会可以营造出令人愉快的氛围，满足社会人员安全的需求，进而避免陷入尔虞我诈的不良风气。

孔子说："放于利而行，多怨。"（《论语·里仁》）意思是如果只依据利益行事，会招致很多的怨恨。那该如何做呢？孔子也指明了方向："求仁而得仁，又何怨？"（《论语·述而》）如果在做事前先考虑是否符合仁义道德标准，不过多地计较利害得失，内心便不会有怨恨。如果我们不戚戚于一己的私利，怀着仁德，真情友好，诚实互助，社会就能呈现出其乐融融的美好景象。将"讲信修睦"作为人际交往的基本原则，有助于构建一个团结和谐、充满友爱的社会环境，进而为事业的成功奠定坚实基础。以中国历史上的晋商为例，他们通过行帮组织、朋友合伙盈利、伙计制度等合作方式，展现了基于合作与互惠的核心理念。晋商之间依靠的是个人信誉与亲属、同乡之间的友好互助关系。在商业活动中，他们积极维护同乡的利益，践行"同乡互助"的原则，营造了一种和谐融洽的商业氛围。同时，他们高度重视企业的信誉与名声，与商业伙伴建立了基于信任与友好的人际关系，从而确保了企业的持久发展与繁荣。

"讲信修睦"是增进社会和谐的关键纽带。"讲信修睦"能够增强人与人之间的互信合作，推动社会的共同进步和发展。因此，社会要不断地加强诚信教育，培养人们的道德观念和责任感，使人们更加注重诚信和睦，这不仅有助于维护社会和谐稳定，同时对建立和睦友爱、诚实守信的社会风尚大有裨益。

（三）"讲信修睦"是国家治理的方略

从国家治理的宏观角度来看，"讲信修睦"是政权稳固的重要支撑。在我国，诚信是一种源远流长的文化传统，它被视为权力行使是否公正的"源头"。管子曾言："诚信者，天下人之结也"（《管子·枢言》），一语道破诚信作为凝聚天下人心的基础纽带之关键作用。韩非子亦主张："法不信则君行危矣"（《韩非子·有度》），强调"信赏罚以尽民能"（《韩非子·八经》），指出执政者只有讲信用、明赏罚，才能使百姓遵守法度。

唐太宗李世民曾深刻阐述君主个人诚信的重要性："流水清浊，在其源也。君者政源，人庶犹水，君自为诈，欲臣下行直，是犹源浊而望水清，理不可得。"（《贞观政要·诚信第十七》）在封建体制下，君主的诚信品德犹如一面镜子，直接映射并影响整个社会的信用体系。司马光在《资治通鉴》中亦着重强调："夫信者，人君之大宝也。国保于民，民保于信。非信无以使民，非民无以守国。是故古之王者不欺四海，霸者不欺四邻。善为国者不欺其民，善为家者不欺其亲。不善者反之，欺其邻国，欺其百姓，甚者欺其兄弟，欺其父子。上不信下，下不信上，上下离心，以至于败。"[1] 这段话深刻揭示了信誉在治国理政中的重要地位，以及君主与民众之间建立信任关系的重要性。宋代朱熹也认为，诚实不仅是简单的道德要求，更是国家与社会安定的重要前提。

推而广之，国家交往也应讲信义。"信则民任焉。"（《论语·尧曰》）一个政权若不能取得百姓信任就会垮掉，而唯有以"信"为基础，政府才可以获得广大百姓拥立。国之本在民，取信于民则王，欺民失信则必然走向衰败，这是被历史反复验证的铁律。政府作为国家的代表，其诚信程度直接关乎政府的公信力与民众的信任度。践行"讲信修睦"理念，要求政府做到言行一致、取信于民，这对于提升政府的公信力与执行力，实现国家的长治久

---

[1] （宋）司马光编著，（元）胡三省音注：《资治通鉴》第1册，中华书局1976年版，第48页。

第九章 "讲信修睦"的交往观

安具有深远意义。

和谐是国家稳定的基石，也是国家治理的重要内容。《中庸》有云："中也者，天下之大本也；和也者，天下之达道也。致中和，天地位焉，万物育焉。"（《礼记·中庸》）强调和谐乃是天下通行的大道，唯有实现和谐，天地万物方能各安其位、蓬勃生长。回顾中国古代历史，诸多盛世的出现，如文景之治、贞观之治等，无不与当时社会的和谐稳定息息相关。这些时期，统治者注重推行仁政、减轻赋税、发展经济、促进民族团结，使得国家内部和谐共处，社会繁荣稳定。

《尚书》记载："克明俊德，以亲九族。九族既睦，平章百姓。百姓昭明，协和万邦。"（《尚书·尧典》）这体现了通过明德亲族，实现民族团结和社会融合的理念。而和谐正是实现这一目标的重要手段。唐朝实行开明的民族政策，尊重各民族的宗教信仰和风俗习惯，促进各民族之间的和谐共处和共同发展，便是这一理念的生动例证。

《礼记》所描绘的"选贤与能，讲信修睦"的社会，是中华传统文化对理想社会的初步概括，也是对如何构建理想社会这一人类永恒课题的历史回应。"选贤与能"为社会实践提供了必要的人才支撑，"讲信修睦"则从构建和谐社会关系的角度，为实现"天下为公"奠定了坚实的思维与价值基础。在国家治理过程中，难免会遭遇各种利益冲突与矛盾，而"讲信修睦"能够有效缓解这些矛盾，避免其激化与扩大，从而维护国家的稳定。

国家的繁荣昌盛深深植根于"讲信修睦"的准则之中。执政者需具备与所肩负社会责任相适配的能力，如此方能保障国家利益与民众福祉，维系社会的和谐稳定。孔子曾大力提倡"以德治国"，凸显道德在政治领域的关键作用；荀子更是深入阐释了"讲信修睦"对国家政治及建设所具有的深远影响，认为坚持正义、恪守诚信,是实施王道、建立和平国家的基石。《荀子》中有:"齐桓、晋文、楚庄、吴阖闾、越勾践,是皆僻陋之国也,威动天下,强殆中国,无它故焉,略信矣。"(《荀子·王霸》)这里指出,这些君主虽然来自偏远、闭塞之地,却能威震四方,皆因注重诚信,亲近百姓,赢得了民心,汇聚了强大的力量。

综上所述,"讲信修睦"作为中华传统道德的重要组成部分,在公民、社会和国家三个层面上都具有重要的价值。通过加强诚信教育、倡导和睦相处、强化公民责任感、加强社会诚信体系建设、倡导和谐共处理念、强化社会治理创新、加强政府诚信建设、倡导和谐外交理念以及强化法治保障等措施,可以将"讲信修睦"的理念真正落实到实践中去,为构建和谐社会、推动社会发展和实现国家繁荣富强贡献力量。

三 "讲信修睦"的新时代实践

讲信修睦这一理念着重突出了人与人之间信任、和睦及协作的重要性,将诚信、合作与和谐视为核心的价值取向。在当今这个复杂多变的社会环境中,它不仅对个人品德的培养具有深远意义,而且在推动社会诚信体系的构建、加强法治建设等方面,都扮演着不可或缺的角色。

(一)弘扬诚信文化,打造诚信中国

"中华文化强调"'言必信,行必果'、'人而无信,不知其可'……像这样的思想和理念,不论过去还是现在,都具有其鲜明的民族特色,都有其永不褪色的时代价值"[1] 这一深刻论述,不

---

[1] 《习近平谈治国理政》第一卷,外文出版社2018年版,第170页。

仅是对中华传统美德的传承,更是对现代社会治理理念的精准把握。随着我国经济社会的快速发展,信用在社会治理中的作用日益凸显。建设信用中国,是适应新时代发展要求、推进国家治理体系和治理能力现代化的重要内容。它对于增强社会诚信意识、提升国家整体竞争力具有深远意义,而讲信修睦则为构建诚信社会提供了重要的思想资源和实践指导。"讲信修睦"与"弘扬诚信文化"是两个紧密相连的概念,它们共同体现了中华民族传统文化中诚信与和谐的核心价值观。"讲信"所倡导的诚实守信是诚信社会建设的关键。诚信社会的构建离不开每一个社会成员的诚信行为,只有个体讲信,整个社会的信用大厦才能稳固。无论是在日常生活中的人际交往,还是在复杂的经济和政治活动中,讲信都是维系社会秩序的重要纽带。修睦是诚信社会的目标体现,诚信社会的最终目标是实现社会的和谐稳定,这与"修睦"的内涵相契合。当社会成员都秉持诚信原则时,相互之间的信任增加,有利于形成和睦的社会关系。同时,和睦的社会环境又会进一步促进诚信的发展,形成良性循环。

在社会快速发展的今天,诚信不仅是个人品德的体现,更是国家治理和社会发展的重要基石。习近平总书记曾指出"塔西佗陷阱"这一问题,他借古罗马历史学家塔西佗所说的:"当公权力失去公信力时无论发表什么言论、无论做什么事,社会都会给以负面评价。"并指出:"我们当然没有走到这一步,但存在的问题也不谓不严重,必须下大气力加以解决。如果真的到了那一天,就会危及党的执政基础和执政地位。"[1] 通过借古思今的方式,阐释了诚信对于治国理政的重要意义。

诚信精神的培养与建设是一项系统工程,它既要依靠宣传教

---

[1] 习近平:《做焦裕禄式的县委书记》,中央文献出版社2015年版,第35页。

育，也需将诚信建设作为制度化的重要手段来实施。党的二十大报告中指出要"弘扬诚信文化，健全诚信建设长效机制"。在新时代新征程中我们贯彻落实这一要求，就要树立诚信文化理念、弘扬诚信传统美德。构建现代诚信文化体系，培育诚信文化意识，发挥诚信文化的价值引领作用，推动高质量诚信建设。

首先，个人诚信体系建设的推进。个人诚信是社会诚信的基础。随着信息技术的发展，我国加快推进个人诚信体系建设，建立了个人信用信息数据库，涵盖了个人的信贷记录、纳税记录、交通违法记录等多方面信息。通过对个人信用信息的采集、整理和评价，为个人的社会活动提供信用参考。例如，在金融领域，个人信用记录良好的人可以享受更便捷的信贷服务和更低的贷款利率；而失信者则会在贷款、出行、就业等方面受到限制。这种奖惩机制促使人们自觉遵守诚信原则，提升个人诚信意识。

其次，在市场经济环境下，诚信是企业的生命线。诚信经营的企业能够赢得消费者的信任，树立良好的品牌形象，从而在激烈的市场竞争中脱颖而出。以百年老店同仁堂为例，其始终恪守"炮制虽繁必不敢省人工，品味虽贵必不敢减物力"的古训，凭借诚信经营，历经数百年风雨依然屹立不倒，成为中医药行业的翘楚。相反，一些企业因失信行为，如产品质量造假、虚假宣传等，不仅损害了消费者利益，也使自身面临严重的信誉危机和法律制裁。据统计，每年因企业失信行为导致的经济损失高达数千亿元，这充分凸显了诚信在经济活动中的重要性。

再次，政务诚信建设的关键作用。政府作为社会的管理者，其诚信形象直接影响着政府的公信力和社会的稳定。政务诚信要求政府在政策制定、执行以及公共服务等方面做到言行一致、公正透明。近年来，我国政府大力推进政务公开，建立健全政府信息发布制度，让权力在阳光下运行。同时，加强对政府官员的诚信教育和考核，将诚信纳入干部评价体系，对失信行为实行问责制。例如，在一些地方政府推行的"承诺制"改革中，政府部门向社会公开承诺办事时限、服务质量等，接受群众监督，有效提升了政府的办事效率和公信力。

最后，在当今社会，诚信已经成为推动社会进步和国家繁荣的重要力量。我们应该深入挖掘和传承传统文化中的诚信智慧，加强诚信教育、完善法律法规、加强舆论监督、培育诚信文化、借鉴国际经验等方面的工作来推动社会诚信水平的提高。同时，还应该注重诚信实践的创新和发展，让诚信成为每个人、每个企业和整个社会的自觉行动和精神追求。

（二）秉持修睦理念，构建和谐中国

在新时代，秉持修睦理念，对于构建和谐中国具有重大的现实意义。高度重视讲信修睦的价值，完善社会矛盾化解机制，弘扬传统文化，是促进社会稳定，推动经济发展、提升文化软实力的关键所在。

首先，修睦理念强调诚信与和睦，在社区和谐建设中发挥着核心引领作用。通过开展各类丰富多彩的文化活动，为增进居民间的交流搭建了桥梁。例如，许多社区举办邻里节，精心设置文艺表演环节，居民们在舞台上展示才艺，释放热情；美食分享环节，大家带来自家特色美食，在品尝中感受家的温暖与生活的美好；志愿服务环节，居民们齐心协力为社区贡献力量，增强了社区凝聚力。这些活动让居民在互动中加深了解、增进感情，许多潜在矛盾也在欢乐融洽的氛围中悄然化解。同时，社区建立的调解机制，在居民间出现纠纷时，由社区工作人员或热心志愿者及时介入调解，以公正、平和的态度协调各方，促进邻里关系的和谐，为社区营造了和睦相处的良好氛围。

而在维护社会稳定层面,"枫桥经验"提供了宝贵的实践范例。其核心在于"小事不出村,大事不出镇,矛盾不上交,就地解决",这与社区和谐建设的目标高度契合。在社区环境中,传统的"截""堵""控"思维模式已难以满足居民对社区治理的新需求。相反,"枫桥经验"倡导从源头入手进行系统治理,通过基层民情沟通、民意恳谈、民心交流以及纠纷调解等多种形式,将决策过程转化为尊重、化解、维护和解决民众需求的过程。在社区日常管理中,定期组织居民代表座谈会,倾听居民对社区设施建设、环境卫生、治安管理等方面的意见和建议,及时解答居民疑问,解决实际困难,将矛盾化解在基层萌芽状态。

修睦理念与"枫桥经验"在价值理念上相互呼应。二者都致力于追求社会的和谐稳定,重视人际关系的良性发展。"枫桥经验"通过就地解决矛盾来维护基层和谐,这与修睦理念所倡导的构建诚信和睦社会环境的目标一致。修睦理念为"枫桥经验"提供了文化价值层面的指引,赋予其深厚的文化底蕴。而在实践中,"枫桥经验"又是修睦理念的生动体现。"枫桥经验"中的矛盾调解机制、群众参与机制等,本质上都是在践行修睦理念,构建讲信修睦的社会环境。当社区居民和基层组织都秉持修睦理念时,会更积极主动地参与到矛盾预防和化解中,进一步增强"枫桥经验"的实施效果。

其次,在当今社会结构日益复杂、利益诉求趋向多元的新时代背景下,唯有坚持"以人民为中心"的理念,保障各阶层、各团体的合理诉求得以理性表达并获得积极回应,才能维护社会的和谐与安定。在实践中主要体现在三个方面。一是,需重视并不断完善保护公民权益、提升公共服务质量、强化社会管理效能、有效化解社会纠纷及加强政府自身建设的法律制度建设,正如习近平总书记指出:"国家各项工作都要贯彻党的群众路线,密切同人民群众的联系，倾听人民呼声，回应人民期待，不断解决好人民最关心最直接最现实的利益问题，凝聚起最广大人民智慧和力量。"[1]只有从根本上预防和减少社会矛盾与纠纷的发生，才能奠定社会和谐基础。二是，应引导民众正确认知并合理追求其合法权益，纠正非理性和无端的利益要求，鼓励群众通过合法、正当的制度化渠道解决问题，避免采取非法手段导致矛盾升级，防范小事变大、大事引爆，维护社会的讲信修睦氛围。三是，对于各类矛盾纠纷和群体性事件，必须依法及时妥善处理，坚守法律底线，确保处理方法和措施的合法性，切不可为一时之便而突破法律界限，损害法治的权威与公信力。

（三）坚守法治原则，建设法治中国

在新时代的发展进程中，坚守法治原则、建设法治中国是坚持和发展中国特色社会主义的关键所在，对于维护社会安全稳定、促进经济社会发展具有不可替代的重要意义。与此同时，"讲信修睦"这一传统道德理念与法治建设之间存在着紧密的内在联系，二者相互依存、相互促进，共同推动着社会的进步与和谐。

全面依法治国涵盖了立法、执法、司法以及法治精神培育等多个关键环节。在立法方面，我国不断加强立法工作，制定和修改了众多重要法律法规，像《中华人民共和国行政处罚法》《中华人民共和国行政许可法》等。这些法律的出台为政府行为提供了明确的法律依据和规范，有效约束政府权力，规范施政行为，保障公民权利。在制定社会信用相关法律法规时，明确失信行为认定标准、惩戒措施和信用修复机制，从法律层面鼓励人们诚实守信，将"讲信修睦"理念融入其中，使法律条文符合社会道德

---

[1]《十八大以来重要文献选编》（中），中央文献出版社2016年版，第55页。

标准和价值取向。在社区治理相关立法中，注重保障居民合法权益，为促进社区居民和谐共处提供法律依据，体现了修睦的理念。

行政执法程序的规范化是依法行政的关键。我国通过完善执法程序，加强对执法人员的培训和管理，提升其法律素养和执法能力，有效规范了执法行为，减少执法争议和纠纷，提升政府公信力和执行力。在执法过程中，执法部门严格公正执法，做到有法必依、执法必严，维护法律权威尊严，同时注重方式方法，文明执法，避免激化矛盾，促进社会和谐，这正是践行"讲信修睦"理念的体现。例如在处理一些城市管理中的矛盾时，执法人员耐心与当事人沟通，依法依规解决问题，而非简单粗暴执法，从而维护了社会的和谐稳定。

强化行政权力监督是法治政府建设的重要保障。我国建立了多层次、多渠道的行政权力监督机制，包括人大监督、政协监督、司法监督、社会监督等，相互衔接、补充，对行政权力进行全方位、全过程监督。同时，推行政府信息公开、建立行政问责制度，增强政府行为透明度和可追溯性，防止权力滥用和腐败现象发生，保障政府行为合法性和公正性。

法治精神的培育是法治政府建设的软实力。我国通过举办法治讲座、开展法治进校园活动、利用媒体平台传播法治知识等方式，提高公众法治意识和法律素养。树立法治典型、表彰先进个人和集体，激励全社会参与法治建设，推动法治精神深入人心，形成"尊法学法守法用法"的良好社会风尚。

法治与"讲信修睦"紧密相连。法治为"讲信修睦"提供坚实制度保障。法律明确权利义务，对守信行为保护，对失信行为惩罚。合同法保障合同双方权益，促使人们遵守契约；侵权责任法制裁侵犯他人权益的失信行为。治安管理处罚法对扰乱社会秩序、破坏邻里关系的行为进行处罚，维护社会和谐稳定。法律在维护公平正义中减少社会矛盾，为"修睦"创造良好环境。而"讲信修睦"作为道德理念，为法治建设提供内在价值支撑。当社会成员普遍秉持这一思想，会自觉遵守法律，减少违法行为，诚信氛围提高法律实施效率，和睦社会关系降低社会治理成本，使法治建设在积极向上的环境中推进。法治建设的各个环节与"讲信修睦"理念相互交融、协同共进。只有不断完善法治体系，深入践行法治原则，同时弘扬"讲信修睦"的传统美德，才能实现社会的长治久安、和谐发展，为实现中华民族伟大复兴的中国梦奠定坚实基础。

综上所述，"讲信修睦"作为中华传统文化的核心内容之一，在当代社会具有重要的价值构建意义。从个人、社会、国家等多个层面来看，"讲信修睦"不仅有助于提升个人的道德修养和人格魅力，还有助于维系社会和谐、促进社会团结和推动国家治理现代化。因此，我们应该继承和弘扬中华优秀传统文化中的"讲信修睦"理念，将其融入当代社会的各个方面中去，为构建更加美好、和谐、繁荣的世界贡献中国智慧和中国力量。在新时代背景下，"讲信修睦"不仅是中国传统治理文化中的重要价值准则和思想内核，更是实现中华民族伟大复兴中国梦的重要精神支撑和价值导向。

第十章 "亲仁善邻"的邦交观

先秦时期，中国思想家就提出"亲仁、善邻，国之宝也"（《左传·隐公六年》），这一箴言，最早可追溯至春秋时期郑国与陈国的外交博弈。公元前727年，郑庄公主动向陈国示好，却遭陈桓公拒绝。大臣五父劝谏："亲近仁者、善待邻国，乃立国之宝。"然而陈桓公刚愎自用，终致国力衰微，成为春秋早期首个被吞并的诸侯国。这一历史教训深刻揭示了"亲仁善邻"的战略价值，其核心要义在于以道德感召而非武力威慑构建邦交关系。这句穿越两千七百年的箴言，不仅是中国古代邦交智慧的凝练，更是中华文明"邦交观"的核心表达。从炎黄时代"万国和同"的理想，到孔子"远人不服，则修文德以来之"（《论语·季氏》）的治世哲学，再到习近平总书记"亲诚惠容"的外交理念，亲仁善邻的文明基因始终流淌在中华民族的血脉中。

一 "亲仁善邻"：古代邦交思想探源

"亲仁善邻"最早出自《左传·隐公六年》。这一理念被奉为中华民族一以贯之的价值取向。这一理念的形成，根植于中华文明独特的邦交观。从《尚书》"协和万邦"到《论语》"远人不服，则修文德以来之"，中国古代思想家始终主张通过这种邦交智慧超越零和博弈的丛林法则，强调以"信"为源头基石、以"睦"为目标、以"仁"为纽带、以"邻"为"爱"的和平共处之道。在漫长的几千年历史演进过程中，"信""睦""仁""邻"等传统优秀理念，就像一条条河流的支流一般，不断汇聚起来，在历尽沧桑的社会实践中形成了源远流长的"亲仁善邻"邦交观，孕育着中华民族的天下有序、和合共生、协和万邦的精神追求。

（一）"亲仁善邻"："信"之源

在中华文明的历史长河中，"信"作为传统道德的重要基石，深刻地影响着古代邦交思想与实践，是"亲仁善邻"理念的源头活水。从词义上来看，"信"的基本释义是诚实无欺。即诚信，是人与人、国与国之间建立信任关系的根本。在先秦典籍中，对"信"在邦交中的重要性多有论述。《左传》记载"弃信背邻，患孰恤之"，强调背弃信用、违背与邻国的约定，将陷入孤立无援的境地。正如《春秋穀梁传·僖公二十二年》所载："人之所以为人者，言也。人而不能言，何以为人？言之所以为言者，信也。言而不信，何以为言？信之所以为信者，道也。信而不道，何以为道？"其中，人、言、信、道四个概念被有序连接起来。其中所蕴含的意思是，人之所以为人，是因为人言而信，而这种信又是建立在道的基础上的，是合道之信。当国家秉持诚信之道对待邻邦，才能实现亲仁善邻、和睦共处的理想局面。春秋时期，诸侯国之间频繁会盟，会盟的核心便是以"信"为准则，通过庄重的仪式和誓言，约束各国遵守承诺，维护和平共处的秩序。齐桓公九合诸侯，尊王攘夷，正是凭借守信重诺，树立起威望，成为春秋首霸，使得各诸侯国愿意与之亲近、合作，共同抵御外敌。蔺相如完璧归赵的故事，展现了个人在外交场合坚守诚信的品质，也维护了国家的尊严与信誉。而在国家层面，唐朝与吐蕃的友好往来堪称典范。文成公主入藏，带去了先进的文化和技术，唐朝与吐蕃通过多次会盟，以诚信为基础，保持了长期的和平友好关系。这种以信为纽带的邦交模式，体现了"亲仁善邻"的思想雏形，各国遵循诚信原则，相互尊重，谋求共同发展。综上所述，"信"为亲仁善邻提供了一种"立"的原则性，属于根本性层面的架构设计。

（二）"亲仁善邻"："睦"之"和"

在中国古代璀璨的思想文化宝库中，"和"与"睦"深刻地凝聚着中华民族对理想邦交关系的追求，成为古代亲仁善邻邦交观的核心思想目标。"和、睦"作为古代亲仁善邻邦交观的思想目标，蕴含着深刻的智慧。它超越了单纯的利益博弈，强调以道德、文化为纽带，构建相互尊重、平等相待、合作共赢的邦交关系。

"睦"字初见于西周金文。在《说文解字》中对这个"睦"字有这样的解释："目顺也。一曰敬和也。"字面上看起来就是相互看得顺眼，恭敬和顺，后引申指融洽友爱、亲密、恭敬顺从等。正如《博雅》也谈道："睦，信也。"在《尚书·尧典》中提到"克明俊德，以亲九族；九族既睦，平章百姓；百姓昭明，协和万邦"。也就是要主张先由家族和谐扩展到社会和谐、安居乐业，然后实现不同邦族之间的和谐。这折射出"睦"与"协和万邦"的"和"具有密切的意义关联。在《说文解字》中，"咊，相应也"本义是指在音乐演奏中不同的乐器相互配合、和谐伴奏。和就是相安，谐调。"和"在古典文学中具有协调的意思。正如孟子所说："和为贵，当忍为高。"（《孟子》）大度的人胸有容量，大事立高望远，小事不介于怀，豁达大度，乐观向上。胸中有量，装下的东西就会越多，度量越大，就越能包容，人生的道路就越宽，此理同样推及国家、民族。"和"成为涵盖自然（天、地、人）、

第十章 "亲仁善邻"的邦交观

社会(群、家、己)、内心(情、欲、意)等层面与音乐、绘画、饮食和养生等领域的基本原则,以及修身、齐家、治国、平天下的本质规定。这里的"和"是求同存异、和而不同,是允许各国多样性的存在,不求千篇一律,但也不能相互冲突,而应友好相处、团结互助。综上所述,中国人常说"以和为贵",这里"和"的精神,表现在人与自然的关系上,是天人合一;表现于人与人之间,是"己所不欲,勿施于人"(《论语·颜渊》);表现于国与国之间,是"亲仁善邻""协和万邦""万国咸宁"。中华民族自古以来就有一种道德传承,不仗势欺人,不恃强凌弱,常怀恻隐之心,重礼守信,厚德悯人,体现在人与人、国与国、人与自然邻里关系上就是友好敦睦、尊重谦让。

"和"与"睦"理念贯穿千年的历史长河,不仅塑造了独特的东方邦交智慧,更对当今国际关系的构建具有深远的启示意义。"和""睦"的理念早在先秦时期便已扎根中华文化的土壤。《礼记·礼运》描绘的"大道之行也,天下为公"的大同社会,其中"讲信修睦"的主张,将"睦"视为社会和谐、邦交友好的重要表现。而"和"的思想则更为深邃,《国语·郑语》提出"和实生物,同则不继",强调不同元素相互协调、包容共生才能产生新的生命力。在邦交层面,这种思想体现为尊重各国的差异,倡导通过和平、友好的方式处理国家之间关系,避免冲突与对抗。春秋时期,孔子周游列国,宣扬"仁者爱人""和为贵"的思想,其本质也是希望各国秉持仁爱之心,以和为目标处理邦交事务,实现天下太平。汉朝时期,昭君出塞的故事传颂千年。汉元帝以和亲的方式,将王昭君远嫁匈奴,通过这种和平友好的方式,实现了汉朝与匈奴之间较长时期的"边城晏闭,牛马布野,三世无犬吠之警,黎庶亡干戈之役"的和睦景象。双方互市往来,文化交流频繁,不仅促进了经济的发展,更增进了民族间的了解与融合。又如唐朝，以海纳百川的胸怀，与周边国家保持着广泛而友好的交往。日本多次派遣遣唐使来华学习，唐朝也积极向周边传播先进的文化、技术，各国使者云集长安，呈现出"九天阊阖开宫殿，万国衣冠拜冕旒"的繁荣和睦景象。这种以"和、睦"为目标的邦交策略，使得唐朝成为当时世界的文化中心，也为后世留下了宝贵的外交经验。

（三）"亲仁善邻"："仁"之"强"

众所周知，"仁"是中国儒家文化的核心要义，不仅是个人修身立德的准则，更是贯穿古代邦交思想的强大力量。它以润物无声的方式，深刻影响着国家之间的交往，成为化解纷争、促进友好、维系和平的关键因素，在历史的长河中绽放出独特而耀眼的光芒。"仁"字最早出现在春秋时的"侯马盟书"[①]，在《说文解字》中，对于"仁"的解释是："亲也。"由此可见，亲仁善邻的基本含义是，一个国家应该亲近善人、友睦邻国。在《诗经·郑风》中，"洵美且仁"，以美赞其外貌，以仁称其内心，后来逐步演变为众善之长、百行之本。仁是非常崇高的"全德"。在"我欲仁，斯仁至矣"（《论语·述而》）中，"仁"指的是道德践履与精神追求，此句是告诫人们要在明辨什么是美好品性的基础上，修身以养德、律己以行仁。同时，仁还是人际和谐的内在要求。"仁者，爱人也"（《孟子·离娄下》）"夫仁者，己欲立而立人，己欲达而达人"（《论语·雍也》），"仁"的本质是"爱人"，强

[①] 侯马盟书是用玉片做成，出土共有5000多件，每件大小不一，雕刻细致，用毛笔书写，字迹与春秋晚期的铜器铭文相似，大部分为红色，也有黑色，比较清晰。字数有多有少，多者达200字，少则十多字。侯马盟书是春秋晚期晋国赵鞅与大夫们订立的文字条约，要求参加者效忠盟主，共同抗击敌人，不再扩充财产土地，不与敌人来往。

第十章 "亲仁善邻"的邦交观

调以仁爱之心对待他人，在邦交领域，则体现为对他国的尊重、包容与关怀。春秋时期，宋国遭遇饥荒，鲁国主动送去粮食援助。鲁国的这一善举，正是"仁"在邦交中的生动体现。鲁国没有因宋国暂时的困境而轻视、欺凌，反而伸出援手，展现出仁爱之心。这种以"仁"为导向的邦交行为，不仅缓解了宋国的危机，更增进了两国之间的情谊，为日后的友好交往奠定了坚实基础。此后，鲁宋两国在诸多事务上相互支持，共同应对外部挑战，形成了稳定而友好的邦交关系。

在面对复杂的国际局势时，"仁"具有非常强大的力量，正如子路问强。子曰："南方之强与，北方之强与，抑而强与？"（《中庸》）子路问什么是"强"。孔子说：保持自己中和之道而不随意偏向任何一方，这才是真强啊！国家政治清平时不改变志向，这才是真强啊！国家政治昏乱时坚持操守，宁死不屈，这才是真强啊！仁能够突破利益冲突的桎梏，引导国家做出明智的决策。比如蔺相如"完璧归赵"后，又在渑池会上凭借智慧和勇气维护了赵国的尊严。面对廉颇的挑衅，他选择"先国家之急而后私仇"，处处忍让。蔺相如的这种做法，正是"仁"的思想在外交与内政层面的延伸。他以大局为重，用仁爱与包容之心化解矛盾，避免了赵国将相失和的局面。此外，"仁"的力量还体现在它能够跨越国界，赢得他国的信任与归附。三国时期，刘备以"仁德"闻名天下。他礼贤下士，关爱百姓，其"仁"的声名远播四方。在荆州，他深得百姓爱戴，众多贤才也纷纷慕名而来。当他面临曹操大军的追击时，百姓甘愿跟随他一同逃亡，"扶老携幼，将男带女，滚滚渡河，两岸哭声不绝"。刘备的"仁"不仅凝聚了民心，也在邦交中产生了强大的影响力。东吴孙权在与刘备的合作中，也正是看重他的仁德，才愿意与他联盟，共同对抗曹操。这种基于"仁"而建立的联盟关系，在当时的乱世中发挥了重要作用，改变了三国鼎立的局势。

"仁"作为古代邦交思想中的强大力量，它超越了武力与权谋，以道德与情感为纽带，构建起国家间友好交往的桥梁。

(四)"亲仁善邻"："邻"之"爱"

"亲仁"是"善邻"的内核，是亲近仁德之人。古人认为，品性相合、德行相宜，方可成为挚友。君子与君子以同道为朋，小人与小人以同利为朋，但小人不可能有真正的朋友。因此，"亲仁"不仅指应择邻而居，还指应亲近仁德之人。对于国家而言，"亲仁"则是对仁政的向往与实践。回溯历史，"邻之爱"在古代邦交中展现出强大的生命力与感染力。春秋时期，吴国公子季札出使鲁国，途经徐国。徐君对季札的佩剑心生喜爱，季札因身负出使重任，未能当即相赠。待完成使命返回时，徐君已离世，季札毫不犹豫地将佩剑挂在徐君墓前的树上。季札此举，虽是个人间的情谊，却折射出对邻邦人民的尊重与关爱，这种将"邻之爱"内化于心、外化于行的举动，为国家间的友好往来树立了典范。唐朝与吐蕃的交往更是"邻之爱"的生动写照。文成公主远嫁吐蕃，带去了先进的生产技术、文化典籍，促进了吐蕃的发展。唐朝与吐蕃通过多次会盟，以和平友好的方式处理边界问题，尊重彼此的文化与习俗，这种相互关爱、相互扶持的邻邦关系，让不同民族在交流融合中共同进步，成就了一段千古佳话。

"善邻"是"亲仁"的外化。正如《论语·里仁》有言"德不孤，必有邻"；朱子《论语集注》也说"邻，犹亲也"。"善邻"的本意是和邻居或邻邦友好相处，也是"亲仁"思想的实践方略。"亲仁善邻"意为亲近仁义，与邻邦友好，史书《左传·隐公六年》载"亲仁善邻，国之宝也"，清末民初思想家章太炎在《与汪康年书》中亦说："远裔种族匪殊，亲仁善邻，宜捐小忿。"

"四海之内,皆是兄弟也"(《论语·颜渊》),"兄弟"既是家族中的手足,也是社交中的同好,还是外交中的友邦。历史上,汉代凭借着强盛的国力和文化优势,"得远夷之和,同异俗之心"(《后汉书·班超传》),西域五十余国"思汉威德,咸乐内属"(《汉书·西域传》),与汉交好。唐朝对周边少数民族"爱之如一",形成了互惠互利、共存共处的交往格局,对亚欧各国,唐朝开放包容、和平交往,形成了以中国为中心的东方"朋友圈"。可见,天下人民只有如同兄弟,才能和平共处。

综上所述,与邻为善、以邻为伴是中华优秀传统文化的集中体现。"亲仁善邻"植根于中华民族源源不断的精神世界中,融化于中华民族生生不息的血脉中,是中华民族一以贯之的处世之道。这一思想也体现在中华民族睦邻友好、和平交往的实践智慧中。在五千多年的文明接续中,"亲仁善邻"是中华文化绵延不断的价值追求与实践遵循,也沉淀进中华民族热爱和平、追求和谐、与人为善的文化基因。

二 "亲仁善邻"的价值意蕴

历史上,中国一直秉持"亲仁善邻"的外交政策,并因此成为世界上最强大的国家之一。从"凿空之旅"的张骞,受命出使西域,打通了"赫赫有名"的陆上丝绸之路;到"七下西洋"的郑和,奉命建立邦交,打通了"煊赫一时"的海上贸易通道,等等,都促使中华物质文化与精神文明的广泛传播。这些历史实践充分印证了中华民族与其他民族的友好交往,深刻彰显出中华文明的和平性。这种突出的文明特质也从根源上塑造了中国在国际舞台上的角色定位,即致力于维护世界和平、积极推动全球发展、坚定维护国际秩序,体现了中华民族积极推进文明交流互鉴,摒弃文化霸权主义，也充分彰显了中华民族一直以来的"亲仁善邻"价值理念。

（一）维护世界和平：彰显中华文明的友善之道

"国虽大，好战必亡；天下虽平，忘战必危"（《司马法·仁本》），好战的国家必然灭亡，而没有战备的国家就会处于危险之中。以"仁"铸就人际和谐的内核、以"睦"践履关爱他人的实践、以"善邻"外化"亲仁"、以"天下同归而殊途"造就"万邦协和"，如"远人不服"，"则修文德以来之"。可见，中华传统价值理念一直影响中华民族的对外交往，中华民族也素来被称为爱好和平的民族。当前，我国在国际社会上坚定不移走和平发展道路，正是对这一理念的传承与发扬。我国属于国际上邻国最多的国家行列，拥有绵延两万余公里的陆地边界。同时，中国多达29个周边国家，涵盖人口总数超25亿，这些国家的人民在历史传统、宗教信仰、社会风情、经济模式、政治体制、文化底蕴等层面各具特色。这种复杂性、多样性使得中国处理与周边国家关系面临着独特挑战，需要富有智慧的外交理念妥善处理国家间交往。但，维护世界和平，一直以来就是中国共产党人的友善之道，彰显了中华文明的"亲仁善邻"价值意蕴。

1945年，在中共七大上，毛泽东在报告中就指出："中国共产党的外交政策的基本原则，是在彻底打倒日本侵略者，保持世界和平，互相尊重国家的独立和平等地位，互相增进国家和人民的利益及友谊这些基础之上，同各国建立并巩固邦交。"[1] 在1946年，毛泽东就提出"中间地带"的概念，主张争取和团结新兴的独立民族主义国家。1949年4月，他提出："中国人民革命军事

---

[1]《毛泽东外交文选》，中央文献出版社1994年版，第43页。

委员会和人民政府愿意考虑同各外国建立外交关系，这种关系必须建立在平等、互利、互相尊重主权和领土完整的基础上。"①1949年9月21日，在中国人民政治协商会议的开幕词中，毛泽东说："在国际上，我们必须和一切爱好和平自由的国家和人民团结在一起，首先是和苏联及各新民主国家团结在一起，使我们的保障人民革命胜利成果和反对内外敌人复辟阴谋的斗争不致处于孤立地位。只要我们坚持人民民主专政和团结国际友人，我们就会是永远胜利的。"②1949年10月1日，中华人民共和国开国大典上，毛泽东主席向全世界宣读了《中华人民共和国中央人民政府公告》，正是在这份开国公告里，中国政府庄严宣告："凡愿遵守平等、互利及互相尊重领土主权等项原则的任何外国政府，本政府均愿与之建立外交关系。"③这一庄严宣告翻开了新中国外交崭新的一页。自中华人民共和国成立伊始，以毛泽东为代表的中国共产党人就向世界宣告了中国维护世界和平的坚定立场，并在后续的国际外交领域实践中始终坚守这一原则。自1950年起，中国在专注发展自身社会主义建设的同时，积极承担国际责任，向亚洲、非洲、拉丁美洲等100多个发展中国家和地区提供了其契合发展所需的援助，这也是彰显中国大国担当的重要途径。中国援助发展中国家的目的，旨在促进发展中国家独立自主进行国民经济建设。这一时期，我国援助的内容主要聚焦于基础设施建设、农业现代化发展、投资效益高且见效快的项目，切实加强受援国经济可持续发展。1953年12月31日，在接见印度代表团时，周恩来总理提出国家之间和平共处的五项原则，即"互相尊重领土主权，互不侵犯，互不干涉内政，平等互利，和平共处"。1954

---

① 《毛泽东思想年编》，中央文献出版社2011年版，第651页。
② 《毛泽东文集》（第5卷），人民出版社1996年版，第344页。
③ 《毛泽东文集》（第6卷），人民出版社1999年版，第2页。

年在中央政治局扩大会议上,毛泽东强调:"国际上我们就是执行这个方针,只要在和平这个问题上能够团结的,就和他们拉关系,来保卫我们的国家,保卫社会主义,为建设一个伟大的社会主义国家而奋斗。"[①] "万物并育而不相害,道并行而不相悖"(《礼记·中庸》),周总理在日内瓦会议上曾引用过《礼记·中庸》中的这句经典,被评论者认为"这是国与国共处之道,也是人与人相处之道"。1964年,中国政府基于平等互惠、尊重主权的原则,确立了对外援助的基本方针。在当时即便我国自身面临发展的困境,依然竭尽全力支持和帮助周边国家争取民族独立,并助力其实现经济建设与发展目标,充分彰显了我国负责任大国的担当。

由此可见,尽管时空荏苒,物是人非,但是问题是相通的,我们现在同样迫切需要构建天下格局的政治勇气和历史智慧,继而去回答"世界向何处去"。中国坚持秉持互信、互利、平等、协作的新型安全理念,积极推进和妥善处理与周边国家外交实践,以睦邻友好为基础,提出"与邻为善、以邻为伴"以及"睦邻、安邻、富邻"的外交理念,逐步构建起具有中国特色的周边外交方针。在这一外交实践中,进一步凝练为"和谐周边"的外交倡议,旨在通过深化国家间区域合作,推动周边地区繁荣与稳定。正如习近平主席在俄罗斯喀山出席"金砖+"领导人对话会并发表《汇聚"全球南方"磅礴力量 共同推动构建人类命运共同体》的讲话中提出,坚守和平,实现共同安全;重振发展,实现普遍繁荣;共兴文明,实现多元和谐。[②] 故国无大小,民无多寡,每个主权国家都具有独立性,必须切实尊重彼此核心利益和重大关切。

---

① 《毛泽东文集》(第6卷),人民出版社1999年版,第335页。
② 习近平:《汇聚"全球南方"磅礴力量 共同推动构建人类命运共同体》,《人民日报》2024年10月25日第2版。

第十章 "亲仁善邻"的邦交观

（二）促进共同发展：建构异质文明共生的互鉴法则

大道不孤，携德致远。中华民族热爱和平、睦邻友好的内在基因，成就了中华民族乐群共济、和合共生的相融相交相汇之道，标注出"以文明交流超越文明隔阂、以文明互鉴超越文明冲突、以文明共存超越文明优越"[①]的人类交往新高度。"亲仁善邻"所秉承的基本逻辑就是坚持在尊重差异性中获得一致性，恪守君子和而不同的相处之道，形成和合共生的良好局面，以形成最大公约数、维系最大安全值、达成最高和平状态。从长远来看，世界历史就是各个国家、各个民族通过普遍交往的形式而结成的关系史、规则史，在这样的关系中世界不断整体化、全面一体化、相互依存化。

进入改革开放和社会主义现代化建设时期，我国通过积极参与上海合作组织、东盟与中日韩合作机制、东盟地区论坛、亚洲合作对话等多边交流平台，以及积极推动中俄印、中日韩等三边对话机制，持续推进周边国家间的相互交流，深化区域合作，缓解邻国间经济、文化、政治等摩擦，促进地区睦邻友好。在与各国的交往实践中，中国逐步探索出了一条符合自身需求与促进国家交往的新型大国外交之路。如1985年，邓小平同志根据风云变幻的国际形势，高瞻远瞩地指出，"和平与发展是当今时代的主题"[②]，为当时中国外交指明了方向。我国根据这一时代主题，始终秉持睦邻友好的外交思路，制定了"稳定周边、立足亚太、走向世界"[③]的对外战略总目标。进入21世纪以来，随着与周边国

---

① 《习近平关于中国特色大国外交论述摘编》，中央文献出版社2020年版，第244页。
② 《十五大以来重要文献选编（上）》，人民出版社2000年版，第41页。
③ 曹应旺：《邓小平的智慧》，四川人民出版社2015年版，第320页。

家合作与发展形势的不断变化，我国也在积极调整外交政策，不断推进中国外交的新发展，并为世界国家间交往提供了中国智慧。正如英国学者马丁·雅克所说："中国提供了一种新的可能，开辟了一条合作共赢、共建共享的文明发展新道路。这是前无古人的伟大创举，也是改变世界的伟大创造。"① 当下，中国提出"实现中华民族伟大复兴"的中国梦，世界不少国家也有自己的梦，如美国梦、法国梦、非洲梦等。从文明交流互鉴来看，中国梦与世界各国的人民的梦，共同构成人类文明发展的多元图景，呈现出兼容并蓄、多元发展的关系，彼此间是"万物并育而不相害，道并行而不相悖"（《礼记·中庸》），深刻诠释了共荣共生理念。世上没有完全相同的两片树叶，事物的差异性是客观存在的。国家有大小、民族、语言、经济、政治等方面的差异，只有尊重差异、求同存异才能更好地友好相处。君子和而不同，承认差异性进而利用差异性才是智者所为。

综上所述，以宽和之心，修诚信之道，行仁爱之事，成睦邻之实，中国人一以贯之。正是在亲仁善邻的交往之道助推下，中华大地从诸侯林立的小国变成坚强统一、繁荣昌盛的多民族国家，中华民族共同体意识越铸越牢。当前，世界面临百年未有之大变局，国际秩序重构与全球治理转型进入关键阶段，中国积极发挥负责任大国的作用，为维护世界和平与稳定、促进世界经济的持续健康发展，我国贡献了系统性的中国智慧与中国方案。"邻居好，无价宝"。历经苦难的中国人民深知战争的残酷性与破坏性，也深知和平来之不易、发展来之不易，中国始终与世界各国人民携手同行，共同致力于维护世界和平与繁荣发展。中国共产党在不同历史时期不断赋予"亲仁善邻"新的内容，丰富了新的内涵，

---

① 任初轩：《何为人类文明新形态》，人民日报出版社2023年版，第21页。

也在实践中彰显出了自身的新智慧。新时代,"人类命运共同体"理念正是对这一智慧的创造性转化和创新性发展,实现了亲仁善邻思想的新飞跃。

三 "亲仁善邻"的新时代实践

当前,世界百年未有之大变局加速演进,世界各国面临着前所未有的机遇和挑战。诸如形形色色的冷战思维、集团对抗。2013年3月,习近平主席在俄罗斯莫斯科国际关系学院的演讲中,首次向世界阐述了"你中有我、我中有你的人类命运共同体"理念。全球产业链和供应链的深度融合,交通与通信技术的飞速发展,互联网的普及打破了地域和文化的隔阂,让不同国家、不同民族的文化得以在全球范围内传播与交流,地球村的概念不再是遥不可及的想象,面对全球性的挑战,如气候变化、恐怖主义、传染性疾病等,没有任何一个国家能够独善其身,这更凸显了人类命运共同体理念的重要性。可见,"独行快,众行远",各国相互联系、相互依存的程度达到了空前高度。这是时代发展的必然趋势,也是人类谋求长远发展的必由之路。这一理念表明,各国成功的密码是合作共赢,而不是零和博弈。未来在于坚持互惠互利、开放合作,搞你输我赢、"脱钩断链"是没有任何出路的。也正是在人类命运共同体这一理念的指引下,中华民族始终把长治久安的前途掌握在自己手中,也创造了一个又一个"发展奇迹",为共筑繁荣、开放包容、多边主义注入了"亲仁善邻"的新内涵。人类命运共同体理念,主要是涉及全球视野、地区双边和功能议题等三个领域。

(一)"三大全球倡议":共筑新时代"亲仁善邻"的同心圆

中国有句古语"仁者爱人(《孟子·离娄下》),智者利人

（《论语·里仁》）"。拉美也有哲言"唯有益天下，方可惠本国"[1]，阿拉伯谚语则说"人心齐，火苗密；人心散，火不燃"[2]。"人类命运共同体"理念的提出，源自"天下"观念，继承自马克思"真正的共同体"理论，是中国对世界发展形势的深刻洞察与智慧回应。在全球化浪潮下，世界各国相互依存度日益加深，同时也面临着诸多全球性挑战。气候变化、恐怖主义、公共卫生危机等问题，没有任何一个国家能够独善其身。新时代以来，习近平总书记在不同场合多次提出"全球文明倡议""全球发展倡议""全球安全倡议"，为塑造更加公正合理的国际新秩序，创造更加美好的全人类共同家园贡献了中国力量。

2023年3月15日习近平总书记在中国共产党与世界政党高层对话会上的主旨讲话中，提出了以"共同倡导尊重世界文明多样性""共同倡导弘扬全人类共同价值""共同倡导重视文明传承和创新""共同倡导加强国际人文交流合作"为主要内容的全球文明倡议，有力地彰显出中华文明鲜明的自主性、包容性、和平性精神底色，反映了新时代中国"亲仁善邻"的文明观。这一文明观植根于中华优秀传统文化，又在当代中国与世界的互动中焕发出新的时代光芒，为推动人类文明进步和世界和平发展提供了重要理念指引。其中，"共同倡导尊重世界文明多样性"坚持文明平等，反对文明优越论，强调和睦相处、和谐共生，反对恃强凌弱、冲突对抗，体现出亲仁善邻以和为贵的价值取向。"共同倡导弘扬全人类共同价值"倡导交流互鉴，反对文明冲突论，体现出兼容并包的包容精神，尊重差异、海纳百川，主张"各美其美，美人之美，美美与共"。"共同倡导重视文明传承和创新"推动文明创

---

[1] 《习近平外交演讲集》第一卷，中央文献出版社2022年版，第45页。

[2] 习近平：《弘扬和平共处五项原则 携手构建人类命运共同体——在和平共处五项原则发表70周年纪念大会上的讲话》，人民出版社2024年版，第8页。

新，激活传统智慧，体现出天下大同的理想追求，倡导超越民族、国家界限，构建"人类命运共同体"的文明愿景。"共同倡导加强国际人文交流合作"体现出以文明互鉴促进全球治理，构建和平发展格局，超越零和博弈，追求"己欲立而立人，己欲达而达人"的共同发展。从"亲仁善邻"到全球文明倡议，中国始终以开放包容的姿态推动文明交流互鉴，既彰显了中华文明的独特品格，也为人类文明发展贡献了中国智慧。这一文明观的实践，不仅将助力中国与周边国家及世界各国"和睦相处、合作共赢"，更将为构建持久和平、普遍安全、共同繁荣、开放包容、清洁美丽的世界，开辟出一条超越文明冲突、迈向文明复兴的新道路。

习近平主席2021年9月21日在第七十六届联合国大会一般性辩论上的讲话中，提出了以"坚持发展优先""坚持以人民为中心""坚持普惠包容""坚持创新驱动""坚持人与自然和谐共生""坚持行动导向"等"六个坚持"为主要内容的全球发展倡议，倡导共同推动全球发展迈向平衡协调包容新阶段，有力地阐释了新时代中国"亲仁善邻"的发展观。全球发展倡议作为新时代中国外交的重要实践，以"亲仁善邻"的传统理念为文化根基，构建起具有中国特色的全球发展观。这一倡议不仅传承了中华文明"讲信修睦、协和万邦"的邦交智慧，更在当代国际舞台上展现了中国推动共同发展的责任担当。全球发展倡议得到100多个国家和国际组织的支持，其中70多个国家与中国签署合作文件。与西方主导的"中心-边缘"发展模式不同，全球发展倡议强调"共商共建共享"，反对附加政治条件。全球发展倡议以"亲仁善邻"为价值底色，通过机制创新、务实合作和理念引领，为全球发展治理提供了中国方案。这一倡议不仅延续了中华文明"协和万邦"的历史传统，更以"人类命运共同体"的宏大视野，推动国际关系向更加公平、包容的方向演进。未来，随着倡议的深入实施，中国将继续以"和衷共济"的姿态，与各国携手共建一个持久和平、共同繁荣的美好世界。

"坚持共同、综合、合作、可持续的安全观"，在"义利之辨"的价值底色上，主张"义以为上"，反对"见利忘义"。"坚持尊重各国主权、领土完整"，主张"以对话解决争端、以协商化解分歧"，践行"亲仁善邻"中"和而不同""协商共事"的交往原则，坚持合作安全，替代"阵营对抗"的冷战思维。"坚持遵守联合国宪章宗旨和原则"，主张"安全事务应由各国共同商量，安全挑战应由各国共同应对"，体现"亲仁善邻"中"群策群力""天下为公"的政治伦理。坚持多边安全，摒弃"单边主义"的治理霸权。中国坚决维护联合国宪章宗旨和原则，反对个别国家以"规则"之名行霸权之实。"坚持重视各国合理安全关切"，超越狭隘的国家中心主义，追求"天下大同"的安全共同体，破解"唯我安全"的霸权逻辑，蕴含人类命运与共的安全哲学。"坚持通过对话协商以和平方式解决国家间的分歧和争端"，"化干戈为玉帛"，倡导通过对话协商而非武力解决争端。全球安全倡议以"亲仁善邻"为精神纽带，将中华文明的伦理智慧转化为全球治理的公共产品，既彰显了中国作为负责任大国的文明自觉，也为动荡变革期的世界提供了"化危为机"的安全新范式。这一理念的实践，不仅将筑牢中国与周边国家的"安全篱笆"，更将推动国际社会超越"修昔底德陷阱"的历史宿命，在"共同安全"的基础上构建起兼济天下的人类安全共同体，最终实现"大道之行也，天下为公"的文明理想。

总之，穷则独善其身，达则兼善天下，这是中华民族始终崇尚的品德和胸怀，深刻烙印着中华民族的精神品格与价值追求。它不仅是个体修身立世的准则，更成为中华民族在国际舞台上为人处世的哲学根基。在时代的浪潮中，人类命运共同体理念与中国梦的紧密交融,正是这一古老智慧的现代表达,彰显着中国为世界发展贡献力量的坚定决心与宏大胸怀。中国一心一意办好自己的事情,既是对自己负责,也是为世界作贡献。随着中国不断发展,中国也定会继续尽己所能,为世界和平与发展作出自己的贡献。

(二)"和谐周边":秉持新时代"亲仁善邻"的大胸襟

"和谐周边"是新时代中国周边外交的核心理念之一,其本质是以"亲仁善邻"的中华文明智慧为根基,构建睦邻友好、合作共赢的周边关系新格局。双边与地区的新型双边关系是中国伙伴关系外交的新升级,基于"命运共同体"的新型双边关系是比伙伴关系外交更进一步的双边与地区关系类型,在合作内容上更全面,在合作层级上更高,在合作紧密度上也更强。"和谐周边"这一理念既传承了"强不执弱,富不侮贫"的传统道义观,又赋予其适应全球化时代的新内涵,展现出中国以大胸襟、大格局推动周边治理的文明自觉。

中华文明历来将"睦邻安邦"视为治国根本,其周边治理智慧蕴含三大核心特质。其一,"天下观"的地缘伦理。超越零和博弈的地缘政治思维,主张"王者无外""天下一家"。如《论语·季氏》提出"修文德以来之",强调以文明感召力而非武力征服实现周边和谐。其二,"义利统一"的交往准则。倡导"义以为质"的相处之道。比如,孟子主张"交邻国有道,惟仁者能以大事小,惟智者能以小事大",体现大国的道义担当与小国的智慧共处。其三,"和而不同"的包容哲学。尊重文明多样性,如费孝通"各美其美,美人之美,美美与共"的理念,与古代"礼不往教"(不强行输出价值观)的传统一脉相承。习近平总书记提出的"亲诚惠容"周边外交理念,是"亲仁善邻"的现代化表达。其中,"亲"强调情感纽带,即"与邻为善、以邻为伴"的亲近感;"诚"突出道义诚信,坚持"义利相兼、以义为先";"惠"注重互利共赢,通过发展合作让周边国家共享机遇;"容"体现包容互鉴,尊重各国自主选择的发展道路。

和谐周边,是以"亲仁善邻"为方法论的全方位构建,涵盖政治互信、安全合作、经济融合、人文交流的等体系。政治互信上,以"亲仁"之道夯实睦邻根基,诸如高层战略沟通机制,边界与海洋问题和平解决,支持周边国家自主发展,明确反对在周边搞排他性小圈子,尊重中亚国家"中亚模式"、东盟"中心地位",践行"大小国家一律平等"原则。安全合作上,以"善邻"之举筑牢地区安全屏障,倡导共同安全理念,非传统安全协同治理,在热点问题上劝和促谈。经济融合上,以"惠容"之策打造共同发展带,"一带一路"周边先行,区域经济合作机制创新,发展援助与能力建设。人文交流上,以文明互鉴厚植民意基础。比如:"丝绸之路"文化品牌,加强青年与地方交流,实施"中国—东盟青年领袖计划"等活动。建设公共卫生人文纽带。

和谐周边,属于超越地缘博弈的文明型外交范式,属于破解"修昔底德陷阱"的中国方案。为中小国家提供"第三种选择",属于文明型外交的实践范本。"和谐周边"的本质,是中华文明"亲仁善邻"智慧在新时代的创造性转化——它以"仁"的道义超越"丛林法则",以"和"的智慧替代"阵营对抗",以"共"的逻辑打破"零和博弈"。这种外交范式不仅为中国营造了稳定的发展环境,更向世界证明:大国与周边国家完全可以通过文明互鉴、利益共享实现共生共荣。在百年变局加速演进的今天,中国正以"大胸襟"践行"亲仁善邻"的千年智慧,推动周边从"地缘政治竞技场"向"文明互鉴共同体"跃迁,为人类文明进步贡献超越冲突的东方治理密码。

（三）"同题共答"：建立新时代"亲仁善邻"的新秩序

中国在功能议题领域推动"同题共答"式合作，既是对人类命运共同体理念的细化实践，也是以问题导向破解全球治理碎片化困境的创新路径。这种聚焦单一领域、集合全球力量的协作模式，既体现了中华文明"精准施策"的治理智慧，也展现了中国在气候变化、公共卫生等"全球公害"面前的责任担当。

在生态环境领域中，从"绿水青山"到"清洁美丽世界"的同题共答。将"天人合一"的传统生态智慧与《巴黎协定》框架结合，提出"共同但有区别的责任"原则下的全球气候治理方案，推动构建"人与自然生命共同体"。比如，建立碳治理合作网络，发起"全球清洁能源伙伴关系"，与31国建立"一带一路"绿色发展国际联盟，累计在海外建设100多个清洁能源项目，帮助发展中国家减少对化石能源的依赖。2023年启动"中国—太平洋岛国应对气候变化合作中心"，向斐济等国捐赠潮汐能发电设备，以"小而美"项目提升岛国气候适应能力。在生物多样性保护联动方面，推动设立"昆明—蒙特利尔全球生物多样性框架基金"，首期出资20亿元人民币，支持发展中国家生物多样性保护项目。与俄罗斯、蒙古等国建立跨境自然保护区，如中老跨境大象保护走廊，以"生态廊道"模式破解物种迁徙国界障碍。

在卫生健康领域中，从"中西医结合"到"全球公共卫生共同体"的同题共答。以"人命至重，有贵千金"的中医药伦理为根基，倡导"疫苗公共产品化"与医疗资源公平分配，构建"健康丝绸之路"。在具体做法上，全球抗疫公共产品供给，新发传染病预警合作，打破"医疗资源垄断"格局，通过"南南医疗合作"缩小全球健康鸿沟。例如，中国援建的埃塞俄比亚"非洲疾控中心总部"，使非洲疾病监测响应速度提升40%，被非盟称为

"改变非洲卫生史的里程碑"。

在网络空间领域中，从"数字丝绸之路"到"安全有序网络空间"的同题共答。秉持"天下兼相爱则治"的互联网治理观，反对"数字霸权"与"技术脱钩"，主张构建"和平、安全、开放、合作、有序"的网络空间命运共同体。比如，建设数字基建普惠工程。在东南亚、中东欧建设15个"数字经济产业园"，为发展中国家提供5G基站建设、智慧城市解决方案，如为老挝打造"数字政务云平台"，使政府办事效率提升60%。与此同时，发起"全球发展倡议数字合作计划"，向欠发达国家捐赠10万套数字教育设备，培训20万名数字技术人才。此外，推动联合国通过《全球数据安全倡议》，成为首个由发展中国家提出的全球性数据治理规则。与上合组织成员国建立"网络安全应急响应联盟"。

在安全领域中，从"地区安全复合体"到"非传统安全共同体"的同题共答，就是将"亲仁善邻"的地缘安全观与全球安全倡议结合，聚焦反恐、禁毒、海上搜救等跨国安全威胁，打造"安全责任共担体"。比如，反恐去极端化合作，在中亚地区开展"边界联合反恐演习"，与巴基斯坦、阿富汗建立"情报共享机制"，2022年共同破获跨境恐怖主义融资案件37起。向非洲提供1000套反恐装备和5000人次培训，帮助马里、尼日利亚等国提升反恐能力。提供海上安全公共产品，在具体做法上，中国海警与东盟国家建立"海上联合巡航机制"，在南海开展渔业资源保护与海上搜救合作。主导成立"国际海底光缆保护联盟"，联合21国建立海底电缆监测预警系统，保障全球80%的国际通信数据安全。

总起来看，功能议题共同体的"中国方法论"，不追求"大而全"的框架协议，而是针对某一领域痛点（如气候变化中的小岛屿国家生存危机），设计"短平快"合作项目，确保成效可量化、可感知。通过"技术转让＋本地生产"模式（如在印尼建设新冠疫苗生产线），帮助发展中国家从"援助接受者"转变为"治理参与者"，避免形成"依附型合作"。规则柔性化，尊重不同文明治理习惯，如在网络空间治理中既坚持联合国主渠道，又吸纳阿拉伯国家"数据主权神圣不可侵犯"等理念，形成"最大公约数"规则。

功能议题领域的"同题共答"，本质是中华文明"务实尚用"精神在全球治理中的投射——不空谈理念优劣，而是以"解题能力"检验合作成效。这种"问题导向、能力共生、成果共享"的模式，既突破了西方"价值观外交"的意识形态桎梏，也为发展中国家参与全球治理提供了"低门槛、高收益"的新选项。

总之，"亲仁善邻"不仅蕴含着中国古哲先贤不懈的道德要求，还寄寓着对中华优秀传统文化的伦理要求，它更是一种共产党人永远坚持的道德规范与处世原则。当今世界"你中有我、我中有你"，正越来越形成了一种联系密切、相互依存的命运共同体。新时代新征程，我们要将中国特色社会主义事业继续引向前进，还需要进一步弘扬"亲仁善邻"的文化传统，践行"亲仁善邻"的道德价值取向，必须坚持和平、发展、公平、正义、民主、自由的全人类共同利益，切实抵制"零和博弈"观念和逆全球化思想，坚决反对单边主义和保护主义，积极提倡共商合作共享的全球治理观，进一步加强国与国间的互鉴沟通，在互相尊重中一起发展，在求同存异中协作共赢，进一步推进人类命运共同体建设走深走实，努力为人类和平与发展事业贡献中国智慧、中国方案和中国力量。

参考文献

（一）马克思主义经典著作

《马克思恩格斯选集》第 1—4 卷，人民出版社 2012 年版。

《马克思恩格斯文集》1—10 卷，人民出版社 2009 年版。

《毛泽东选集》1—4 卷，人民出版社 1991 年版。

习近平：《在文化传承发展座谈会上的讲话》，人民出版社 2023 年版。

习近平：《论中国共产党历史》，中央文献出版社 2021 年版。

习近平：《论坚持人与自然和谐共生》，中央文献出版社 2022 年版。

习近平：《论坚持推动构建人类命运共同体》，中央文献出版社 2018 年版。

《习近平著作选读》第一、二卷，人民出版社 2023 年版。

《习近平外交演讲集》第一、二卷，中央文献出版社 2022 年版。

习近平：《高举中国特色社会主义伟大旗帜　为全面建设社会主义现代化国家而团结奋斗——在中国共产党第二十次全国代表大会上的报告》，人民出版社 2022 年版。

《习近平关于全面从严治党论述摘编（2021 年版）》，中央文献出版社 2021 年版。

《习近平关于中国特色大国外交论述摘编》，中央文献出版社 2020 年版。

《习近平关于社会主义精神文明建设论述摘编》，中央文献出版社 2022 年版。

习近平：《在纪念马克思诞辰 200 周年大会上的讲话》，《人民日报》2018 年 5 月 5 日第 2 版。

习近平：《努力成长为对党和人民忠诚可靠、堪当时代重任的栋梁之才》，《求是》2023 年第 13 期。

（二）中文专著

（西汉）司马迁：《史记》，中华书局 1959 年版。

（西汉）董仲舒：《春秋繁露义证》，苏舆注，中华书局 2019 年版。

（东汉）许慎：《说文解字》，中华书局 1978 年版。

（东汉）班固：《汉书》，中华书局 2012 年版。

（北宋）张载：《张载集》，中华书局 1978 年版。

（北宋）程颢：《二程集·明道先生文》，中华书局 1981 年版。

（南宋）朱熹：《论语集注》卷 8，中华书局 1983 年版。

（明清）王夫之：《船山全书》第 1、第 6 册，岳麓书社 2011 年版。

蔡和森：《蔡和森的十二篇文章》，人民出版社 1980 年版。

陈先达：《马克思主义和中国传统文化十二讲》，人民出版社 2023 年版。

陈瑛、许启贤：《中国伦理大辞典》，辽宁人民出版社 1989 年版。

费孝通：《乡土中国》，人民出版社 2008 年版。

冯颜利：《中国式现代化的价值观》，重庆出版社 2023 年版。

冯友兰：《中国哲学史》，华东师范大学出版社 2011 年版。

顾作义、钟永宁编：《守望中国价值：中国传统文化理念二十六讲》，广东人民出版社 2019 年版。

郭沫若著作编辑出版委员会：《郭沫若全集》第 10 卷，人民文学出版社 1985 年版。

郭湛：《主体性哲学：人的存在及其意义》，云南人民出版社2002年版。

郝永平、黄相怀：《天下为公——中国共产党与中国特色社会主义新发展阶段的开创》，人民出版社2017年版。

黄寿祺、张善文：《周易译注》，上海古籍出版社2016年版。

李大钊：《李大钊全集》第3卷，人民出版社2013年版。

梁启超：《梁启超论先秦政治思想史》，商务印书馆2012年版。

罗国杰：《中国传统道德》（重排本），中国人民大学出版社2012年版。

牟广熙：《民间儒者的一颗仁爱之心》，人民出版社2017年版。

欧阳祯人：《以诚待人 讲信修睦》，人民出版社2022年版。

人民日报社人民论坛杂志社主编：《人类文明新形态：中国式现代化》，人民出版社2023年版。

汤俊峰：《中国共产党百年兴盛的活力密码》，人民出版社2021年版。

汪信砚：《马克思主义哲学概论》，人民出版社2011年版。

王时中：《构建人类命运共同体——应对全球问题的"中国方案"》，人民出版社2022年版。

王学斌：《从文明古国迈向文化强国》，人民出版社2023年版。

萧前、李秀林、汪永祥：《辩证唯物主义原理》（第3版），北京师范大学出版社2012年版。

闫希军：《天人合一的价值本原》，人民出版社2017年版。

杨伯峻：《论语译注》，中华书局1984年版。

杨伯峻：《孟子译注》，中华书局2010年版。

袁贵仁：《价值观的理论与实践 价值观若干问题的思考》，北京师范大学出版社2013年版。

张岱年：《中国伦理思想研究》，中国人民大学出版社2011年版。

张立文：《中国和合文化导论》，中共中央党校出版社 2001 年版。

张太雷：《张太雷文集》，人民出版社 2013 年版。

周秉钧：《尚书易解》，岳麓出版社 1984 年版。

周丹：《关于中华民族现代文明的答问》，国家行政学院出版社 2023 年版。

朱贻庭：《中国传统伦理思想史》（第四版），华东师范大学出版社 2009 年版。

中国社会科学院课题组：《新时代中国文化发展报告：走向全面繁荣的中华民族现代文明》，社会科学文献出版社 2024 年版。

中国社会科学院哲学研究所：《中华之道：中华文明突出特性的哲学阐释》，中国社会科学出版社 2024 年版。

（三）论文

陈先达：《必须始终坚持中国共产党的领导》，《中国人民大学学报》2021 年第 3 期。

陈琳、杨明：《"为政以德"：儒家治国理念的核心》，《伦理学研究》2015 年第 2 期。

陈继雯、曾天雄：《用"天人合一"思想滋育人与自然和谐共生的现代化》，《思想理论教育导刊》2023 年第 12 期。

费孝通：《反思·对话·文化自觉》，《北京大学学报》（哲学社会科学版）1997 年第 3 期。

顾波：《"为中华崛起而读书"——周恩来同志在沈阳读书生活片段》，《革命文物》1978 年第 11 期。

郭广银：《习近平新时代中国特色社会主义思想的世界观和方法论的原创性贡献》，《广西大学学报》（哲学社会科学版）2024 年第 6 期。

郭齐勇：《天人合一的内涵与时代价值》，《理论导报》2022 年第

6 期。

高江涛：《中华文明具有突出的包容性》，《红旗文稿》2023 年第 12 期。

贺来：《马克思哲学的"自我证成难题"与马克思思想的哲学维度》，《武汉大学学报》（哲学社会科学版）2024 年第 5 期。

韩庆祥：《全面深入理解"两个结合"的核心要义和思想精髓》，《马克思主义研究》2021 年第 10 期。

郝立新：《"第二个结合"与中国式现代化文化形态的建构》，《马克思主义理论学科研究》2023 年第 7 期。

姜义华：《天下为公、天下为家、天下为私：三大能极结构性纠缠历史逻辑下的中国特色社会主义》，《文史哲》2022 年第 6 期。

孔祥安、杨富荣：《儒家"为政以德"的政治哲学思想及其内在理路》，《武陵学刊》2021 年第 6 期。

李卓：《"天人合一"观念的哲学基础、古典意涵与现代价值》，《中国哲学史》2023 年第 6 期。

李娜：《"为政以德"与古代官僚政体建构》，《孔子研究》2023 年第 6 期。

吕存凯：《"民为邦本"理念的哲学意涵及其现代转型》，《中国哲学史》2023 年第 6 期。

刘文普、邵伏先：《论毛泽东的任人唯贤的干部路线》，《湖南师范大学社会科学学报》1993 年第 5 期。

刘金祥：《讲信修睦的历史意蕴与当代价值》，《群言》2023 年第 8 期。

刘德中：《天下为公：中国思想文化中的社会主义基因》，《毛泽东邓小平理论研究》2017 年第 3 期。

李德顺：《从哪里探索当代中国哲学的道路》，《吉林大学社会科学学报》2025 年第 1 期。

麻宝斌、仇赟：《中国共产党"选贤任能"道路选择与实践研究——基于"任人唯贤""德才兼备"干部路线和标准的政治学分析》，《治理研究》2018年第4期。

梅荣政：《论"第二个结合"的必要性可能性及其创新性贡献》，《马克思主义研究》2024年第9期。

庞元正：《论中国特色发展哲学的构建》，《马克思主义哲学》2024年第6期。

彭菊花：《天人合一的宇宙观及其时代价值》，《湖北大学学报》（哲学社会科学版）2023年第1期。

钱耕森：《解读"自强不息"与"厚德载物"及其统一性》，《孔子研究》2006年第1期。

阮德信：《论习近平诚信观》，《首都师范大学学报》（社会科学版）2022年第3期。

尚庆飞：《"第二个结合"深层逻辑的三维分析》，《马克思主义研究》2023年第2期。

宋圭武：《聚天下英才而用之》，《光明日报》2022年08月22日第2版。

孙来斌：《论"人类命运共同体"与马克思共同体思想的关系》，《马克思主义研究》2019年第12期。

申淑华：《为政以德：习近平治国理政思想的国家情怀》，《人民论坛·学术前沿》2017年第20期。

王伟光：《推进马克思主义与中华优秀传统文化相结合的重大意义、理论内涵和现实路径》，《马克思主义研究》2023年第9期。

王海东、曹银芝：《儒家"天人合一"思想新探》，《理论学刊》2024年第2期。

王炳林：《伟大建党精神的中华优秀传统文化根基》，《山东师范大学学报》（社会科学版）2025年第1期。

王炳林、闫莉：《中国传统文化与马克思主义辩证法之间的融合》，《中国特色社会主义研究》2015年第5期。

徐文秀：《领导干部应多一些"家国情怀"》，《今日浙江》2012年第3期。

肖群忠：《传统信仰是民族凝聚力的文化根基和纽带》，《北京大学学报》（哲学社会科学版）2024年第6期。

谢伟铭：《厚德载物 修己安人 博施济众 中华民族文化自信的根基》，《人民论坛》2017年第22期。

徐瑜霞：《"人类命运共同体"的儒家哲学基础探析》，《齐鲁学刊》2022年第4期。

易学尧：《孔子"为政以德"思想的一个重要维度》，《伦理学研究》2021年第6期。

于建福、宫旭：《天下为公 道洽大同——释读民族复兴"中国梦"及"人类命运共同体"理念》，《齐鲁学刊》2019年第2期。

袁祖社：《"精神上的独立自主"及其时代性新意蕴——习近平文化思想的中国立场与民族品格》，《江西社会科学》2024年第12期。

杨春贵：《把握理论创新的规律》，《求是》2015年第8期。

杨建营、王家宏：《中国文化的基本精神"自强不息，厚德载物"及其现实价值》，《苏州大学学报》（哲学社会科学版）2015年第2期。

燕连福、林中伟：《马克思主义基本原理同中华优秀传统文化相结合的历程、经验和未来展望》，《教学与研究》2022年第2期。

张立文：《王霸之道与和合天下》，《人民论坛·学术前沿》2016年第20期。

张涛：《〈周易〉"自强不息"的历代诠释》，《西北大学学报》（哲学社会科学版）2021年第1期。

赵汀阳：《天下体系的一个简要表述》，《世界经济与政治》2008年第 10 期。

朱桉成、潘传表：《论为政以德对传统中国政治合法性的塑造和影响》，《北京社会科学》2023 年第 8 期。

张志强：《弘扬中华文明蕴含的全人类共同价值》，《哲学动态》2022 年第 8 期。

翟崑：《天下为公：习近平总书记的天下观》，《人民论坛》2022 年第 18 期。

赵剑英：《论中华文化主体性的历史发展逻辑》，《马克思主义研究》2024 年第 11 期。

张雷声：《"两个结合"是党的创新理论的原理性成果》，《马克思主义理论学科研究》2024 年第 12 期。

后　记

"文化是一个国家、一个民族的灵魂。"① 习近平总书记强调：文化自信是更基础、更广泛、更深厚的自信，是更基本、更深沉、更持久的力量。② 中国文化源远流长、中华文明博大精深。中华优秀传统文化"可以为治国理政提供有益启示，也可以为道德建设提供有益启发"③，而"没有文明的继承和发展，没有文化的弘扬和繁荣，就没有中国梦的实现"④。要坚守马克思主义这个"魂脉"和中华优秀传统文化这个"根脉"的有机统一，传承弘扬中华优秀传统文化，涵养当代青少年的世界观、人生观与价值观，努力使他们成为堪当强国建设、民族复兴大任的时代新人。

高校是落实立德树人根本任务的主阵地，也是马克思主义理论研究的重要平台，并承担着文化传承发展的重要使命。南昌工程学院高度重视以中华优秀传统文化涵养大学生社会主义核心价值观教育，早在 2005 年就开始了传统价值观的教育教学，并于 2017 年提出"以优秀传统文化涵养当代大学生价值观方法"的课题研究设

---

① 《习近平谈治国理政》第二卷，外文出版社 2017 年版，第 349 页。
② 《习近平谈治国理政》第三卷，外文出版社 2020 年版，第 311 页。
③ 《习近平著作选读》第一卷，人民出版社 2023 年版，第 278 页。
④ 《习近平关于社会主义精神文明建设论述摘编》，中央文献出版社 2022 年版，第 19 页。

后　　记

想，组建了由贺丹君教授领衔、五位博士（涵盖马克思主义理论、历史、哲学等学科）为主体的中华优秀传统文化研究团队。部分研究设想以课题方式申报后，立刻引发省内专家高度重视，并以省教改重点项目资助方式对"以优秀传统文化涵养当代大学生价值观方法研究"（JXJG－17－18－2）予以立项并顺利结项，取得相关研究成果。

课题组总的设想以及前期相关研究主要基于四个方面展开。第一是基础理论部分。理论部分主要立足校内公选课程，对授课教案进行学理提升，最终形成融政治性、哲理性、时代性、趣味性四个特色的《传统文化涵养大学生价值观论丛》，主要包括《〈论语〉十二讲》《〈中庸〉十二讲》《〈孟子〉十二讲》《〈老子〉十二讲》及《〈大学〉十二讲》。一方面是强化团队成员对经典的深入研究，同时通过教学方式展开，形成具有教学特色的理论著作，这是融合"教"与"学"相互提升的辩证过程，是打通高校教学与科研的重要尝试，具有典型示范意义。第二是实证分析部分。实证分析主要基于两大层面展开。首先，是对公选课程授课对象的调查与对比分析。主要是通过对授课对象进行两次调查，即授课前调查与授课后调查，授课前调查主要目的在于获取授课对象对传统文化认知的基础数据，分析把握其伦理认知特征；授课后调查则主要是在学期结束之后，以同一份问卷、对同一授课对象进行传统文化认知再调查，然后对两次调查数据进行对比分析，监测传统文化公选课开设的效果及问题，并根据结果进行策略式完善，为大学生传统文化教学提供认知数据库，进而对大学生传统文化"认知—行为"效果进行策略式的努力。其次，是通过更加完善的问卷对全国大学生进行传统文化"认知—行为"大调查，与第一次调查有所不同的是，第二次调查范围更广，包括年龄分布、地域分布、来源分布、专业分布等，力求有所扩大，调查所获得的数据更加充分，也更具有普遍性意义，是对第一次特定对象调查的补充与扩展。第三是慕课部分。大数据时代，慕课是知识共享、传播的有效方式之一。为进一步提升课题成果的转化，课题组设计了32讲慕课。其中，《论语》八讲，《大学》《中庸》《孟子》以及《道德经》各六讲。慕课内容讲解同样是依照政治性、哲理性、时代性及趣味性方案进行备课与讲解，为了便于播放、学习，课题组对慕课的每讲设计都力求精益求精，时间控制在十分钟左右。通过慕课方式一方面把优秀传统经典形象化、知识化；另一方面也达到了高效传播、弘扬中华优秀传统文化的目的。第四是文化实践部分。从某种意义看，理论、慕课及实证分析都还是停留在认知层面，主要是通过理论方式传承中华优秀传统文化。然而，教育的目的不只是认识论意义层面，问题的关键则在于通过认知教育催生受众行动的自觉。传统文化教育只有让受教育者知行合一，才是真正成功的教育。正是基于这一理念，课题组专门设置了文化实践部分。首先，主要是通过课程实践方式，让授课学生进行传统文化项目实践，包括爱国、诚信、敬老、家书等主题，使受教育者在接受认知教育的同时，也获得实践认知的机会，提升与巩固传统文化课堂的教育效果。其次，主要借助学校团委暑期社会实践契机，进行更大层面、更深入的传统文化实践活动，如从宏观层面组织学生到曲阜孔子学院、河南鹿邑的老子故里进行传统文化认知与探访；微观层面则开展以"凡人善举的精神探访"为主题的大学生"三下乡"暑期实践活动等。在拓展、深化传统文化理论认知的同时，让受众能够近距离接近经典、在日常实践中感悟经典，从而实现以中华优秀传统文化涵养大学生社会主义核心价值观的目的。

　　2020年，课题组集中推出的《传统文化涵养大学生价值观论丛》，以马克思主义为根本指导，深入挖掘中华优秀传统文化思想精华，坚持古为今用、推陈出新，从不同层面对中国传统经典进行了卓有成效的研究阐发，效果显著。在提升当代大学生价值认知的同时，也在一定意义上促进了团队成员学术水准的提升，真正达到了教学相长、相互促进，对教学与学科建设都具有双重意义。团队成员先后发表一系列与传统文化教育、教学相关的高质量论文，其中多篇被相关媒体平台转载以后，在学生中反响较大。其中，《〈论语〉十二讲》重点分析了《论语》中的"君子"思想，还原孔子所阐述的"君子"这一人物形象的道德人格特征。在掌握当代大学生道德人格现状、成因基础上，探寻当代大学生道德人格培育与孔子"君子"理想的契合点，从实践层面为塑造大学生健康的道德人格提出合理化建议，为高校开展大学生的道德人格教育工作提供有益借鉴。课程紧密结合大学生道德人格缺失的典型案例，从家庭教育、学校教育及个人主观能动性发挥三个方面分析大学生道德人格缺失的主要成因，重新审视当前大学生在道德人格方面存在的主要问题，从生活教育视角为当代大学生价值观培育提出合理化建议。《〈老子〉十二讲》立足中华优秀传统文化经典之《道德经》，紧密联系当代大学生生活实践，以人所熟知的成语为突破口，深刻阐述老子的"道""德"智慧。讲解思路力求依照成语本义、道德释义、经典案例、生活启迪几个部分展开，努力做到学理研究与实践智慧的统一、传统经典与意识形态的统一、理论阐发与价值凝练的统一，使《道德经》课程真正成为高校思想政治理论课、人文素质拓展课、人生价值指导课相互衔接的桥梁与纽带。《〈孟子〉十二讲》立足传统经典《孟子》，从"生命教育"入手，涵养当代大学生价值观。阐发主线是：自然生命—精神生命—社会生命。其中，孟子的自然生命观旨在教育当代大学生要珍爱生命、认识死亡；孟子的精神生命观主要是教育当代大学生要知道孝悌感恩、自我反省；孟子的社会生命观则包含群体生命和个体生命两部分，群体生命观教育突出当代大学生要明晓"和谐共生"，而个体生命观教育则凸显大学生的"自知之明",要求大学生具有感悟自身角色定位的能力,达到人与自然及社会的和谐。《〈中庸〉十二讲》立足传统经典《中庸》,基于日常生活实践,涵养当代大学生价值观。课程将首先采用大规模、有针对性的数据调研,通过详细材料分析,力图准确把握当前大学生中存在的"意志软弱"问题,掌握该群体思想发展态势;其次,挖掘《中庸》思想内涵,辩证把握其对当下社会生活的影响;再次,梳理中西方人格理论的产生及发展,力争对大学生人格完善予以理论上的借鉴;最后,在有针对性的论述中提出中庸思想对大学生人格完善的借鉴措施,进而提出当代大学生人格完善的具体方法。《〈大学〉十二讲》立足传统经典《大学》,分别从原典、释义、解读三个方面做了详细的注解和阐释。紧紧围绕《大学》的"三纲八目",阐述如何造就大人格、大能力、大生活的学问。让当代大学生对内,提高个人的道德修养,成就高尚人格;对外,指导性地提出为人处世的方式方法。课程强调知识传授与能力提升相结合;人文精神与科学精神相结合;传统文化与当代生活相结合,让《大学》所提出的"修身齐家治国平天下"精神成为当代大学生人生路上的重要指引。总之,《传统文化涵养大学生价值观论丛》立足马克思主义立场、观点和方法,深入挖掘优秀传统文化中蕴含的思想政治教育资源,并运用"开设公选课+慕课"的方式,丰富拓展了高校思政课教学内容与方式,在提升教师队伍素质、培育研究团队的同时,有效增强了思政课的吸引力和感召力,涵养了大学生社会主义核心价值观。

新的历史时期,习近平总书记尤为强调"两个结合"在习近平新时代中国特色社会主义思想建构中的方法与地位,高屋建瓴地指明:"坚持和发展马克思主义,必须同中华优秀传统文化相结合。只有植根本国、本民族历史文化沃土,马克思主义真理之树才能根深叶茂。中华优秀传统文化源远流长、博大精深,是中华文明的智

后　记

慧结晶，其中蕴含的天下为公、民为邦本、为政以德、革故鼎新、任人唯贤、天人合一、自强不息、厚德载物、讲信修睦、亲仁善邻等，是中国人民在长期生产生活中积累的宇宙观、天下观、社会观、道德观的重要体现，同科学社会主义主张具有高度契合性。我们必须坚定历史自信、文化自信，坚持古为今用、推陈出新，把马克思主义思想精髓同中华优秀传统文化精华贯通起来、同人民群众日用而不觉的共同价值观念融通起来，不断赋予科学理论鲜明的中国特色，不断夯实马克思主义中国化时代化的历史基础和群众基础，让马克思主义在中国牢牢扎根。"[①] 这一重要论断为推进马克思主义中国化时代化指明了方向，对推动中华优秀传统文化创造性转化、创新性发展提供了根本遵循。在学习领悟习近平新时代中国特色社会主义思想的过程中，贺丹君教授敏锐感知到这一重大时代课题与理论问题，坚持以习近平文化思想为指引，立足新时代文化传承发展的使命要求，提出了阐释中华优秀传统文化"十大范畴"的理论创作构想，对全书的整体布局、篇章结构进行了总体设计，拟定了写作提纲，着力打造由他本人领衔、以五位博士为主体的"中华优秀传统文化的现代意蕴"理论研究团队，力求在"两个结合"的研究阐释中贡献南昌工程学院人文社科研究团队的智慧和力量。

《中华优秀传统文化的现代意蕴》由贺丹君统编，具体的写作任务分工是：贺丹君（前言、后记），贺丹君、贺超海（第一章、第九章），贺丹君、沈薇（第二章、第七章），贺丹君、漆芸（第三章、第六章），贺丹君、卞桂平（第四章、第八章），贺丹君、王诚德（第五章、第十章），贺丹君对书稿进行了最后的修订与统稿。在本书的研究、写作和出版中，上饶师范学院原校长、南昌大学詹世友教授，江西师范大学副校长周利生教授，南昌大学胡伯项教

[①] 《习近平著作选读》第一卷，人民出版社2023年版，第15页。

授,江西师范大学韩桥生教授,江西师范大学邓庆平教授给予了指导,提出了修改意见,得到了南昌工程学院许金华、龙溪虎、温乐平、罗小松、耿子亮等同事的帮助,在此一并深表感谢。

《诗经》云:"如切如磋,如琢如磨。"从"以优秀传统文化涵养当代大学生价值观方法研究"到"中华优秀传统文化的现代意蕴",中华优秀传统文化课题从2005年开始方案设计到最后各种研究成果的陆续完成,凝聚了课题相关负责人及研究团队成员的辛勤付出,展现出良好的团队精神和学术素养,也是南昌工程学院人文社科领域有组织科研的一次有益探索。我们期待本书及相关成果面世后,能使学习者有所受益。因本书属集体合作成果,风格不同、深度不一,瑕疵、纰漏难以避免,也期待大家的批评与指正!

二〇二四年十二月

v